全国教育科学规划教育部青年课题"新一轮课改背景下高
课题批准号：EHA160474

新一轮课改背景下
高中生物教学研究与实践

肖安庆　杨忠顺 / 著

北方联合出版传媒(集团)股份有限公司
万卷出版公司

ⓒ 肖安庆　杨忠顺　2020

图书在版编目（CIP）数据

新一轮课改背景下高中生物教学研究与实践 / 肖安庆，杨忠顺著. — 沈阳：万卷出版公司，2020.12
ISBN 978-7-5470-5555-7

Ⅰ.①新… Ⅱ.①肖… ②杨… Ⅲ.①生物课—教学研究—高中 Ⅳ.①G633.912

中国版本图书馆CIP数据核字（2020）第258870号

出版发行：北方联合出版传媒（集团）股份有限公司
　　　　　万卷出版公司
　　　　　（地址：沈阳市和平区十一纬路25号　邮编：110003）
印　刷　者：北京政采印刷服务有限公司
经　销　者：全国新华书店
幅面尺寸：170mm×240mm
字　　数：310千字
印　　张：17.25
出版时间：2022年6月第1版
印刷时间：2022年6月第1次印刷
责任编辑：赵新楠
责任校对：高　辉
装帧设计：言之凿
ISBN 978-7-5470-5555-7
定　　价：45.00元
联系电话：024-23284090
传　　真：024-23284448

　　会游泳的人都知道，学游泳时要"用手划水，用脚打水"。因为用手划水，可以为身体提供一个向前的冲力；用脚打水，可以避免身体下沉。这是游泳的常识，初学者即使牢记于心，也未必能游泳。因为这需要一段时间的实践，才能把这个知识转化为实践能力。只有当初学者具备了较快的速度、协调能力和自救等技能时，才具备了一定的游泳素养。

　　生物教学又何尝不是这样？很长一段时间，我们教师常常停留在知识讲解层面，告诉学生类似于"用手划水，用脚打水"的知识。这种讲授方式，虽然能使学生很快掌握相关知识体系，但结果学生依然不会"游泳"。教师还埋怨"刚学的知识就忘了""这种题讲了几遍还不会"等。这是因为教师没有设置真实的学习情境，没有"人"的发展视角，没有结合学生的思考开展深度教学，只是为了单纯的知识学习，让学生带着有限的知识离开课堂。如此教学和学习，学生怎能不出现问题？

　　问题的背后，既有学生学习方式的问题，也有教师教学方式的问题。这些问题的解决，是一个教师引导学生变革学习方式、反思自己教学的过程。

　　从根本目标上讲，教师的教学是为学生终身发展形成正确的价值观、必备品格和关键能力，简称核心素养教学。这种教学是将学生置于特定的学习情境中，为解决真实的问题，设计相关生活化的问题，进行深度思考，培养学生的知识与技能、过程与方法、情感态度与价值观三维目标，提升学生的生命素养、理科思维、探究能力和社会责任等素养。因此，为了提升学生的核心素养，教师应推动学生学习方式的变革，让学生成为学习的主体，问题的提出者、解决者，教师自己成为课堂教学的设计者、组织者和评价者。

　　核心素养教学的具体要求是课程标准中的学业质量标准。这些标准与要求，主要包括四个方面：一是建构结构与功能观、物质与能量观、稳态与平衡观等，认识生物的多样性、统一性、独特性和复杂性，形成科学的自然观和世界观；二是通过事实和证据，利用归纳与概括、演绎与推理、模型与建模等方法，阐释生命现象及规律，审视或论证生物学社会议题；三是针对日常生活和生产中的真实情境，提出清晰的、有价值的、可探究的问题境脉，设计实施可行的方案，运用数学方法分析实验结果，进行客观分析与评价，掌握科学探究的基本思路和方法，勇于创新，善于合作；四是参与个人与社会事务的讨论，做出理性解释和判断，形成珍爱生命、和谐共处、可持续发展的观念，养成保护环境、维护生态平衡的行为习惯及健康文明的生活方式，鉴别并自觉地抵制封建迷信和伪科学等。总之，依据生物课程标准中的学业质量要求，教师应整合教学内容与教学模式，进行系统开发与设计，关注学生的学习行为变化和学业水平，促进学生的个性发展和全面发展。

为落实新一轮高中生物核心素养要求，我们整理了各自十余年来发表的有关核心素养的论文，集成论著，即《新一轮课改背景下高中生物教学研究与实践》。该论著分为新一轮课改与理念篇、新一轮课改与教学设计篇、新一轮课改与课堂实践篇、新一轮课程改革与教学评价篇、新一轮课改与教育技术篇和新一轮课改与教师专业发展篇六大部分。其中，理念篇侧重于复杂性思维下的本体性教育实践；教学设计篇侧重于教学方法论，选取笔者备课环节中存在的常见困惑而展开探索；课堂实践篇侧重于教育实践中关键事件的呈现，力求对课堂进行多样化、多角度的透视和诊断；教学评价篇侧重于教学评价与学业评价基本方法的实践应用；教育技术篇侧重于现代信息技术与学习科学方法的应用；专业成长篇侧重于教师的专业发展。

肖安庆　杨忠顺

2019年11月6日

目录 CONTENTS

新一轮课改与教育技术篇 \ 185

新一轮课改与教师专业发展篇 \ 219

新一轮课改与理念篇

高中生物核心素养的内涵与培养策略

2014年3月印发的《教育部关于全面深化课程改革 落实立德树人根本任务的意见》（以下简称《意见》）首次明确提出各学段学生需发展核心素养，并将核心素养的培养置于全面深化课程改革、落实立德树人目标的基础地位，对教育要"培养什么人、怎样培养人"提出了根本要求。通过充分论证与研制，2016年9月教育部发布了《中国学生发展核心素养》，正式对学生发展核心素养进行了界定，综合表现为六大核心素养：责任担当、实践创新、人文底蕴、科学精神、学会学习、健康生活。核心素养的培养已成为新一轮课程改革的新指向，也为新一轮课程改革提供了新动力。

一、高中生物核心素养的内涵

（一）何谓高中生物核心素养

核心素养是指在相关学段和课程学习过程中，学生应具备的、能够适应终身发展和社会发展需要的必备品格和关键能力，如理解相关基本知识、掌握基本的研究方法与批判性思维品质，具备尊重事实、理性思维的精神，理解科学的本质，关注科学技术与社会的关系，并逐步形成与个人终身发展和社会发展相适应的最基本知识与技能、方法与意识、情感态度与价值观。它是国家教育目标的具体化，是课程和教育目标制定的根本依据，是教育教学过程中三维目标对学生的综合体现，即核心素养=（知识+能力）态度。但核心素养的指向更明确，更具有终身性、动态性、关键性和情境性。

生物核心素养是公民参加社会生活、经济活动、生产实践和个人决策所需的生物科学知识、探究能力以及相关的情感态度与价值观，是公民科学素养构成中重要的组成部分。

高中生物核心素养是高中阶段的学生通过高中生物课程的学习，初步形成生命科学的核心素养，提炼出生物学科中关注个人发展和社会发展的必备品格及关键能力，主要包括生命观念、理性思维、科学探究和社会责任，见表1所列。

表1　高中生物核心素养的素养要素

素养要素	具体内容
生命观念	生命观念是指对观察到的生命现象及相互关系或特性进行解释后的抽象，是经过实证后的想法或观点，达到理解或解释较大范围的相关事件和现象的目的。主要包括：稳态和结构与功能观、进化与适应观、稳态与平衡观、物质与能量观等，并用生命观念认识生命世界、解释生命现象。
理性思维	理性思维是指建立在证据和逻辑推理的基础上，并对事物或问题进行观察、比较、分析、综合、抽象与概括的思维方式。主要包括：演绎推理、模型建构、批判性思维、归纳与概括等方法，并运用理性思维探讨说明现象与规律，审视论证有关生物学科出现的各种现象与问题。
科学探究	科学探究是针对生命现象，进行观察、提问、方案设计与实施、讨论与交流，并在探究过程中，进行团队协作、科学探究的过程，是生物学科的主要理科属性。
社会责任	生物学科的社会责任是指基于生物学的认识，参与个人与社会事务的讨论，做出理性解释和判断，尝试解决生产生活中的生物学问题的担当和能力。根据出现的的生命现象与问题，参与讨论、理性解释，辨别科学与伪科学，主动宣传生命意识、环保意识和健康意识，结合社区资源开展科学实践。

（二）高中生物核心素养的特征

北京师范大学刘恩山教授认为，核心素养是一种跨学科素养，强调学科的综合性、发展性、有用性。这也是高中生物核心素养的重要特征。

1. 综合性

依据《中国学生发展核心素养》，我国学生发展核心素养体系由社会参与、文化基础、自我发展三大领域构成，每个领域各包括两个核心指标（表2），每项核心指标都不是单独培养，而是具有综合性，应整体设计与实施。高中生物课程的知识内容是学生生物核心素养知识的综合载体，高中生物核心素养也具有综合性。例如，高中生物必修3第6章第2节"保护我们共同的家园"的教学中，全球性生态环境问题主要包括全球气候变化、水资源短缺、臭氧层破坏、酸雨、土地荒漠化、海洋污染、生物多样性等，对此内容的学习可以培养学生的相关素养；学习生态系统的直接价值、间接价值和潜在价值，培养学生的人文底蕴，然后引导学生思考保护生物多样性的角度，培养学生的问题解决与创新实践意识。

表2 我国学生发展核心素养体系构成

核心素养领域	核心指标
社会参与	责任担当、实践创新
文化基础	人文底蕴、科学精神
自我发展	学会学习、健康生活

2. 发展性

生物课程的学习是动态的，生物核心素养的培养也是动态的、发展的，它需要在特定情境和需要中生成与发展。例如，高中生物必修2遗传学的教学，遵循人类认识基因之路而展开，犹如一百多年来，生物科学家孜孜以求的探索过程，使学生受到科学方法、科学态度和科学精神等多方面的启迪，有利于学生认识事物发展规律与现象。在不同的教育阶段，生物核心素养表现出不同的阶段性特征，既需要生物学知识的积累，也需要生物方法与技能的积累与提高，以及生物情感、态度与价值观的逐步升华。它是一个长期培养与渗透的过程，是一个循序渐进、逐步升华的发展过程，具有明显的发展性特征。

3. 终身性

核心素养要求为学生终身需要而发展必备品格和关键能力，高中生物核心素养应紧密结合社会发展和时代要求，体现人的终身发展和社会发展的需要，能够对公民未来生产生活产生持续性的影响。比如说，培养学生的生命观，关键是要让学生知道生命是什么、生命活动如何进行、生命为什么会这样，了解生物共通概念，加深对自然界的理解，形成科学的进化观、生态观。此外，生物核心素养对学生终身发展还应具有实用性。例如，在高中生物教学中还应培养学生的科技信息素养、语言表达与沟通能力。需要强调的是，核心素养中的语言素养，已经不是语文学科和外语学科的概念，而是一种有效的表达和交流，是一种广义的语言概念，使公民在未来社会生产与生活中受益。

二、高中生物核心素养的培养策略

（一）加强对核心素养的学习与研究

当今世界，国民的核心素养是衡量一个国家的竞争力与国际地位的重要因素。20世纪90年代，国民的核心素养就已经被重视，并逐步成为国际组织和东西方教育理论与实践研究的热点课题。随着我国素质教育的推进，本轮课程改革的深化，以核心素养为中心已经列入新一轮课程改革的核心内容，核心素养将指导和引领教学改革实践，是新一轮课程改革的灵魂。尽管从国家层面上来说，核心素养已经列入新一轮课程改革的核心地位，但具体内容是什么，怎样培养，还需要进一步研究。高中生物核心素养具有动态发展性，这就要求生物教育工作者持续深入研究，达到对高中生物改革的导向性。

（二）树立核心素养教育理念

理念是改革的先导，是教育行为的源泉。教师是教育教学的实施者、评价者，其具有的教育理念很大程度决定着教育教学的效果，直接影响到课程改革的实际成效。高中生物教师肩负着培养学生生物核心素养的重担，他们的核心素养理念和专业水准是完成这一任务的关键。虽然高中生物核心素养的基本框架已经构建出来了，具体内容还在进一步研究，但是生物教师的核心素养教育理念应该先行。高中生物教师应更早了解核心素养的基本内容、理念和意义，利用它来武装自己的教育理论知识，运用于教育教学实际。因此，教师树立核心素养教育理念是教师有效培养生物核心素养的关键环节。

（三）注重学科逻辑思维和生物核心素养培养的融合

生物核心素养的培养，应遵循高中生物的学科逻辑，按照高中生物课程的独特认知过程，符合高中学生身心发展规律，进行整体规划和系统设计。高中生物学科知识是培养学生核心素养的知识载体，只有高度融合高中生物学科逻辑思维，才能有效培养生物核心素养。

注重学科逻辑思维和生物核心素养培养的融合，应注意以下几个方面：

1. 情境化

设计合理的问题情境，是培养学科思维和核心素养的关键。高中生物教学中，灌输和死记硬背是不能建立学科逻辑思维的，在现实的生物学问题的情境中，通过思考解决问题是训练学科思维的重要途径。

2. 综合性

学科逻辑思维的培养，不是通过一两次训练就可以形成的，而应在科学实验、探究性活动、概念教学等环节中经常性训练。学科逻辑思维的培养，既可以通过练习检测来测评，也可以在教学中得以显性化体现。

3. 系统化

培养学生学科逻辑思维，既可以训练学科逻辑思维的技能，也可以训练学科逻辑思维的具体方法；既可以锻炼学生应用逻辑思维的技能，也可以设计证据不足、逻辑不清的错误的例子训练学生的逻辑思维，让学生评价观点、分析证据和辨析逻辑。

（四）进一步加强探究式教学

探究式教学，能有效地加强学生的主体性地位和自主能力的提高。它包括独立自主探究和合作探究。在学生核心素养体系的发展中，自我发展领域由问题解决与创新、自我管理三部分组成。独立自主的探究教学是培养学生自我发展核心素养的重要方法，它既能帮助学生养成独立研究的良好习惯，掌握高中生物问题探究与解决问题的方法，培养高中生物问题的探究意识和精神，实现学生的自我管理，起到重要促进作用。合作探究教学是在学生分工与合作的基础上，通过学生彼此交流与沟通，实现师生之间、学生之间智慧的碰撞与交流，是培养文化领域中语言沟通素养的重要途径。探究性教学既是高中生物教学的本质，也是体现理科属性的重要途径，在本轮课程改革中做得还不够，在下一轮课程改革的过程中还要进一步加强。

（五）创设贴近真实生活的教学情境

情境教学是培养学生核心素养的重要途径，贴近真实生活的教学情境是学生核心素养的重要"桥梁"。贴近真实生活的教学情境能够激发学生的学习兴趣，培养学生正确的情感，也能更好地帮助学生理解知识概念，掌握生物技能与方法，提高学生的问题解决能力，从而培养学生的生物核心素养的形成。核心素养的形成离不开生活情境和社会实际，生物核心素养的培养需要教师创设贴近真实生活的教学情境。

（六）对核心素养进行外显化评价

本轮课程改革的重点是把知识与技能、过程与方法、情感态度与价值观列入三维课程目标，依据《意见》的改革精神，下一轮课程改革的核心任务是培养学生的核心素养。借鉴我国台湾地区核心素养的经验总结，它具有动态性、情境性、内隐性和终身性，这对核心素养培养的评价具有一定的困难。因此有必要对核心素养的转化进行可观察的外显化评价。我们可以通过态度问卷调查，进行形成性评价和表现性评价，也可以通过相应的测量工具制定相关的测量标准，开展可以观察的外显化评价。例如，个人环境保护意识的培养，是学生核心素养社会参与领域中的社会责任、公民道德素养的内容。对学生个人环境保护意识素养的评价，如果仅仅只是通过几道试题检测，是很难进行客观公正的评价。对学生环境保护意识素养的评价，我们可以通过问卷调查了解学生的环保意识与态度，通过学生具体行动和生活行为评价他们的环保意识程度，以及加大对学生核心素养的评价维度，对学生的核心素养进行客观外显化评价。

三、结语

《意见》已经明确提出下一轮课程改革的核心是对学生进行核心素养的培养。高中生物核心素养关注个人发展和社会发展的必备品格及关键能力，重点培养学生的生命观念、理性思维、科学探究和社会责任。

问题教学法在"基因工程的基本操作程序"教学中的应用

问题教学法最早出现在20世纪50年代的医学教育,它通过呈现问题让学生在探索解决问题的思维活动中,提升解决问题的能力,培养创新精神和创造能力,其教学模式是"提出问题——解决问题——提出新问题"。笔者在人教版选修3"基因工程的基本操作程序"的教学中,利用问题教学法,取得了较好的教学效果。

一、精心设计情境,引导学生提出问题

精心设计情境,引导学生提出问题,能使学生的求知欲由潜伏状态转入活跃状态,有力地调动学生思维的积极性,有利于预定教学目标的达成。"基因工程的基本操作程序"一节,重点是对基因工程四个操作步骤的理解与掌握。在设计教学情境时,教师利用必修2"基因工程及其应用"中的实例——人工合成胰岛素,进而提问:每100kg胰腺只能提取4~5g胰岛素,如何利用胰岛素基因导入大肠杆菌成功表达?带着疑问,学生自主学习,主动提出问题。甲学生阅读教材后,想知道PCR技术如何操作;乙同学想要弄明白什么是基因文库;丙同学不明白切割人的DNA与质粒为什么要同一种限制酶;丁同学想知道重组DNA分子导入不同受体细胞的条件为什么不同……教师将学生们提出的问题一个个整理出来,就基本构成了本节内容的知识框架。带着学生提出的问题,师生进入共同探讨环节。

二、师生共同探讨，激发学生解决问题

师生共同探讨，激发学生解决问题，充分体现了教师的引导作用和学生学习的主动性。鼓励学生自己思考、查找资料，培养了学生发现问题、解决问题的能力。

解决甲同学关于PCR技术操作的问题，教师引导学生将PCR技术与生物体内DNA复制的过程加以联系，复习DNA复制，之后课件展示PCR技术动画流程；解决乙同学关于什么是基因文库的问题，如果直接给出概念，学生很难理解，教师可以引导学生把"基因文库"与"基因库"做比较，加深学生对核心概念的理解；解决丙同学的问题，教师可以从限制酶与DNA连接酶的作用进行引导，思考切割人DNA与质粒使用同一种限制酶的意图；解决丁同学的问题，从细胞的结构、功能和培养条件入手讨论，之后小组展示，得出答案：用氯化钙处理细菌细胞可以增大细胞壁通透性，用农杆菌转化法处理植物细胞可以使外源基因组合到受体细胞的DNA得以长久保存与遗传，用显微注射技术处理动物细胞操作简单可行。

三、注重前后联系，关注学生提出新问题

高考中生物试题所涉知识点的综合性极强，特别注重学生对核心基础内容的掌握与应用，教师在教学中应注重前后联系，关注学生提出新问题。在"构建基因表达载体"这一操作过程中，对于目的基因和质粒用同一种限制酶以获得相同的黏性末端，学生问：一定要用同一种限制酶吗？教师写出两种能切出相同黏性末端的限制酶，让学生观察后得出：不同的限制酶切割目的基因和质粒，也能得到相同的黏性末端，进而也能互补配对。学生还可能提出以下问题：一种限制酶只能识别一种碱基序列吗？一种特定的碱基序列只能被一种限制酶识别吗？DNA分子中只有一个限制酶切位点吗？学生提出新问题后，教师利用前后联系因势利导，共同解决问题，可以更好地促进学生掌握有关限制酶的知识。

基因工程的四个步骤中，"将重组DNA分子导入受体细胞"是重点，也是难点。教师在分析将人的生长激素基因导入细菌B细胞内生产生长激素过程中（图1），学生提出新问题：只要含有质粒的受体细胞就可以达到生产生长激素

的目的，为什么要选用破坏了抗四环素基因的质粒？

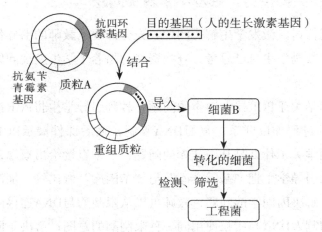

图1　工程菌的构建

教师从质粒导入受体菌的过程引导学生进行思考。导入的结果有三种：一种是没有导入质粒也没有导入目的基因的细菌B，既不能在含有氨苄青霉素的培养基中生长，也不能在含有四环素的培养基中生长；一种是导入普通质粒但没有导入目的基因的细菌B，既能在含有氨苄青霉素的培养基中生长，也能在含有四环素的培养基中生长；一种是导入重组质粒的细菌B，因四环素抗性基因被破坏，不能在含有四环素的培养基中生长，只能在氨苄青霉素的培养基中生长。根据以上分析，只有导入重组质粒，才能更好地筛选出含有目的基因的细菌B。

总之，在教学过程中，学生积极主动地提出问题，教师引导学生分析问题，共同解决问题，学生再提出新问题，最终掌握生物学的基础知识与技能，提高学生思维发展的能力，能达到教学效果事半功倍的目的。

慢教育：有效教学新视角

随着课程改革的推进，追求"大容量、快节奏、高密度"的生物学教学，在提高课堂教学效率的同时，也促使一些基础不太好的学生跟不上、听不懂、学不会，催生了一线教师把课堂节奏放"慢"。笔者认为，生物教学不能一味求"快"，慢教育也是有效教学的一种重要策略。本文从教学设计的角度，关注生物教学的本质，以新的视角来开阔我们的视野，思考慢教育在高中生物教与学中的必要性与意义。

一、教学设计的初衷：教学的需要和学习的起点

问题：教学设计是否从学生的经验出发？是否从教学的需要和学生学习出发？

课例：2013年10月，笔者的公开课讲授"ATP的主要来源——细胞呼吸"。在新课导入时，原本想先提问"是否知道龙南客家米酒的制作流程"（附学习任务单），然后再观看视频，目的是通过学生固有的生活经验，激发学生的学习兴趣，使他们快速进入教学。然而，全班学生包括农村学生竟然没有一个学生看过酿酒过程。震惊！我及时调整教学思路，边观看视频边讲解酿酒过程。原本3分钟的导课，实际用时15分钟，本节内容重点部分移到下节课。

必修1・第5章・第3节・"ATP的主要来源——细胞呼吸"学习任务单

观看：龙南客家米酒制作流程的视频——理解米酒制作的生物学原理。

【自主学习】

★为什么要将糯米煮熟？为什么要用开水浇烫容器？为什么要在糯米的中间留出一个空间？为什么要密封容器？在酿酒的过程中，为什么总是"先来水"，"后来酒"？（讨论、交流2分钟）

★说出表1中有氧呼吸各阶段的场所、反应物、产物和能量情况（思考、展示2分钟）。

表1

阶段	场所	反应物	产物	释能
第一阶段				
第二阶段				
第三阶段				

表2

项目		有氧呼吸	无氧呼吸
不同点	场所		
	条件		
	产物		
	能量		
联系			

★比较表2中有氧呼吸和无氧呼吸的不同与联系（讨论、交流2分钟）。

【自主探究】

★设计有氧呼吸和无氧呼吸的实验方案，谈谈自己对实验条件控制的感受（讨论、交流、分享6分钟）。

争议：多数教师对笔者的教学处理持否定态度，认为没有突出本节课内容的重点和难点，目标达成度低。

反思：是完成教学任务重要还是解决学生的疑惑重要？为什么要急于把内容目标全部告诉学生？教学设计是否考虑到学生的实际经验？

（一）关于"慢教育"理念

奥地利教育家鲁道夫・斯坦纳（Rudolf Steine）最早提出慢教育理念，他认为孩子不应过早接受正规教育，而应接触大自然；日本学者佐藤学（ManabuSato）指出"教育往往要在缓慢的过程中才能沉淀一些有用的东西"；捷克教育改革家夸美纽斯也指出"自然并不性急，它只慢慢前进"。

慢教育，在我国早就已经提出，如"十年树木，百年树人""润物细无声"。我国学者张文质先生认为："慢教育就是提倡日常生活式教育，是润物细无声的教育。教育是慢活、细活，是生命潜移默化的过程，教育的变化是极其缓慢的、细微的，它需要生命的沉潜，需要精耕细作式的关注和规范。"它应"快教育"而生，是广大教育工作者在教育实践和生活过程中，摸索出的关于人成长与发展的社会规律。在教学中，"慢"是一种特殊的教育智慧，是教育者把发现锻炼的机会留给学生，让学生掌握学习的方法，提高学习成绩，体验成功与喜悦。从人的成长来看，对于每个人来说，人的成长也是"慢"的过程，要经历一个循序渐进的生长发育过程。通过"慢"的教育，让学生感受成长的经历、体验成长的懊恼与快乐。

（二）关于有效教学

有效教学是指在符合时代和个体积极价值建构的前提下，教学效率在一定时空内不低于平均水准的教学。从自身结构看，有效教学把有效的目标转化成有效的思维，再转化成有效的"状态"过程，即教师虽然教得少，但是能激励学生发现问题，掌握相关的技能和方法；从教学实践看，有效教学是在有限的时空内，提供创造机会和条件，使学生获得了能动性、创造性、发展性能力，让学生获得具体的发展和进步；从学生发展的视角看，有效教学使学生在获得相关知识的同时，感受到学习的乐趣，体验到成功的愉悦，养成了终身的学习习惯。

二、教学设计的实施过程：学生的真实互动

问题：教学设计是否是互动的？教学实施过程是否是互动的？没有互动的环节，学生仅仅失去了表达机会？

课例：2014年2月，笔者讲授"孟德尔的豌豆杂交实验（一）"（附学习任务单）。

笔者按照课本的思路，先讲一对性状的杂交实验，再进行解释和实验，最后验证和归纳。整堂课，笔者讲得如行云流水，学生听得舒心受用。但从学生的作业反馈来看，效果却令人大跌眼镜。

必修2·第1章·第1节·"孟德尔的豌豆杂交实验（一）"学习任务单

★为什么子一代表现高茎？为什么子二代又出现了矮茎？

为什么子二代呈现3：1的数量比（讨论、交流2分钟）。

★说出孟德尔解释的要点。

★说出测交实验的意义（讨论、交流2分钟）。

★分组实验两个小桶代表什么？桶中的D
小球和d小球代表什么？为什么每个桶内
的d小球和D小球数目都是10个？

为什么从两个小桶内抓取一个小球组合在
一起？为什么将抓取的小球要放回原来的
小桶内（实验、讨论、交流6分钟）？

★谈谈理解遗传因子分离、配子随机组合
的意义及孟德尔遗传规律的实质（讨论、
交流2分钟）。

★对本节课还存在哪些困惑？

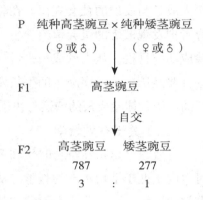

争议：课堂看似成功，但是从学生作业反馈来看，却是失败的。不听取学生反馈的问题，不与学生互动，一味地追求快节奏、大容量，这样的教学是否有效？

反思：课堂如果没有解决学生的问题，没有与学生发生思维碰撞，没有给学生提供一个交流、展示和反思的平台，没有构建一个学习共同体，这样的教学是不成功的。

（一）关于教学过程本质

苏霍姆林斯基指出："教学过程不是倒灌，而是时时刻刻的心灵碰撞。"叶澜教授指出："教育如同人类的交往，包含了大量的教育因素。"可见，教学过程应该是师生互动、共同解决学生问题的动态过程（图1），是在必要的时间和空间内，进行自主、合作、探究的过程，是一个创设情境、思考实践、倾听互动、生成与评价、反思反馈和交流对话的过程。如果教学脱离了师生、生生的互动，就不是真正意义上的教学。

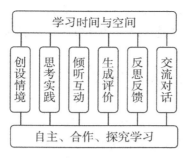

图1　教学过程的动态过程

（二）关于学习共同体

学习共同体是由学习者（学生）和助学者（包括教师、专家、辅导者等）共同组成的，以共同完成学习任务为目标，以促进成员共同成长为目的，强调相互学习，通过人际沟通、交流和分享各种学习资源而相互影响、相互促进的学习集体。在交往互动过程中，学习者和助学者分享彼此的经验、知识和思考，交流彼此的情感、观念和理解，解读和拓展教学内容，达到共识、共享和共进，实现教学相长和共同发展。

（三）关于"慢"的理解

"教育，作为一种慢的艺术，需要留足等待的空间和时间，需要有舒缓的节奏。"教学中快节奏、大梯度、大跨度，其实对大多数学生而言是不适应的，如果学生不能及时消化相关知识，就是不利于学生自然成长和发展的。教师应认真倾听学生的意见和思维，宽容学生的错误，耐心解决学生的疑难问题，共同建构一个宽松的人性化的课堂氛围，慢节奏、慢引领、慢呈现、慢操作、慢思维、慢生成，"慢工出细活"，从而促进学生的健康发展。

三、教学设计的实践结果：学生连续性经验获取

问题：教学中是否注重和尊重学生思维能力的培养？是否有利于学生经验的获取？

课例：2014年5月，笔者通过分析学情，以学定教，在讲授"通过激素的调节"时（附学习任务单），通过设计学案进行导学，以期达到形成师生学习的共同体。

必修3·第2章·第3节·"通过激素的调节"学习任务单

【自主学习】

★斯他林、贝利斯实验与沃泰默实验有何不同

（讨论、交流2分钟）。

★说出右图各激素间的名称（讨论、交流2分钟）。

★据图分析说明甲状腺激素分泌的分级调节实例

（讨论、交流2分钟）。

★归纳激素调节的特点。

【合作探究】

★尝试运用反馈调节的原理，解释一些生命现象

（讨论、交流、展示5分钟）。

★建构血糖调节的模型，构建反馈调节机制

（思考、讨论、交流、共享8分钟）。

★归纳激素间的关系（讨论、交流2分钟）。

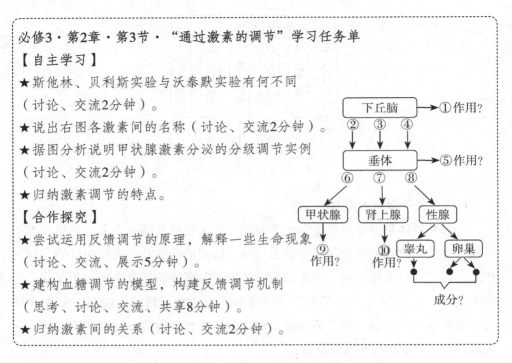

争议：自主学习能否促进学生思维的发展？活动不断的课堂是否利于学生思维的发展？学生讨论、交流、展示能否把学生引入深度学习？

反思：课堂如何由以"讲授为中心"转变为以"对话为中心"，再转化为以"能力培养为中心"？如何激发学生的深度思考与学习，让学生从"学会"走向"会学"，再到"乐学"？

（一）关于深度学习

深度教学，并不追求教学内容的深度和难度，也不追求教学内容越深越好，而应丰富教学的层次，实现知识教学的丰富价值，有意为学生留下思考的时空，让学生探究解决问题的方法，拓展问题的深度与广度。它是一种发展性教学，它注重引导学生在知识学习的基础上实现教学的发展性，是针对教学的表层化局限性的一整套教学策略。郭元祥指出，"深度教学是超越表层的符号教学，由符号教学走向逻辑教学和意义教学的统一"。也就是说，教师要引导学生超越表层的符号知识的学习，进入知识的逻辑形式和意义领域，将符号学习提升为深层意义的获得，使学生学会思考。

（二）关于"以学定教"

"以学定教"以学生的发展来确定教师的教学，根据学情合理有效地进

行教学设计，采用灵活多变的教学方法。"学"是"教"的目的，"教"要为"学"服务，通过学生的讨论、交流、合作、思考，获得结论及其过程等行为表现，关注学生的情绪、交往、思维、参与与生成，来达到促进学生的发展和进步。以学定教、以学论教注重学生的"学"，凸显的是新的教育理念，摆正了教与学的关系。

（三）关于"生成性"

"生成性"是指在师生互动过程中，通过教师对学生的需要和兴趣，不断调整教学活动，以促进学生更加有效发展的过程，是师生共同学习、共同建构对世界、对他人、对自己的态度和认识的动态过程。生成性教学可概括为：关注表现性目标、关注具体的教学过程、关注教学事件、关注互动性的教学方法、关注教学过程的附加价值。当然，"课程与教学目标"的生成，可能面临探索的难以预测的挫折和失败。但是，这是一个成长过程中必须经历的阶段，是不可量化的"长效"财富。

四、结语

人的成长和认识是一个逐步积累、循序渐进的过程。由于人与人之间存在差异性，每个学生的基础是不同的。在追求高效率的大背景下，教师不能只用"快教育"一种模式去教育每一位学生。笔者认为，以面向全体学生，提高生物学素养为基本理念的高中生物教学，应注重学生原有的经验和水平，努力寻求合适的教学流程、适当的教学手段、适配的教学模式和策略，促进学生螺旋式发展。其中，慢教育过程中，慢的教学流程，应以慢节奏、慢引领、慢呈现、慢操作、慢思维、慢生成为抓手，让学生跟得上、听得懂、学得会；慢的教学手段，应借助个性化教学手段"慢、降、放、退"，让学生易懂、易学、易会；慢的教学模式，应运用"对话交流"和"实验操作"的模式，让学生能学、能懂、能会；慢的教学策略，应构建个性化"高情意学习场"，让学生想学、善学、乐学，实现"难学——能学——会学——善学"和"难上——能上——好上"的转变。

"教育是一个慢活、细活，是生命潜移默化的过程，也就是所谓的润物细无声，教育的变化是极其缓慢、细微的，它需要生命的沉潜，需要深耕细作式的关注与规范。"关注学习内在属性、关注教育本质、关注生命成长规律，等待、耐心、宽容、期待，慢教育又何尝不是一种睿智的教育呢？

聚焦大概念，落实核心素养的教学策略

一、聚焦大概念，形成生命观念

教师展示"桦尺蠖的工业黑化"的实例，学生合作小组直接从中概括出生物进化的关键词，并说明其与进化的关系。教师也可以通过设置问题，帮助学生概括生物进化的关键词：①第一只黑色桦尺蠖可能是怎么来的？②黑色性状能否遗传？如何证明？③黑色桦尺蠖个体能不能永远生存下去？控制黑色性状的基因怎样才能世代传递下去？④浅色和黑色性状，哪种对桦尺蠖的生存有利？学生从真实情境中概括归纳得到：种群是生物进化的基本单位，突变和基因重组产生进化的原材料，从而形成次位概念，种群内的某些可遗传变异将赋予个体在特定环境中的生存和繁殖优势。

接着，教师提供"遗传学教授麦克·马杰鲁斯研究鸟类捕食两种体色桦尺蠖的情况"实例，学生从中可概括、归纳得到：自然选择决定生物进化的方向。学生再就"工业污染治理后，桦尺蠖浅色比例上升"，形成次位概念：自然选择促进生物更好地适应特定的生存环境。教师创设数字化情境"自然选择对桦尺蠖种群基因频率变化的影响"，学生运用数学方法可以得出：在自然选择的作用下，种群的基因频率会发生定向改变，导致生物朝着一定的方向不断进化，从而形成次位概念，具有优势性状的个体在种群中所占比例将会增加。

学生对"13种达尔文地雀的来源"进行科学探究，形成次位概念：

（1）变异、选择和隔离可导致新物种的形成。

（2）当今生物具有共同的祖先。

在次位概念的基础上，学生形成重要概念：

（1）应是自然选择的结果。

（2）地球上的现存物种丰富多样，它们均来自共同的祖先。

最后，学生共同构建大概念：生物的多样性和适应性是进化的结果，从而逐渐形成"进化与适应"的生命观念，并能用该生命观念来认识并解释生命现象。

二、聚焦大概念，培育科学思维

在麦克·马杰鲁斯教授坚持7年每天早晨天刚亮就开始用望远镜观察鸟类捕食桦尺蠖的实例分析中，学生体会到科学研究的艰辛，明白科学要尊重事实和证据，树立严谨和务实的科学态度。学生在依托大量情境形成大概念的同时，运用归纳与概括、演绎与推理、批判性思维和创造性思维等方法。学生通过合作学习的方式，构建生物进化和物种形成的模型，促进了科学思维的逐步发展。

三、聚焦大概念，强化科学探究

教师提出问题：鸟类有选择的捕食会导致黑蛾比例下降，那么控制体色的基因型频率和基因频率有没有发生改变？学生运用数学方法，自主合作探究"自然选择对种群基因频率变化的影响"。

对于13种地雀的来源，学生追寻达尔文的研究路径进行探究。根据13种地雀的喙的形态学观察和数学统计资料，提出"隔离是物种形成的必要条件"这一假说，再对佛得角群岛与非洲大陆的关系进行演绎解释，最后通过分子钟对进化的发生和发展进行验证。学生得出重要结论：加拉帕戈斯群岛的13种地雀来源于南美大陆，有着共同的祖先，而且隔离是物种形成的必要条件。生物进化的研究方法可归纳为：形态观察法—描述归纳法—假说演绎法—分子钟验证法。

四、聚焦大概念，培养社会责任感

针对"加拉帕戈斯群岛部分地雀灭绝"的现象，教师可以设置开放性问题：

（1）加拉帕戈斯群岛生物多样性受到威胁的原因是什么？

（2）采取哪些措施能够保护其生物多样性？

在真实的情境中，学生体会到生物多样性锐减等问题，逐渐树立保护环境的社会责任意识。

　　教师在课堂教学中创设真实的情境，学生对情境进行分析归纳、科学探究、演绎推理，在深度学习的基础上构建大概念，最终形成生命观念，促进学生生物学学科核心素养的提升。

中小学创客教育的发展现状、内涵与构建策略

一、国内外创客教育的发展现状

（一）国外创客教育的发展现状

创客运动起源于美国，在全球也独具规模与影响力。美国的高校，绝大多数都开设了创客空间，它们不隶属于任何院系，不分年级和学科，面向全体学生开放，学生可根据自己的需求和兴趣选择喜爱的创客类型。与高校相比，美国中小学的创客教育虽然起步较晚，但发展较快，它们通过电子港科技中心，为中小学生提供创客空间，中小学生只要注册课程就可以使用中心的技术设备开展课题研究。此外，中心还开设了丰富的课程培训和研讨会，用来推广3D打印技术等新兴技术，吸引学生加入创客空间，一同享受创造的乐趣。

受美国创客教育的影响，世界上很多地区与国家纷纷开展创客教育活动。欧盟开启了Living Lab计划，旨在增强欧盟公民的科技创新能力和竞争力。哥斯达黎加、挪威、冰岛、西班牙、印度、南非等国家陆续建立了独具自身特色的创客空间实验室。美国《连线》杂志前主编克里斯·安德森（Chris Anderson）认为，创客教育真正从实验室走向了大众创业、个人制造，逐步拉开了第三次数字化革命的序幕。

（二）国内创客教育的发展现状

随着国内教育界、学术界对创客教育的关注，特别是2015年李克强总理在《政府工作报告》中明确提出，让众多创客脱颖而出，让众多创客自由创业，我国的创客教育发展十分迅速，各地创客空间的建立如同雨后春笋。深圳、北京、上海、东莞等政府机构通过创客大赛、创客沙龙、创客发烧友和创客研讨会等形式，极大地推动了创客教育的发展。同时，中小学校和教研机构积极建

立创客示范基地，为每个创客基地提供充足的研究经费，开展了形式多样的培训活动，推动了各地创客教育的蓬勃发展。

（三）中小学创客教育存在的问题

1. 投入大，收益面窄

目前，按照创客空间的建设标准，建设一个中等标准的创客空间实验室，动辄需要花费几十万甚至上百万，对于一线城市的中小学校还勉强能负担得起，但是对于其他城市的学校而言，如果不是政府建设示范性工程，一般学校难以负担。

设立创客空间的意图是实现万众创新。从现有创客空间的标准看，无论是硬件设备要求，还是场地容纳量，中小学创客空间最多只能容纳十多个学生开展创客活动，对于五六百，甚至五六千规模的中小学校而言，受益面太窄，无法实现人人创造的目的。

2. 活动方式单一

创客活动刚刚兴起，国家和地方层面尚未建立相关的课程体系，也没有建立相关的课程标准，学校的创客教育仍是各自为阵，正处于摸索阶段，创客活动比较单一，还不能有效地培养中小学生的创新精神。

从现有的创客活动来看，创客活动常常以3D打印活动、小制作、小发明之类为主，它们有的从网络上简单下载，有的从网络上模仿制作一些"发明"模型，很少经过学生自己的创新改进，如此创客教育的效果就非常有限了。

3. "互联网+"还是"+互联网"

尽管创客教育开展得如火如荼，但对待互联网的思维，不同人的认识是不同的。既有"+互联网"思维，也有"互联网+"思维，但以"+互联网"思维为主。就整体而言，互联网交流的多是一些关于创客的理论文章，如一些基础性概念的讨论或争论，涉及分享创客的成果作品和创意不多，这与互联网的精神是不符的，需要创客空间的管理者进一步反思和改进。

二、中小学创客教育的内涵

第三次工业化革命要求教育方式、学习环境、学习方法、教育理念和学习实践向个性化、生命化、差异化、多元化、数字化、定制化的方向发展。在此背景下，创客教育应运而生，其先进的教育理念和价值特征将对我国中小学课程改革造成深刻的影响。

（一）创客教育的教育理念

创客的核心内容是动手实践，创客教育的核心教育理念是通过动手实践培养中学生的创新力、探究力和创造力。从认知结构看，创客教育是创新的，强调培养学生发现问题和解决问题的能力，在解决问题的过程中形成洞察力和思考力，帮助学生克服传统教育带来的约束，如课程约束、思维约束、认知约束和领域约束。作为一种活动形式与探究模式，创客教育需要想象力、合作协作力和资源整合力，优化学生的学科知识结构，改变传统的学习方式，克服传统教育体制的束缚，具有重要的意义。

（二）创客教育的价值特征

1. 工匠精神是创客教育的核心精神

工匠精神，是指工匠对自己的产品精雕细琢、精益求精的精神理念，体现了一种专业实践的创新精神，反映了一种职业价值取向和行为表现。创客教育的核心精神就是工匠精神。这种精神，一方面需要创客亲自动手创造并磨炼出内生性品质，另一方面需要创客热爱自己所做之事并在实践过程中追求卓越。工匠精神在实践中形成，在实践中应用，是持之以恒、精益求精的精神品质，是注重细节、一丝不苟的事业态度。

2. 专业能力是创客教育的活动基础

专业能力既包括知识与技能、过程与方法，也包括情感、态度与价值观，蕴含着其对某一领域的创新性、内发性和能动性。创客教育的活动基础是培养学生的专业能力，并将这一能力转化为对职业标准和社会需求的关键能力，创造性地运用自己的智慧与机智突破实践瓶颈。这种能力不是通过证书和荣誉证明的，而是在实践中显现的，是主体精神和专业智慧的具体体现。

3. 做中学是创客教育的主要路径

做中学为主要途径的创客教育强调创客教育、专业教育与通识教育的融合，注重在知识的学习过程中，有机融合知行合一的教育理念，积极培养创新意识、创新精神与基本的专业实践技能，将知识技能与生活实践联系起来，融入学科教学当中，达到学以致用，创造性学习的目的。

4. 全人发展是创客教育的终极目标

实施创客教育不仅是对教育理念的更新，对教育内容和学习方式的革新，而且是培养中小学生的批判性思维、专业技能、问题意识、团队协作和组织能力等诸多方面能力与素质的提升，它以人的发展为基础，注重人的主体性和发展的完整性，彰显理性与感性，注重做事与做人、科学与艺术的平衡，这正是全人发展的教学理念。以全人发展为终极目标的创客教育，既符合中小学生的需要，也符合未来社会的需求。

三、中小学创客教育的构建策略

（一）教育主管部门：根据学段和认知水平，精心设计多元目标体系的创客教育

尽管创客教育蓬勃发展，创客氛围日益浓厚，但是中小学创客教育依然处于初级阶段，在创客教育目标体系的建立上，教育主管部门应根据学段和认知水平，在设计创客教育的目标体系时，应充分考虑创客教育的分层性与对接性，设计多元目标体系的创客教育。

小学阶段，学生的认知处于感性认识阶段，好奇心和想象力比较丰富。在创造力的培养上，教师应注重搭建创意空间，满足他们的好奇心，激发其想象力。同时，也应注重差异，注重学生创新素养的提升，促使有创新潜力的学生个性发展。

中学阶段，学生的认知处于逻辑思维水平阶段，主动性强，意向性明显，开始向理论水平转变，是创造力发展的关键期。在创造力培养上，教师应提供多元的STEAM课程，设计解决真实问题探究性课程，提高科学、技术、工程、数学和艺术等素养与能力。

（二）社区：最大限度地为中小学提供社区创客资源

中小学和社区都具有培养创新人才的职责，在创客教育方面具有较强的互补性。但现实是处于一种割裂状态，各方难以形成共识与合力。创新人才的培养是一项系统工程，需要社区和学校共同协作、相互衔接和有效沟通，打破阻碍培养创新人才的壁垒。

社区创客空间应重视周边学校创造思维的培养，提升社区内中小学生对未来数字时代的职业准备程度和综合能力，支持中小学将学科学习与社区创客空间资源的整合，为创客教育提供专业技术支持，最大限度地为中小学提供社区创客资源，发展学生的综合素养。另外，社区还可以开展创客活动周，展现社

区创客成果，以吸引更多中小学生的参与。

（三）中小学校：大力创建创客空间

创建中小学创客空间，应注意三点：一是明确建设创客空间的功能目标，即创客空间是为了学生利用所学知识，动手实践，将奇思妙想转变为现实，具有开放实验室、图书馆和社团活动的综合功能；二是具备必要的条件，这包括场地和工具，有则高配，条件紧张则简单配备，不必死套标准，贻误创客教育的好时机；三是制订科学的工作计划，配备专业教师进行亲自指导，有计划地开展研讨会和主题活动。

（四）创客教师：精心设计和组织优质创客课题

只有优质的创客课题，才能吸引学生的主动参与，培养学生的创新素养。优质的创客课题具有八大特征：一是目的性强，能让创客积极参与研究；二是时间充裕，能让中小学生有足够时间参与到课题研究活动中；三是复杂性合理，能激活学生知识和技能，能让创客的创意付诸实现；四是强度高，课题活动能提供一个可以完成的高强度的学习任务；五是关联性好，学生能够通过课题与相关专家进行联系，合作学习；六是资源充足，学生能够随时获得材料和工具，开展课题研究；七是有利于分享成果，便于激发学生的研究动机并共享观点与创见；八是新颖性强，使研究具有较高的科研价值。

目前，创客教育的开展方兴未艾，它不仅仅推动着教育结构和理论的更新，更为重要的是教育思维方式的转变，进而带来教学方式的转变、课程体系的转变、学习和教学评价方式的转变、文化和政策的转变。创客教育具备很强的优势，也面临很多问题。我们只有不断思考创客教育改进策略，才能防止创客教育流于形式，为中小学生的创造性思维和实践能力的发展起到积极的促进作用。

试论中学环境教育的策略

我们只有一个地球，地球是我们赖以生存的环境。当人类刚刚进入21世纪，环境污染已取代核战争而成为地球的最大威胁。全球气候变暖、水资源短缺、臭氧层破坏、酸雨、土地荒漠化、海洋污染和生物多样性锐减，等等，这些全球环境问题，对生物稳态造成严重威胁，并影响到人类的生存和发展。我国从1983年起就将环境保护列为基本国策，建议从幼儿园到大学开设有关环境教育的课程，提倡"保护环境，从小做起，从我做起"。中学阶段是人的人生观、道德观形成的重要时期，在中学阶段进行必要的环境保护教育，对培养人们的环保意识十分重要。从2008年以来，我校确定"和而不同，和谐发展"的办学理念，倡导"科学求真，人文求善，生态平衡，环境育人"的现代环保教育思想，通过全面开展环境保护教育，促进学生环保素养的不断提升和学校和谐持续发展。

一、家校同步，和谐共进

苏霍姆林斯基曾说："教育的效果取决于学校与家庭的一致性，如果没有这种一致性，学校的教学、教育就会像纸做的房子一样倒塌下来。"学生的发展是学校教育、家庭教育、社会教育共同作用的结果，因此学校和家庭等各方面力量必须统一协调，形成良好的教育氛围，这样才能使学生在健康的环境里快乐地生活、成长。

随着环保教育的不断深入，我们的环保教育向家庭、社区延伸。通过学校的主导作用，家庭的同步配合，让环保教育与家庭共同渗透，使环境保护的意识深植人心，全面提高了学生、家长乃至社区公民的文明生活品位和环保素养，促进了社区和谐。例如，在学校家长开放周，我们举办家校联合菊花展览。展品品质好，养殖技艺高，造景工艺复杂，手法精彩震撼，令人叹为观止。有九龙壁、千头菊、悬崖菊、大立菊、塔菊等精品力作。活动的开展，拉近了家校的距离，推进了家校联合教育的和谐一致。也让学生从中体会到学校、父母对他们健康成长的期望，促使他们更加牢记自己的使命，父母、亲友的重托，老师的期盼，进而锲而不舍、勤奋学习。

二、环境熏陶，增强意识

校园环境是对学生进行环保教育的重要外在因素，它既是学校环保教育的物质载体，也是学校环保教育的重要显性文化。它既是教学活动的场所与设施，又是陶冶师生情操的无言之师。具体而言，表现在以下几个方面：

一是根植绿色文化。不断增添校园新绿，做到面积大、数量多、品种全、形状异，并与附近七星公园对接，相互衬托，形成了一片绿洲，营造了一个花园，为生命润色。二是构建假山腊石文化。我校有假山腊石4个，都蕴含着不同的象征意义，腊石上分别刻有明德、启智、健体、陶美等大字，启迪学生的思想，规范学生的行为。三是开辟盆景文化。组织师生进行盆景培植、花卉栽培、根艺制作等活动，形态各异的盆景、根雕作品，飞舞着生命的律动。四是启动楼道文化。精心策划，合理布置，分层分类，板块清晰，使校园的一墙一壁都无声地"说话"。例如，在三、四层走廊里分别安装了12块有关"生态平衡""饮水思源""节能环保""爱护地球"等知识内容的展板，各板块不定时更换。五是不忘厕所文化。整洁、舒适的设备，共同讲卫生、节约水资源的警句，体现以人为本，突出校园环保。六是建构垃圾分类回收文化。倡导废品回收，变废为宝，养成良好环境保护习惯……总之，校园环境的各种建设让师生感受到一种舒适和优雅，感受到学校环保教育气息，真正使环保教育从根部渗透与散发，不断增强师生的环保意识。

三、拓展课程，随机渗透

我们按新课程要求购置了统一的环保教材及配音幻灯片《中华人民共和国环境保护法》和《全国环境宣传教育行动纲要》等作为主体教材。将收集到的《联合国人类环境宣言》等数十个国际公约等作为辅助教材。选用生物、地理教师和各班班主任作为主讲教师。与市水文局、市气象局等单位共建，聘请他们的环保专家来校讲学。我们按认知梯度分年级安排教学内容，每班都开设环保教育课。学生按要求完成学习过程阶段性小结、研究性学习心得或考察报告。

学科教学是渗透环保教育的重要渠道。环保学与生物、地理、化学等各门学科都有密切关联，如地理教材中有酸雨的危害、沙尘暴的成因，化学教材中有污水处理方法、节能减排的措施等丰富的环保教育素材。为此，我们要求科任教师将环保教育渗透到课堂教学中，已取得较好的教育效果。另外，我们要求各学科积极组织学生开展研究性综合实践活动，多方位提升学生的环保素养。例如，地理学科组织学生开展了社区"白色污染"的调查，了解"白色污染"产生的原因及对环境的危害并提出解决的建议。生物学科组织学生开展"潲水油"对人体的危害和政府整治力度的调查等。

四、校内活动，体验价值

每学期，我们利用师生大会宣传环保的重要意义，全员参与，树立环保意识，并在学校工作中制订环保教育计划，将环保教育贯彻到学校各项工作中。同时，学校组织开展环保主题班会，定期召开教师、学生座谈会。师生共同交流环保的意见，共同探讨环境教育的方法，不断提高环保教育效果。我们向全校师生发出联合倡议，利用广播站、宣传栏宣传环保知识，不断提高师生对环境保护的认识。

同时，我们积极开展各项校内活动，组织各类兴趣小组，并取得较好效果。例如，成立爱鸟护鸟协会，学生筑巢引鸟，校园绿树成荫，小鸟成群。爱鸟护鸟活动拉近了学生与自然之间的距离，学生与飞鸟为伴，枝叶间穿飞着蓝天的精灵，草坪上舞动着学生的身影，满场都是鲜活的生命。爱鸟护鸟活动不但让学生品尝到了自然王国中的神奇：鹰翔九天、雁字成行、鹭鸟群迁、春燕衔泥、乌鸦反哺、布谷催春，而且诱发出了学生对自由、纪律、协作、创造、孝行、奉献的遐思和向往，懂得了应该以实际行动促进生命与自然的和谐的道理。

此外，我们的盆景培植、花卉栽培、根艺制作等兴趣小组，在老师、家长和校外专业人士的精心指导下，效果显著。各类作品置造化于方寸、化腐朽为神奇，在造型上追求意境、讲究动势、手法自然，在整体取势和枝剪手法上显示出非凡的创意，深受参观者的好评。全体师生每天都在享受美的教育和艺术的熏陶。而作品制作上的因材施艺和教学上的因材施教异曲同工，引发了我们的思辨：教育者要善待学生，激发潜能，让每个学生都得到充分的发展。学生在参与制作过程中，感悟着"天生我材必有用"的自然真谛。张扬个性、展示风采、发展特长成了他们成长的需要，促使他们坚定了成人、成才、成功的决心，体验了生命活动的价值。

五、融入自然，激发热情

大自然一年四季都在为我们提供生动的教育素材。阳春百鸟和鸣，盛夏乳燕奋飞，深秋旅鸟迁徙，寒冬雄鹰翱翔。我们让学生走进自然、融入其中。学生纵情于大自然的怀抱，仰望日月经天，俯视江河行地，耳听涛声鸟鸣，鼻嗅泥土芳香，口尝五谷花果，无不感到巨大的感官冲击和心理愉悦，在精神上得到鼓舞和感召。大自然的鬼斧神工、和谐共处，大大激发了学生的环保热情。

节假日，学校组织师生开展郊游、荡舟、赏荷、观涛等野外活动。学生在活动中认识了季节的特点和变化，掌握了潮汛的变化规律，结识了花草树木、鸟兽虫鱼等动植物，采集了实物标本，达到了单纯课堂教学无法企及的效果。

六、社会实践，健全人格

我们以团队为主阵地，每学期都有目的、有计划地开展一系列以环保为主题的社会实践活动。

我们组建学生志愿者、义工社、蓝星爱心小组，成员在放学后、双休日走向社会，参加社会实践。学生志愿者定期为所在社区街道打扫卫生，清除"牛皮癣"，做环保宣传；义工社常年坚持为社区老人活动室做清洁卫生工作，修剪花草；蓝星爱心小组为社区五保户、孤寡老人义务劳动。学生在劳动中不仅学会技能，更学会做人。

世界环境保护日，我们组织学生到市水文局参观、听讲座。学生知道了水文循环是自然界最重要的物质循环。它成云致雨，影响着一个地区的气候和生态，塑造地貌和实现地球化学物质的迁移，像链条一样联结着全球的生命，为人类提供不断再生的淡水资源和水能资源。水文循环使地球变得生机勃勃，倘若没有水和水文循环，地球会像月球一样，是一幅没有生命、寂静荒漠的图景。展览中，一幅幅危害水资源的图片，一幕幕因环境污染而造成的连年干旱、沙尘暴、暴风雪的视频，启迪了学生的思想，触动了学生的心灵。

世界气象日，我们组织学生到市气象局参观学习，探寻"风云变幻"的奥秘，印证了环境污染对天气的巨大影响，坚定了学生做好环保的决心。

保护"母亲河"活动日，师生徒步20多千米，沿途宣传环保知识，分发环保传单，呼吁两岸居民节能减排、绿化环境，不向江、河、湖、水库、池塘等丢弃垃圾杂物、乱挖乱排，坚决取缔沿江污染企业……让"母亲河"的水更清、更甜。在那里，学生真正体会到：我们居住在潮汕平原，南海之滨，日饮韩江水，夜听南海涛，历史传承悠久，文化底蕴深厚。源远流长的韩江负载着高山大海的恩惠，传递着古往今来的自然和人文气息，浇灌着四方原野，哺育着潮汕子民。它以大自然的伟力，引领韩江流域内人民从远古走向未来，从愚昧走向文明。它的神奇美丽召唤着我们去认识它、亲近它。学生还领略到"上善若水""有容乃大"的真谛，由衷地涌起热爱、保护"母亲河"的美好情感。

通过举行大量的实践活动，师生不仅丰富了知识、开拓了眼界，更加认识到环境保护是利国利民的大举措，更加主动地参与到环境保护的队伍中来。而且调适了心情，放飞了思想，情感日益丰富，人格更加健全。

七、收获与不足

我们的环保教育已由校内拓展到校外，由纸上谈兵落实到社会实践，由短期行为转向长效管理。环保教育的开展进一步焕发了师生的精神面貌，推进了学校现有的管理机制和教学模式的进一步改善。学生的学习态度、教师的教学观念和领导的管理思想都受到了普遍的洗礼。学生的自主管理、教师的民主意识、领导的人文关怀都上升到新的层面。在管理上，学校将人性化与制度化相结合，崇尚以人为本、以德治校、健全制度，为全体师生的"幸福人生"铺筑了绿色平台。全方位地关心师生的工作、学习和生活，形成了凝聚力和归宿感，从而把学校的办学目标内化为自己的实际行动，提高工作、学习的主动性。环保教育的开展，把微笑带进课堂，把欢乐留给学生，教学过程成为学生体现人生价值、焕发生命活力的舞台。德育过程转化为教育外在影响和学生内在需求的和谐统一，"与自然融合、为生命润色""保护生态、珍惜生命"已成为师生携手前进的内驱力。积极倡导的生生同伴教育，师生结伴成长已根深叶茂。

实施环保教育，我们把"遵循自然规律的敬天意识""保护生态家园的敬地意识""珍视生命价值的敬人意识"的宗旨贯穿始终。我们用心灵赢得心灵、用人格塑造人格、用素质培养素质。不懈的追求，辛勤的努力，换来了满园春色。我们品尝了环保教育的甘甜——走进校园，茂密苍劲的大榕树与整齐翠绿的雪梅相映成趣，奋发向上的校徽与办学理念标语在文化长廊上熠熠生辉，熏陶师生的文化腊石耸立在美丽的花草丛中，优美高雅的校园音乐荡漾在校园中……浓郁的书斋氛围，和谐的育人环境，是师生学习、提升、发展的家园，是社区青少年学生向往的乐园。

虽然，我们的环保教育实践取得了较为明显的成果，但还存在着一些理论和实践上的"盲区"，必须反思改进。一是学校环保教育必须与家庭教育相互渗透。对学生进行环保教育，仅靠学校难成大气候，特别是学生的一些良好的行为习惯难以持久，只有家庭、学校共同教育，才能使环保观念在学生脑海中扎根。二是学校环保教育必须与随机教育相互渗透。生活中处处、时时有教育，老师就应该做有心人，把握好每一个教育的契机，在日常生活和教学各个环节中进行随机教育，对学生的环保行为加以强化。三是学校环保教育必须扎扎实实、持之以恒，逐步深入方能奏效，任何企求通过搞运动式的教育而奏效的想法都是不切实际的。四是教育主管部门应该加大学校环保教育的督查和评估，应该把环保工作作为学校绩效考核的一项重要内容，并形成长效考核机制。五是政府部门应该大力进行环保宣传，加大对环境污染的整治，为学生健康成长创建一个优美的社会生态环境。同时，在升学考试中可以适当考查环保教育知识。从不同角度、不同方式提高学生环保意识，并转化为自觉的行动。

高中职业规划教育缺失：归因与重建

职业规划是指个人与所经历的各种工作场景（家庭、学校、社区、工作地点等）及其各种事件（就业、为人父母、换工作等）共同作用下，在对自己职业的主客观条件进行测定、分析、总结研究的基础上，对自己的兴趣、爱好、能力、特长、经历及不足等各方面进行综合分析与权衡，确定其最佳的职业奋斗目标与措施。2010年7月国务院颁布实施的《国家中长期教育改革和发展规划纲要》明确提出"普遍开设人生规划或职业生涯课程。把培养学生谋生创业能力作为教育的使命。谋生创业能力的培养应该从中小学抓起，培养学生走向社会谋生创业的意识和初步能力，帮他们打好学会动手、学会动脑、学会做事、学会生存、学会应变、学会共处、学会发展的基础"。

目前我国普通高中学生总数已达到2500多万，每年约有800多万人毕业，他们或进入各类学校学习，或走向社会加入劳动大军。随着就业竞争的日趋激烈，本科生、硕士生就业难、择业难的现象也日益凸显，高中毕业生就更尴尬了。究其原因，职业规划教育的缺失使不少青少年在面临选择的时候无所适从，大多数高中毕业生在填报高考志愿时，对想学什么、适合学什么和将来干什么无从了解，往往就只能听从教师、父母意见，选择所谓"热门"或"好就业"的专业，而一旦进入大学或走上工作岗位，或无学习动力、虚掷光阴，或缺乏工作积极性、碌碌无为，无法实现自己的职业目标。更有甚者，很多学生进入大学不到两个月，因对自己所选专业不满意、不了解，重新回到高中复读。鉴于这些问题，在高中教育阶段开展职业规划教育迫在眉睫。

一、高中职业规划教育缺失归因

（一）学校办学取向功利化

由于现实或历史的原因，学校办学取向越来越功利化。学校管理者和教师缺乏对学生职业规划教育重要性的认识，再加上主管部门对高中办学水平评估的简单化，导致学校办学理念和办学目标简单化，过分关注学业成绩与高考，忽略了职业规划教育的价值，或虽认识到其重要性，却在外界因素挟持下放弃了职业规划教育。

（二）家庭认知狭义化

在一个强调知识、推崇读书的社会中，教育成了家长对子女发展期望的唯一载体。高中教育成了家长希望子女"改变命运"的重点投资领域。大部分家长对孩子要求单一，一切围绕"好好学习"和"考好大学"出发，不重视发展孩子的素质和特长；或虽有让子女全面发展的诉求，但在升学压力下，无法超越社会的限制和束缚，做出独立和理性的选择。

（三）社会生存经历的缺失

学校教育是重要的社会化过程，学校社会化的主要内容就是培养受教育者在社会上生存的基本技能。按照社会化的要求，学校教育不仅要有专门的职业教育课程，而且在全部的课程教学中都应该体现出：在鼓励学生发现自我、了解自我、发展自我的基础上，促使学生思考人生道路、探究自身职业兴趣、测查职业兴趣倾向。然而，在我国的整个基础教育阶段，个体的自我似乎是根本不存在的，直到中学毕业填报志愿时，学生们才发现自己是一个需要面临抉择且马上要做出选择的独立个体。职业规划教育的缺乏显示了我们的教育无视学生个体的生存需要，导致他们在面临专业选择和职业选择时，既无心理准备也无职业技能准备。

（四）社会人力资源开发粗放化

基础教育是人力资源开发的关键阶段，必须把基础教育作为人力资源开发的基础工程来抓，并纳入人力资源开发的系统工程之中。我国的基础教育无论是招生形式、课程设置、业绩评估还是师资配备等对社会需求的预测往往存在偏差，使教育与人力资源开发目前仍然是两股道上跑的车，无法统一协调。长期的"学非所用"，或"用非所学"造成了人力资源的浪费，学校育人目标成了"水中月，镜中花"，可望而不可即。

二、高中职业规划教育的重建

学校要立足学生实际，激励学生选择职业目标并开设引导他们选择达到职业目标必需的课程，以介绍职业发展的问题，通过发展学生自我意识、帮助他们树立自我价值意识和自信，学会把自己与同伴、成人和家庭成员相联系，学会为自己负责，形成社会归属感。

（一）创设社会环境

政府教育主管部门要根据社会的变化，制订或更新现有的高中教育质量评估要求；通过政策导向、社会舆论、观念引领、用人制度的调整等多种方式，促进社会人才观的更新。让学生参加各种形式的活动，学会对自己的兴趣、专长、特点、能力等进行"自我认识"；进行"教育与职业关系的探索"，了解不同的职业特点，了解职业信息的获得和使用、工作与学习的关系、工作与社会的关系等；准确评价其个人特点和强项，找准职业方向，把握职业机遇，增强职业竞争力，找到适合自身发展需要的职业，达到个体与职业相匹配，实现个人价值的最大化。

（二）开展学校教育

在学校扎实开展职业规划教育，并建设相应的课程与教学资源，建立科学完善的职业规划教育体系。课堂教学是教育的主渠道，学校可通过聘请相关专业人员，采用现场培训、视频培训、网络培训等多种方式对学科教师进行学生职业规划教育的校本培训，增强学科教师参与学生职业规划教育的自觉性和主动性，在教学中渗透职业规划教育，逐步建设一支高水平的职业规划教育教师队伍。

建立以课堂教育为主导，多学科渗透为重点，多元化课内外活动为补充的教育模式，将职业规划教育与新课程改革进行有机整合，从而使学生能围绕职业兴趣去学习、思考和努力，为他们未来的职业发展和潜能的开发打下坚实的基础，从而达到人力资源利用效益的最大化。

（三）争取家庭支持

家庭应该在职业规划中扮演重要的角色，父母或家庭其他成员要深入了解孩子的性格、兴趣、爱好和特长，以孩子的幸福为圭臬，指导他们选择适合自己的职业，帮助孩子通过职业规划课程的学习，正确认识和理解各种职业的价值，更新人才观和职业观。引导孩子树立强烈的家庭和社会的责任意识，提升孩子的职业能力，激发责任感，建立自信心，提高综合素养。

（四）激发学生走向社会，了解职业

1. 查询资料

通过互联网和图书馆查阅资料，是学生获得许多信息的重要手段。通过查资料可以了解不同的职业特点、不同职业对人才的要求，还可以了解职业偶像。可以了解偶像或榜样的地位、主要功绩、成功历程、个人背景等，尤其要关注他曾经遇到的失败及克服失败的过程，他突出的优点和缺点是什么，等等。

2. 职场调研

评价一个人成功的客观标准是得到社会的认可，个人成功总是与社会的发展息息相关。利用寒、暑假的机会到职业介绍所进行调研，了解社会的需求。通过调研，学生会发现无论什么单位，对人的要求除了专业知识外，与人合作的能力、组织管理、协调能力等也很重要。

3. 走访大学

在大学里，学生通过与师兄师姐的访谈，了解不同专业对人素质的要求，看到师兄师姐的工作和学习状态，学生也切身体会到不同专业对人素质的要求，自己在以后的学习中会少一些浮躁，多一些沉稳。

4. 寻求专家的智慧

专家可以是老师、老师或父母的朋友、亲友、校友、学长，甚至自己理想的职业权威。通过对专家访谈，聆听专家指引，汲取专家智慧，这往往能够使学生的人生设计少走些许弯路，甚至避开种种误区和陷阱。通过专家引领、专业人士号脉，学生可明确理想的职业目标是否和现实的职业目标一致，是坚持理想的职业目标还是确立新的职业目标。

新一轮课改与教学设计篇

基于核心素养的教学设计视角：课程观、教学观与学习观

生物核心素养是学生在解决真实情境中的生物学问题过程中，所表现出来的必备品格和关键能力，主要包括生命观念、理性思维、科学探究和社会责任。生物教学设计是教师根据课标的要求和教学对象的特点，科学设计教学目标、重难点、方法步骤等环节，制订合适的方案和计划。核心素养背景下，教师可从课程观、教学观和学习观的视角开展教学设计。

一、教学设计的课程观

教学设计的课程观是指从课程的视角，根据高中生物课程标准的基本理念、目标要求，思考和开展教学设计。

（一）明确课程性质、目标和理念

《普通高中生物课程标准》已经修订，对高中生物的课程性质、课程目标和基本理念进行了明确的阐述，已经在2017年下半年正式发布。教师应认真学习高中生物课程的实施建议和学业质量标准，依据课程标准的课程结构与标准，对课程内容进行统筹安排，领会必修课与选修课的地位与关系，领会各模块之间的地位与关系，从课程的视角进行教学设计。

课程目标是指课程实施的具体目标和意图，是确定课程内容、教学内容和课程方法的基础，是教学目标的实施方向。高中生物课程目标主要包括树立生命观念、形成理性思维习惯、学会科学探究和培养社会责任感等方面，旨在提高学生生物学核心素养，树立社会主义核心价值观、实现"立德树人"为根本任务。课程目标的设计，一方面要把握好各章节、各模块、必修课和选修课的教学目标设计，它们具有阶段性；另一方面，要从阶段性教学目标统领课时

目标，结合教学实际，设计出准确的、清晰的课时目标。可以说，课程目标的落实，是课时目标、章节模块目标、选修与必修模块课程目标层层落实的必然结果。

教学目标是指教学活动实施的方向和预期，是教学活动的出发点和归宿。教学目标是教学设计的重要环节。教学目标的设计，不能只限于课时片段的设计，而应从教学目标的视角深入思考，整体设计。

为帮助学生构建"细胞具有相似的基本结构，但形态与功能有所差异"这一概念，可开展下列教学活动："细胞形态和功能多样，基本结构相似""描述原核细胞与真核细胞的根本区别"两部分，使学生能从结构与功能相适应这一观点解释细胞由多种多样的分子组成，这些分子是各项生命活动的物质基础（"生命观念""理性思维"的素养达成），建构并制作细胞模型，形成相互协调的有机整体，完成细胞水平的各项生命活动（"生命观念""理性思维"和"科学探究"的素养达成）。

（二）理解生物核心素养的内涵

《普通高中生物课程标准（征求意见稿）》明确指出了生物学科的核心素养，阐述了生物学科的课程目标。教师应根据生物核心素养和课程目标，开展教学设计。表1是"细胞呼吸"教学目标的制定。

表1 "细胞呼吸"教学目标的制定

目标	素养目标
①	通过实验的设计、观察与分析，能用物质与能量观、结构与功能观，理解有氧呼吸和无氧呼吸的过程与联系
②	通过对有氧呼吸和无氧呼吸过程的讨论比较、归纳概括、综合分析，阐述细胞呼吸的现象及原理
③	通过探讨细胞在不同条件下呼吸的实验设计，进行小组合作并进行评价交流
④	尝试利用细胞呼吸的原理，理性解释生活生产中遇到的生物学问题，并能科学锻炼与生活

培养核心素养是新形势下高中生物教学的根本目标。教师备课时，习惯于采用三维目标来阐述教学目标和意图。表1依据课程内容和学业质量标准，围绕核心素养来制定本节课的教学目标。目标①体现了生命观念的要素；目标②反映了理性思维的要素；目标③指向科学探究的要素，目标④属于社会责任的要素。4个目标彼此独立又互相联系，是学科素养和课程目标的细化与要求。教学

设计中，凸显核心素养的各个要素，是协调发展学生品格和必备能力的具体表现，是制定教学目标的出发点和实施课堂教学的归宿。

二、教学设计的教学观

为提高学生素养，应以教学观为指导，依据一般的教学理论，采取合理的教学策略，开展教学设计。

（一）依据教学理论设计教学流程

教学理论是指在教学本质及规律的基础上，组织教学所遵循的教育教学规律，是对教学本质及教学规律系统性进行研究和阐述。教师开展教学设计时，既要从经验出发，又要重视教学理论的应用，设计合理的教学流程。例如，基因分离定律的新授课教学，可以按照"创设情境提出问题——分析问题探索遗传规律——讨论遗传规律本质及范围——综合运用遗传规律"的教学流程组织教学。

（二）结合实际采取合理的教学策略

教师应结合实际，选择合理的教学策略，达到培养学生核心素养的要求。教学设计时，可以创设熟悉的情境快速导课，采用创新实验的方法突破教学重难点，采用思维导图的策略开展复习课教学，等等。

关于"染色体的变异"一课，染色体结构变异、染色体组、二倍体、多倍体、单倍体、一倍体这几个概念，是学习染色体变异及其相关内容的重要基础。它们既有区别又有联系，极易混淆。以往，教师常常采用讲授法讲解"染色体组"的概念和特征，然后逐一讲解各个概念，教师辛苦，学生未必理解。为突破本节课内容的重难点，教师采用模型建构的策略，让学生利用彩色卡纸完成二倍体生物染色体模型的制作，并以此为基础开展多倍体、单倍体等概念的教学，最后小组合作，绘制染色体变异思维导图，诊断教学效果。

三、教学设计的学习观

为提高学生核心素养，教学设计过程中，应满足学生终身发展的需求，提高学生的自主学习能力。

（一）依据已有基础指导学习

生物课程承担着既要让学生获得基础生物学知识，又要让学生领悟生物学家在研究过程中所持有的观点以及解决问题的思路和方法的任务；既要促进学生主动参与学习的过程，在亲身提出问题、获取信息、寻找证据、检验假设和发现规律等过程中习得生物学知识，又要养成理性思维的习惯，形成积极的科学态度，发展终身学习的能力。因此，教师在进行教学设计时，应根据学生已有的水平和基础，创设学习任务和问题，使学生在任务驱动下有计划、有目的地学习，提升学习能力。

例如，在"伴性遗传"教学中，为得出伴X染色体隐性遗传规律的特点，教师可设计这样的教学片段：先从填写男女色觉基因型和表现型的表格入手，之后小组合作写出各种婚配方式的遗传图解，最后归纳伴X染色体隐性遗传规律特点。通过这种循序渐进，逐步构建伴性遗传规律的特点，既能够发展学生的科学探究素养，又能培养学生的理性思维能力，这显然比单纯讲解规律的效果会好得多。

（二）依据认知规律引领学习

认知是个体在认识事物过程中所表现出的感知、记忆和思维等活动，遵循从简单到复杂、从具体到概括、从感性认识到理性认知等规律。生物学科的研究经历了从现象到本质、从定性到定量的发展过程，朝向微观和宏观方向迅速发展，并对社会、经济产生越来越大的影响。依据中学生认知规律和生物学科的特点，教师在进行教学设计时，应积极创设问题情境，注重思维方法的培养，优化认知结构，提升学习能力。

教学中，有的章节不好理解，如蛋白质的空间结构、孟德尔遗传规律、兴奋的传导和传递等，教师如果仅仅是简单地讲解概念，很容易使课堂枯燥无味，难以发展学生的核心素养。为避免这样的情况发生，教师可先导入学生感兴趣的情境，给学生认知过程一个阶梯，慢慢地螺旋式开展教学。

教学中，教师常常碰到这样的问题：教师提问，很多学生常常不是认真思考，而是通过马上翻阅教材的方式来寻求答案。这问题的背后，教师既要关注所提问题的科学性，又应结合学生已有知识和认知基础，创设出合理的问题情境，优化学生的学习过程。只有学生掌握了学习的方法，才能达到事半功倍的效果。

总之，教师在教学设计及实施过程中，应加强核心素养的学习，明确课程性质、目标和理念，理解生物核心素养的内涵；依据教学基本原理设计教学流程，结合实际采取合理的教学策略；根据学生已有的知识和认知规律，创设学习任务和问题，使学生有计划、有目的地学习，提高教学设计的科学性、针对性和实效性，将生物核心素养教育落到实处。

形成式概念教学策略在中学生物教学中的应用

——以"光合作用的过程"一节为例

2017年高中生物新课程标准的宗旨是培养学生生物学核心素养，包括生命观念、理性思维、科学探究和社会责任。生物学课程设计和实施追求少而精，聚焦核心概念，教学过程重实践，通过探究学习加深对生物学概念的理解和应用，从而发展核心素养。概念教学的重要性逐渐被众多教师熟知，准确掌握概念教学的基本策略对落实学科核心素养至关重要。

在一线教师进行概念教学时，往往采用同化式概念教学策略，学生被动接受陌生术语，无法真正理解。笔者以人教版高中生物教材必修1《分子与细胞》中《光合作用的过程》一节为例，通过教学设计、教学实践、教学反思等过程，探讨如何通过形成式概念教学策略落实学科核心素养。

一、教学设计背景分析

（一）教材分析

该课时是人教版必修1第5章第2课时的内容，是高中生物非常重要的核心概念之一。教材通过文字叙述和图解进行阐述，并对光反应和暗反应分别进行了定义概括。教材中对光反应和暗反应过程的描述简单明了，对两者之间的关系只进行了一句话的总结概括，没有实例分析，学生对关系的重要性和相关性很难真正理解。

（二）学情分析

学生在初中已经初步接触过光合作用，如光合作用的定义、场所、原料、产物、光合作用的反应式等。高中学生的认知水平、逻辑推理能力等都会有明显的进步。通过前面章节的学习，学生对叶绿体中色素种类、功能、光合作用的探究历程等都有了基本的掌握，本节内容中光反应、暗反应以及两者之间的关系对于学生来说是全新的概念，也是本节要重点解决的核心概念。虽然课本中对过程的描述比较清晰，但学生理解这些抽象的概念还是有一定难度的，只有充分理解光合作用的过程，学生才能很好地理解和分析光合作用原理的应用及光合作用的影响因素。学生在学习过程中，往往会出现教材能看懂、上课能听懂，但是在解决光合作用相关问题时就会遇到困难，究其根本原因就是学生并没有充分理解光合作用的过程，从而在应用其原理分析具体问题时出现困难。

二、教学目标

（一）知识目标

（1）比较光合作用光反应和暗反应的具体物质变化和能量转换的过程。

（2）阐明光合作用的总反应式与实质。

（二）能力目标

对相关实验资料分析、思考、讨论、探究等活动中，培养学生自主学习、自主探究的能力，语言表达的能力及分享信息的能力，通过知识迁移在新的情境中解决问题的能力，学会用比较法进行学习。

（三）情感、态度和价值观

培养学生的生命观念，引导学生掌握研究生命现象的基本思想方法。

三、教学重点

（1）光反应和暗反应的过程。

（2）光反应和暗反应之间的关系。

四、教学难点

理解并学会应用光合作用的光反应和暗反应机理及相互关系。

五、教学策略

以科学家发现光合作用过程的真实实验为探究素材，将核心概念分解成若干小问题，通过设置一系列问题串，形成概念教学模式逐一趋向概念内涵，通过分析讨论进行概念建构；强调科学史中的学科思维和探究精神；利用睿易云教学平台和Pad移动终端等现代教育技术，实现师生的及时互动，提高课堂教学效能；通过对新的情境进行小组探究，加深理解概念内涵和外延，在内涵与外延间建立联系；学以致用，设置新情境，让学生利用本节概念解决新的问题。

六、教学过程设计

（一）复习导入

教师活动：请学生在练习本上写一下绿色植物光合作用反应式，通过Pad终端展示学生书写正确的反应式。纠正错误书写，强调学生对基础知识的准确掌握。

学生活动：回顾，书写。

设计意图：温故知新，引出光合作用场所——叶绿体的结构。

（二）教学实施

概念1：叶绿体具有基粒等结构，是绿色植物光合作用的场所。

教师活动：展示叶绿体结构模型，讲解结构，重点是类囊体和基粒的关系。重点强调：光合色素和有关酶分布在类囊体的薄膜上，有些酶分布在叶绿体基质中。

学生活动：看图析图，听老师讲解。

设计意图：为光合作用过程的学习奠定基础，树立结构与功能相适应的观点。

概念2：叶绿素在光合作用中发挥重要作用。

教师活动：设问：叶绿体中的色素与光合作用有什么关系呢？展示实验并引导学生得出结论。

学生活动：阅读资料，1913年，德国的威尔斯泰特对叶绿素分子进行了研究。在阐明了它的化学性质之后，研究了叶绿素与光合作用的关系。他发现，在光下叶绿素的含量较高时，CO_2转化为糖类的反应速率较快。

分析实验，得出结论：叶绿素在光合作用中有重要作用。

设计意图：学生通过实验过程和结果的分析，自然而然得出结论，学生印象深刻，并了解科学探究的方法。

概念3：叶绿体中的色素能捕获光能、传递和转化光能。

教师活动：投影展示叶绿体色素的吸收光谱图。设问，光合色素是如何起作用的呢？

学生活动：学生得出结论，叶绿体中的色素可以吸收光能，叶绿素主要吸收蓝紫光和红光；类胡萝卜素主要吸收蓝紫光。

设计意图：让学生明确色素吸收光能的特性，培养学生读图析图的能力，为形成光反应概念作铺垫。

概念4：光反应过程在类囊体膜上，色素吸收光能，将水分解成[H]和氧气，并将光能转化为ATP中的化学能。

（1）希尔反应：水光解放氧

教师活动：设问，色素吸收的光能有什么作用呢？投影图1。

学生活动：阅读资料二，1937年，英国剑桥大学的希尔用离体的叶绿体做实验。他将离体的叶绿体加到具有$NADP^+$（可与H^+结合生成NADPH）的水溶液中，在无CO_2的条件下给予光照，发现叶绿体中释放出O_2。

分析实验，得出结论：色素吸收光能后可以将水分解释放出氧气。

希尔反应-1937

图1　希尔反应

（2）阿尔农实验：光反应生成ATP和[H]

教师活动：投影图2。

学生活动：阅读资料三，1954年，美国阿尔农等用离体的叶绿体（获得类囊体悬浮液）做实验。在给叶绿体照光时发现，当向反应体系中供给ADP、Pi和$NADP^+$时，体系中就会有ATP和[H]产生。

分析实验，得出结论：在光下，类囊体上生成了ATP和[H]。

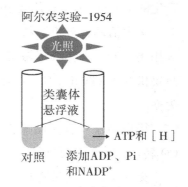

阿尔农实验-1954

图2　阿尔农实验

设计意图：还原科学史，让学生感悟科学发现的探究过程，像科学家那样探究和思考，培养学生科学探究和理性思维素养。

（3）光反应过程概念建构（表1）

教师活动：设问，在光下，类囊体膜上能发生哪些反应？能量如何转变？请完成表格填写。

学生活动：根据资料二和资料三的实验结论，小组讨论，总结归纳，填写表格。通过Pad终端提交给老师，并分享讨论结果，老师评价总结。

表1　光反应阶段概念建构

光反应阶段	
场所	
条件	
物质变化	
能量转化	

设计意图：培养学生归纳总结能力、小组合作能力、语言表达能力、使用现代信息技术能力，完成光反应过程这一概念的完整建构。

概念5：暗反应过程在叶绿体基质中进行，固定CO_2，利用光反应生成的[H]和ATP，生成（CH_2O），ATP中的化学能转化为（CH_2O）中的化学能。

（1）阿尔农实验

教师活动：设问，在光下叶绿体通过光反应产生的ATP和[H]有什么用呢？投影图3。

学生活动：分析资料，1954年，美国阿尔农等用离体的叶绿体继续做实验。在黑暗条件下，只要供给了ATP和[H]，叶绿体就能将CO_2转变为糖。

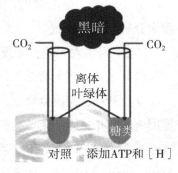

图3　阿尔农实验

得出结论：在黑暗条件下，ATP和[H]是CO_2转化为糖的必要条件。

设计意图：通过再现科学家实验，培养学生分析实验材料的能力，通过此实验，学生能够形成光反应为暗反应提供ATP和[H]这一重要概念。

（2）卡尔文实验

教师活动：CO_2是如何转变成糖类等有机物的呢？

学生活动：分析材料，从1946年开始，美国的卡尔文等研究了小球藻等植物进行光合作用时CO_2转化为糖类的路线。他们向反应体系中充入一定量的$^{14}CO_2$，光照30秒后检测产物，检测到了多种带^{14}C标记的化合物。将光照时间逐渐缩短至几分之一秒时发现，90%的放射性出现在一种三碳化合物（C_3）中。在5秒钟的光照后，卡尔文等同时检测到了含有放射性的五碳化合物（C_5）和其他糖类化合物（CH_2O）。

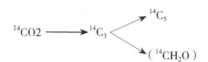

得出推论：碳的转移途径。

设计意图：通过科学家的实验设计方法，培养学生理性思维和科学探究素养，加深对暗反应阶段碳元素去向的理解。

（3）实验探究1

教师活动：卡尔文实验中，CO_2供应正常，当停止光照时，短时间内C_3和C_5的浓度如何变化？原因是什么呢？学生提交答案后进行评价总结。

学生活动：小组进行探究，将探究结果写在学案上，通过Pad终端将答案提交给教师。小组代表进行讨论结果分享，小组间相互评价。

设计意图：通过实验探究和推理，让学生明确光反应提供的ATP和［H］参与碳循环的哪个节点，并培养学生的理性思维、深度探究和语言表达交流素养。

（4）实验探究2

用温和方法分离得到的叶绿体结构完整，这样的叶绿体能够完成光合作用全过程，包括CO_2的固定和糖类的生成。用剧烈方法分离得到的叶绿体含有很少或者根本没有叶绿体基质。这样的叶绿体能在光下产生O_2、ATP、［H］，但是不能固定CO_2。

教师活动：设问，这些反应进行的场所是哪里呢？请同学们阅读实验探究2。

学生活动：阅读实验探究2，小组讨论实验方案，分享交流。

得出结论：CO_2的固定和糖类的生成场所在叶绿体基质中。

设计意图：让学生掌握科学的实验方法，明确暗反应的场所，从而培养学生理性思维和科学探究素养。

概念6：光合作用过程包括光反应和暗反应两个过程（图4）。

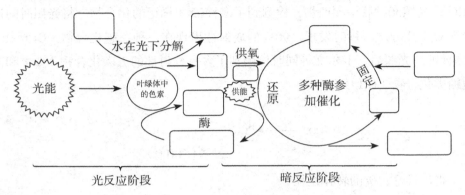

图4　光合作用全过程示意图

教师活动：请各位同学完成学案中光合作用全过程图解，观察各组同学完成情况，利用Pad对某小组同学的答案进行评价，利用谈话法对光合作用全过程进行总结。

学生活动：小组讨论，归纳总结，填写光合作用全过程图解，通过Pad终端将答案推送给教师，小组分享并相互评价。

设计意图：通过填图，让学生明确光反应和暗反应是不可独立进行的两个密切相关的生理过程，引导学生学会建构知识框架，培养学生归纳总结能力。

（三）课后作业

（1）列表比较光反应和暗反应的区别和联系。

（2）从物质和能量角度阐述绿色植物光合作用的意义。

设计意图：教会学生学会用比较法进行概念学习，培养学生生命观念学科素养。

七、教学评价

（一）课中过程性评价

通过Pad终端，老师能及时看到各小组讨论结果，并由小组代表阐述结果，小组互相评价和老师总结，及时发现并解决课堂中的既设问题和生成问题。

（二）课后终结性评价

通过课后作业，了解学生是否真正理解光合作用的机理，尤其是通过第二道作业的解答，能够看出学生是否从宏观生态学的角度理解光合作用的意义，为下节课的教学做好铺垫。

八、教学反思

本节课的教学重点是光合作用光反应和暗反应的过程，在以往的教学中大多数教师采用的策略是直接向学生分步展示每个过程的物质变化和能量变化，然后进行详细的讲解；学生学习的过程是在老师讲解之后，在理解过程的基础上将光合作用流程图背下来。在这样的教学方式和学习方式下，更多学生是通过死记硬背把过程记下来的，对学生理性思维和科学探究素养的提升是很有限的。在进行教学设计时，大胆创新，改变以往同化式概念教学模式，采用形成式概念教学策略和智慧课堂教学策略，通过把科学家对光合作用过程的探究历程真实再现，让学生通过分析实验过程，小组研讨，得出结论，逐步形成概念。运用现代教育技术，学生研讨结果通过Pad终端及时反馈给教师，教师及时对典型问题做出点评。通过对若干原始科学实验的探究形成若干概念，在教学设计的最后，让学生在学案中独立完成光合作用全过程的流程图，然后分享交流，教师评价，这是一个总结提升的过程，既能培养学生的专业语言表达能力，又能考查这节课的教学效果。课后作业的设计，是想培养学生利用比较法来进行知识巩固，同时能从宏观生态学和物质能力的角度去理解光合作用的重要意义，培养学生的生命观念素养和社会责任素养。

在教学过程中，整节课还是比较顺畅的，学生基本能跟上科学家的实验探究思维，在小组讨论环节气氛也非常好，每个小组都能准确地得出每个实验的结论，并能在教师指定时间内在学案上写完答案，并通过Pad提交给老师。在分享环节，8个小组同学有6个小组都积极发言。虽然需要小组讨论的问题较多，但是整节课节奏控制得很好，基本按照教学设计的各个环节逐步推进，在45分钟内，恰好完成整节课的教学任务。课堂气氛也比较活跃，且这种活跃是学生思维的活跃，不是表面的气氛活跃。

从教学效果来看，在最后一个环节的光合作用全过程的概念建构中，各个小组的同学都能够准确地填写好留空的部分，对光反应和暗反应之间的关系也有了清楚的了解，并能够准确分析出当外界条件发生变化时，各种中间产物短时间内的含量变化。通过课后学生反馈，可以看出学生们都理解并掌握了光合作用的机理。

当然，本节课的教学过程还有待改进，如学生对教学平台的使用还不够熟练，在课堂提交答案环节会有些时间延搁；学生对NADPH和NADP$^+$还不是很理解，可能会影响学生对光合作用过程的理解。在以后的教学中，笔者会提醒学生加强预习，在课堂教学中积极采用现代教育技术，让学生尽快熟悉教学平台的使用，通过智慧课堂进一步提高课堂效能。

"细胞核——系统的控制中心"教学设计

一、教材分析

本节内容是人教版高中生物必修1第3章第3节，课程标准对本节内容的要求是"阐明细胞核的结构与功能"。这是理解水平的要求，如果教师直截了当地说出细胞核的结构和功能，是不可能帮助学生达到这一学习目标的。

"细胞核控制着细胞的代谢和遗传"，这是科学家通过对大量的事实进行分析的基础上形成的结论，属于概念性知识；细胞核的结构是可以借助显微工具直接观察到的，属于事实性知识。两部分知识可以通过"结构决定功能"这一生物学观点联系起来。

二、教学目标

（一）知识目标

阐明细胞核的结构和功能，理解所学的知识要点，把握知识间的内在联系。

（二）能力目标

通过"猜测功能→实验设计→资料分析→得出结论"，尝试运用所学的知识对生物学问题进行解释、推理，做出合理的判断或得出正确的结论，培养学生的科学探究素养和理性思维。

（三）情感目标

通过实验设计和资料分析，体会结构决定功能的生物学观点，认同细胞核是细胞生命系统的控制中心。

三、教学过程

（一）温故知新，导出新课，促进知识迁移

教师展示"分泌蛋白的合成和分泌过程"的动画，设疑：分泌蛋白何时合成？合成什么种类的分泌蛋白是由各种细胞器自己控制的吗？除了高等植物成熟的筛管细胞，哺乳动物成熟的红细胞等极少数细胞没有细胞核外，真核细胞都有细胞核吗？细胞核是活细胞必需的吗？

设计意图：教师通过层层设疑，引出新课教学，可以激起学生浓厚的学习兴趣，易于形成理性思维。

（二）小组合作探究，任务驱动，培养科学思维，训练科学探究

学生分为四大组，每组负责教材第52页中的资料分析。教师引导学生小组合作探究细胞核对细胞生命活动的影响。

针对美西螈核移植实验，第一小组的任务：①本实验说明美西螈的肤色是由细胞核控制，还是由细胞质控制？②你能否设计对照实验，使该结论更有说服力？

针对蝾螈受精卵横缢实验，第二小组的任务：③从资料2可以看出，细胞核与细胞的分裂、分化有什么关系？④该实验是否存在对照实验？资料中哪些部分体现了对照？

针对变形虫切割及核移植实验，第三小组的任务：⑤描述变形虫有核部分、无核部分生长状况。⑥资料中如何探究变形虫的寿命及生命活动与细胞核有关呢？⑦变形虫的分裂、生长、摄食、应激性等生命活动由什么控制？

针对伞藻嫁接与核移植实验，第四小组的任务：⑧分析伞藻嫁接实验，伞藻的帽形与柄有关吗？还是与假根有关？⑨伞藻嫁接实验能说明伞藻帽形由细胞核控制吗？⑩伞藻核移植实验得出结论：伞藻"帽"的形状是由什么控制的？

设计意图：教师鼓励小组成员积极讨论、各抒己见。讨论结束后，各小组代表回答问题，其他学生认真聆听，及时质疑。自我展示过程培养了学生的语言表达能力，增强了学生的信心和勇气。如果个别小组对该小组汇报内容存在异议，师生共同分析，真正做到有效教、高效学。

第一小组讨论结束后，教师播放有关我国克隆猴技术的视频，使学生进一

步了解动物核移植技术在生活中的应用，审视或论证生物学社会议题，培养学生的社会责任感。

在对①③⑤⑦⑧⑩这六个问题的处理中，教师要培养学生能够基于生物学事实和证据运用归纳与概括、演绎与推理的方法来解决问题；在对②⑨两个问题的解决过程中，教师要培养学生批判性思维、创造性思维；在对④⑥这两个问题的处理中，教师要培养学生的知识迁移能力，使学生掌握科学实验设计的原则和方法。这样深入浅出地使学生掌握细胞核的功能：细胞核控制着细胞的代谢和遗传。学生在学习探究过程中逐步发展了科学思维，提高了生物学学科核心素养。

（三）以探索细胞核具有相应功能的原因为线索，深入挖掘教材，形成生命观念

教师设疑：细胞核有着如此重要的功能，是由什么结构决定的呢？引导学生观察教材并找出课件中图片里各结构的名称，再逐一深入探讨相应功能。

（1）学生通过识图，不难看出核膜是双层膜，回忆第3章第1节讲授的细胞膜的功能：将细胞与外界环境分隔开，保障细胞内部环境的相对稳定。学生很容易知识迁移得出：核膜可以把核内物质与细胞质分开，为核内物质提供一个相对稳定的环境。

（2）还可以看出双核膜在某些部位融合成环状的开口，即为核孔。核孔并非简单的洞，它是由100多种蛋白质组成的，类似捕鱼笼式结构的复杂的核孔复合体，允许细胞核和细胞质中的某些RNA和蛋白质这样的生物大分子进出细胞，但某些微米级的小分子物质却无法穿透核孔。教师引导学生得出：核孔具有选择透过性。

（3）在探讨核仁功能时，教师展示核糖体示意图，再配合使用自制的由大小两个亚基构成的核糖体，演示构成核糖体的两成分在核仁部位的形成过程，有助于学生在理解的基础上掌握核仁的功能。

（4）教师引导学生阅读教材第54页，找出染色质命名的原因，简单介绍碱性染料与染料的酸碱度无关，并提出问题：染色质的主要成分是什么？教材第10页介绍染色体的成分也是DNA和蛋白质，它们二者是什么关系呢？教师展示自制的染色体、染色质两个模型。通过观察对比教具，学生能得出染色质呈细丝的网状结构，那么如果细胞分裂的话，遗传信息DNA的载体即染色质易于平均分配。染色质高度螺旋化，缩短变粗，成为另外一种存在状态即染色体，在平分遗传信息DNA的过程中，核膜和核仁会影响分配，因而会暂时解体消失。当染色体分裂后，由于它是高度螺旋化的结构，不利于遗传物质的表达，因而需要解螺旋，变细变长成为网状的染色质，同时核膜、核仁重现。

（5）教师播放DNA压缩成为染色体的视频，有助于学生理解DNA在染色体中的存在形式，实现感性认识到理性认识的升华。

设计意图：教师通过深度挖掘教材、自制教具的演示和观察、视频的播放，层层设疑，学生针对实际问题采用观察、比较、分析、综合等思维方式方法，在理解的基础上记忆各结构，并掌握其对应的功能，有助于形成结构功能观，进而形成生命观念，提升生物学核心素养。

（四）形成知识概框，制作物理模型，实现学以致用

教师引导学生用图形来展示DNA、细胞核、染色体、细胞之间的关系，自主建构关系细胞核的知识结构，并思考：什么是模型？模型的种类有哪些？图书中自制的教具属于哪种模型？细胞代谢强度随自由水/结合水比值变化的曲线属于什么模型？教师展示一张美丽的细胞图片，创设情境，引出翟中和院士的话：哪怕一个最简单的细胞，也比迄今为止设计出的任何智能电脑更精巧。教师介绍2018年诺贝尔奖中三项自然科学奖项与生物学相关，生物领域的未来是多么令人兴奋，培养学生对生物学科的兴趣，并渗透科学精神。教师铺设严谨的问题，让学生总结本节课的教学内容，使得细胞核的结构与功能这两大内容不再是独立的知识点，而是一个比较完善的知识体系。利用各色彩泥、毛线、卡纸板、水晶泥等材料制作细胞核的三维模型，发挥学生的创造性。

设计意图：生命观念的建立是以概念性知识的学习为基础，但知识≠观念。教师利用自制物理模型将抽象的知识转化为学生易于理解的具体实物，很容易将感性认识内化为理性的认知；启发引导学生围绕教材，提炼重点，获得新知，来进一步完善自己的认知结构。学生动手制作细胞核的三维模型，可以刺激多种感观，体会到学习的乐趣和成就感，进一步激发学习的兴趣和信心。学生在教师的引导下主动学习，建构自己的认知体系，在师生互动、生生互动的教学过程中提高收集、分析和总结信息的能力。

四、教学反思

本节课体现了新课改中"发展学生生物学核心素养"的要求。在整个教学过程中，教师相信学生的无限潜能，以探究细胞核的功能为线索，对教材中的资料分析进行分组讨论，任务驱动，充分调动学生学习的积极性，通过层层设疑，培养学生透过现象看本质，自主构建新知，掌握科学探究实验的方法，形成科学思维、训练科学探究的能力。

教师通过播放多媒体视频、使用自制教具等教学手段，刺激了学生多种感官活动，激发了学生的求知欲，提高了学习效率。通过比较与归纳，学生在推理、判断中培养和提升了良好的思维习惯和知识迁移能力。

总之，核心素养的培养已经成为一个社会共同关注的话题，其目的十分明确，即培养"全面发展的人"。高中生物教师在教学过程中，不仅要渗透生物文化知识和实验技能的培养，更应从人文领域、精神内涵方面，丰富学生的视野和学识，有助于学生生物价值观、人生观和社会观的形成，促进高中生生物学学科核心素养的发展。

基于培养物质与能量观的"酶的作用与本质"教学策略与实践

一、问题的提出

爱因斯坦曾说："科学教育的目的是要在复杂的物质世界中找出各种事物的联系与规律，通过构建科学理论，形成核心观念，反过来去探索其他事物的联系与规律。"生物学科的核心观念是在生命现象和规律认识中形成学科认识活动的基本观念，如结构与功能观、进化与适应观、物质与能量观等。其中，物质与能量观是生物学的核心观念，是在解释物质转变、能量变化的理论中概括出来的。用物质与能量观去认识细胞代谢是高中生物学的核心观念，人教版生物必修1"降低化学反应活化能的酶"第一课时"酶的作用与本质"是细胞代谢的开篇内容，学生有丰富的知识和经验，是构建物质与能量观的重要内容，如图1所示。

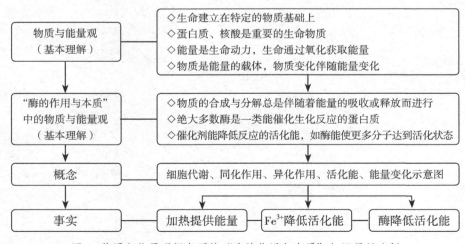

图1　物质与能量观视角下的"酶的作用与本质"知识层级分析

二、教学策略

"酶的作用与本质"是整个细胞代谢教学的基础，酶的知识贯穿在整个生物学中。在《普通高中生物课程标准（2017年版）》中属于必修1大概念2。细胞代谢过程离不开降低化学反应活化能的酶。学生对酶的认识有限，但在初中化学已经学习了催化剂的相关知识。教学中可以通过情境感知与实验探索理解酶和无机催化剂催化的作用与差别，以问题表征和生活生产实践中的实例，解释化学反应中的物质和能量变化，从本质认识酶和催化剂，由此梳理出"情境感知→实验探索→问题表征→实际应用"的教学策略，如图所示。

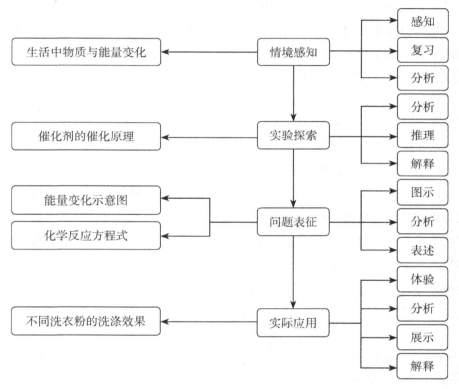

图2 "情境感知→实验探索→问题表征→实际应用"的教学策略

三、教学实践

（一）创设生活化的情境，引出细胞代谢的概念

联系生活实际，展示系列问题：我们为什么每天都要摄入食物？食物中有哪些主要成分？哪些属于能源物质？学生思考，归纳总结：摄取食物是为了获

取生命活动所需的物质和能量。然后教师设问：细胞如何从这些物质中获取能量？引出细胞代谢的概念，学生回答：细胞代谢是细胞内所发生的用于维持生命的一系列有序的化学反应的总称，这些反应伴随着物质和能量的转变。

设计意图：从学生最简单的一日三餐入手，导入生活化情境，作用：一是生活化情境，学生十分亲近，可帮助其快速进入学习状态；二是引出细胞代谢这一重要概念，引导学生思考物质与能量的关系以及对于身体的重要性。

（二）温故知新，判断代谢类型

新陈代谢是指机体与环境之间的物质和能量交换以及生物体内物质和能量的自我更新过程，包括合成代谢和分解代谢，并展示合成代谢和分解代谢的定义。教师引导学生回忆初中生物学关于新陈代谢的概念，展示脂肪酶作用下脂肪的水解、酶作用下蛋白质的合成两个化学反应，学生依据定义，判断这两个反应分别属于哪种代谢类型，分析能量的变化。

设计意图：既复习了初中生物学旧知识，又联系了高中生物第2章有机物内容的知识，使学生举一反三、触类旁通，有助于学生构建物质与能量变化的内在联系。

（三）分组实验，控制变量，探究酶的作用

以上两个反应都应用到酶。初中化学已经学过无机催化剂，可以让学生说出无机催化剂的作用特点。设置疑问：酶与无机催化剂有共性吗？在讲解控制实验变量和设置对照试验的方法后，开展"比较过氧化氢酶在不同条件下的分解"的分组试验，见表1所列。由于本实验仅仅观察气泡产生速度，不能定量比较酶和无机催化剂的催化速度。为此，对实验进行改进，在试管顶部安装收集装置，定量分析气泡产生量。

表1 实验结果记录表

	对照组		实验组	
	1	2	3	4
H_2O_2浓度	3%	3%	3%	3%
剂量	2ml	2ml	2ml	2ml
温度	常温	90℃	常温	常温
试剂	2滴清水		2滴$FeCl_3$	2滴土豆研磨液
气泡产生量（1min）				

问题与讨论1：写出过氧化氢分解的化学反应方程式。

问题与讨论2：比较实验1和2的结果，说明了什么？

问题与讨论3：比较实验1、2和3的结果，实验3中为什么产生的气泡量更多？

问题与讨论4：实验4比实验2、实验3产生的气泡量更多，说明了什么？

通过讨论交流，学生归纳：酶和无机催化剂都能够催化过氧化氢分解成水和氧气，都能够降低反应所需的活化能，但酶比无机催化剂的效果更明显。

设计意图：通过学生自己做实验，探究酶与无机催化剂的作用与差异，增强感性认识，为分析和讨论酶的作用特点做好铺垫。通过三个问题的讨论，学生明白酶与无机催化剂的作用原理一致，都是降低反应的活化能。但活化能是什么，学生比较模糊。

（四）展示动画，建构模型，破解对活化能理解的难度

动画分别展示常温、加热、加无机催化剂和加酶四种情况下过氧化氢分子的状态。强调常温下只有少数分子处于活化状态；加热条件下为反应提供了能量，使一部分处于常态的分子变成了活化分子，即活化能；加无机催化剂和酶都没有提供能量，但是降低了反应所需的活化能，使原本不处于活化状态的分子也转变了活化状态，酶降低反应的活化能多于无机催化剂。

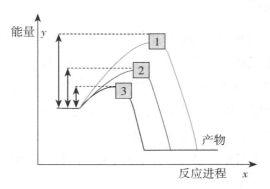

图3　不同条件下过氧化氢分解的数学模型

为构建不同条件下过氧化氢分解的数学模型，教师引导学生分析和绘制加热、加无机催化剂和加酶的条件下反应进程与能量的关系，让学生展示和解释自己构建的模型（图3）。小组讨论以下几个问题：

问题与讨论1：酶比无机催化剂降低反应的活化能多，如何用图3中的y值表示？

问题与讨论2：探究温度对酶作用的影响，为什么不能用过氧化氢为材料？

问题与讨论3：温度明显提高，对无机催化剂和酶的催化作用有什么影响？

设计意图：动画直观展示了分子所处的状态，形象地表示了活化能的含义；模型建构则可以利用已学的知识，深度地理解物质和能量的数学关系，突破酶降低反应的活化能这一难度；通过讨论交流，提高学生课堂参与度，有助于教师更好地了解学生对其掌握情况，找出典型问题进行讲解分析，提高教学效率。

（五）设计实验，体验酶作用的神奇

加酶洗衣粉与普通洗衣粉做比较，后者再加入催化污渍分解的酶制剂，如碱性蛋白酶和碱性脂肪酶。课前教师收集一些干净和有污迹的布条，分别用普通洗衣粉和加酶洗衣粉清洗，探讨洗涤效果；课堂上请学生设计实验并分析变量，展示成果。

设计意图：通过实验，提高了学生的动手能力，证明酶具有高效性，巩固已学的知识；训练了学生的实验分析方法，学会控制变量，体验科学探究的思想。探索温度对实验的影响，为下一节内容的学习做好铺垫。

四、教学反思

基于物质与能量观的"酶的作用与本质"教学中，通过创设情境，判断反应类型，关注学生已用的知识与经验；通过动手实验，学会实验分析的基本方法；展示动画，建构模型，破解活化能的难点；以交流讨论的形式了解学生对酶作用的理解。利用多种教学手段拓展了学生学习的时间和空间，为物质与能量观的建构提供各种支持，促使学生在积极参与、亲身经历、主动思考、讨论交流的过程中达成教学目标，提高了课堂教学效率，提升了学生课堂参与度。

"生态系统的能量流动"教学设计

一、教材分析

"生态系统的能量流动"的难度相对较大，涉及光合作用、呼吸作用、生态系统、食物链、食物网等方面的知识，是一节知识性、理论性较强的综合课。教材首先介绍了营养级的概念，安排讨论了草原生态系统中的能量流动活动；结合生态系统中的碳循环的图文资料，描述碳循环的特点，并渗透低碳环保的生活理念。本节课的重点和难点是分析生态系统中的能量流动的情况及生态系统中的物质循环，为增强学生的感性认知，通过多种教学资源和手段来设计教学。

二、教学目标

（1）分析生态系统能量流动的过程和特点。

（2）概述研究能量流动的实践意义。

（3）尝试调查农田生态系统中的能量流动情况。

三、教学过程

（一）"光盘行动"——引入新课

教师展示校园网上关于"光盘行动"的新闻报道，请学生谈谈开展"光盘行动"的意义，提出问题：生命活动离不开能量的供给，而能量又来自哪里？地球上的各种生物是如何获得生命活动所需要的能量？人类能够直接利用太阳的能量吗？大气中的氧气和二氧化碳的含量总是保持在一定的水平，千万年来变化不大，为什么会这样呢？这到底是怎样的一个过程？就让我们一起来学习生态系统中的能量流动和物质循环。

设计意图：由"光盘行动"引入新课的学习，既贴近学生实际生活，又能提高学生节约粮食、节约能源的意识。

（二）自学助思——营养级

学生阅读教材，对照教科书的营养级示意图，思考：什么叫营养级？每一营养级是由哪些生物构成的？根据营养级的定义可知，作为生产者的绿色植物位于食物链的起点，共同构成第一营养级；以绿色植物为食的草食动物就共同构成了第二营养级；以草食动物为食的肉食动物就构成了第三营养级，其他依此类推。教师展示草原生态系统中的食物网（图1），提问：图中的生态系统有哪几条食物链？说出每条食物链中草和鹰分别位于第几营养级？学生讨论后得出结论：生产者在不同的食物链中，总是位于第一营养级。同一消费者在不同的食物链中，所处的营养级可能不同。

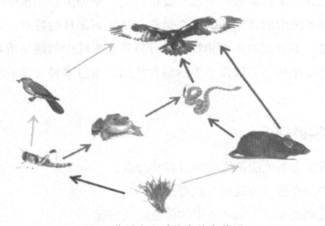

图1　草原生态系统中的食物网

设计意图："营养级"的概念较容易理解，学生自学可以解决。为了反馈学生有没有真正掌握营养级的概念，教师即时呈现的题目既复习了食物链的知识，又能使学生得出结论，可以说是一石二鸟。

（三）生态系统中的能量流动

教师通过问题导学、活动模拟，逐步引导学生分析生态系统中的能量流动的最终来源、起点、途径，归纳出能量流动的特点；学生利用角色扮演活动，及时巩固新知。

1. 问题导学——能量流动的最终来源、起点、途径

能量流动是生态系统的重要功能之一，教师引导学生结合以下5个问题阅读教材，并进行小组讨论：①生态系统中能量的最终来源是什么？它是如何进入生态系统的？②生态系统中能量流动的起点是什么？③能量在生物体内是通过什么途径流动的？④每一营养级获得了能量主要用于什么？会不会全部流入下一营养级？⑤尝试归纳生态系统中能量流动的特点。师生就疑点进行交流：每一营养级获得的能量主要用于自身的生长、发育和生殖等生命活动。生物只要活着都要进行呼吸作用消耗大量能量。例如，兔子喜欢吃嫩草、野菜和树叶。那么，兔子吃枯枝落叶吗？它们哪里去了？狼吃兔毛、兔骨、兔的粪便吗？不吃，这些东西哪里去了？诸如这些枯枝落叶、兔毛、兔骨、粪便里面有能量吗？

设计意图：这部分内容是本节的重点、难点。教师采取提出问题，让学生带着问题阅读教材，再通过学生小组讨论与教师引导启发相结合、师生谈话等方法，使学生对"能量流动的过程"有深刻的理解，培养学生的逻辑思维、辩证思维和发散思维的能力。

2. 活动模拟——能量流动的特点

教师介绍科学史作为活动背景：美国著名生态学家林德曼通过实地调查研究得出了这样的规律，生态系统中能量在相邻两个营养级之间的传递效率一般只有10%～20%。活动说明：请三位"学生"分别代表食物链"草→兔→狼"中的三个"营养级"，由于能量是看不见的，因此为了帮助学生建立直观感受，杯中的"红墨水"模拟营养级所拥有的"能量"。前一个营养级的学生将杯中约1/5的水传递给后一营养级学生的杯中。

活动过程：选择三个身材由低到高的学生，站成一排，依次倒墨水，倒完以后展示杯中的水。其他学生说出，谁获得的能量最多，谁获得的能量最少。教师提出问题：在同一条食物链中，营养级越高，获得的能量越少。能量可以倒流吗？为什么？狼可以捕食兔，但兔不能吃狼，因此，能量不能倒流。师生共同归纳小结：生态系统中能量流动的特点为单向流动，逐级减少。

设计意图：在师生共同讨论分析第四和第五个问题之间穿插的"倒墨水"模拟活动，让学生直观感受到能量流动的过程，进而归纳出能量流动的特点。

3. 角色扮演——能量去哪儿了

四位学生分别扮演太阳公公、小草、兔哥和大灰狼,运用本节课所学知识,说一说:我是谁?我体内的能量来自哪儿?能量又去了哪儿?

设计意图:通过角色扮演活动复习生态系统中的能量流动的相关知识,巩固新知。该形式新颖活泼,将课堂气氛推向高潮。

(四)生态系统中的物质循环

学生代表表演小品"碳之迷途"。原创台词如下:

旁白:我是碳,有人说我是黑炭;有人说我是碳水化合物,太高大上,我记不住;有人说我是有机物;有人说我是无机物;有人说我是空气;还有人说我是食物……唉!我很迷茫!你说,我是谁?我到底是谁?!

大树:我从小就与碳结下了不解情缘,我离不开大气中的二氧化碳,我可以把大气中的二氧化碳转化成含碳有机物。当然,我每天也会向大气中源源不断地排出二氧化碳。

小鹿:谢谢你,大树!是你为我提供了富含能量的含碳有机物,是你让我每天活力四射!

细菌、真菌:我说你们可都得感谢我。要不是我,地球上早就没有你们生存的空间了。当你们的生命走到尽头的时候,是我把你们体内的含碳有机物分解成了二氧化碳。

煤、石油:我们一向比较低调,默默地为人类奉献着。我们燃烧了自己,成就了人类的辉煌;我们将自己化作一缕青烟,消失在茫茫人海中……

教师组织学生表演,引导学生总结生态系统中的物质循环(如碳循环等)的过程及作用,提出低碳生活的具体措施。

设计意图:用小品活动代替简单枯燥的呈现,使课堂气氛相对活跃,同时既很好地说明了碳循环过程中的物质变化,又强调了各种生物在碳循环中发挥的作用。

(五)概念图——小结新知

为了帮助学生巩固所学知识,教师应用概念图的形式生成板书,实现对知识点的归纳提升(图2)。

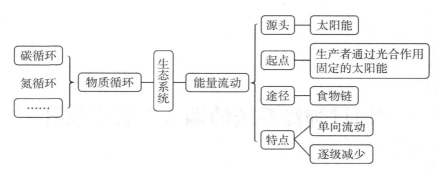

图2 生态系统的功能概念图

四、教学反思

本节课充分体现了以学生为主体、教师为主导的设计思想。为突破教学重难点，教师采用问题导学促进学生深度思维。模拟活动将隐性的能量传递过程以显性观察活动呈现，帮助学生突破认知难点。角色扮演可帮助学生将书本中静态的知识以独特的、幽默的语言方式表达出来，锻炼了学生的语言表达能力，是一种较为新颖的课堂教学尝试。用小品活动代替简单枯燥的呈现，使课堂气氛相对活跃，同时促进了学生的深度理解，教学效果良好。

"通过神经系统的调节"教学设计

一、教材分析

人教版高中生物学教材《必修3·稳态与环境》第2章第1节"通过神经系统的调节"包括神经系统的结构基础和反射、兴奋在神经纤维上的传导、兴奋在神经元之间的传递、神经系统的分级调节和人脑的高级功能等。本节课的导言既是章的导入，也是节的导入，可运用章首的导言和节首的问题探讨分别引入章课题和节课题。由于这些内容学生在初中已有了一定的了解，所以在这里一方面是通过导言唤起学生的回忆，另一方面是明确学习这部分内容的主要目标和任务。如果运用多媒体进行教学，就可选取一些能反映机体各器官系统协调活动，以及机体与外界环境相适应的实例的视频画面，结合画面提出问题。通过视频画面，烘托气氛，激发学生的学习兴趣。但要注意不应让学生的兴趣过多停留在感性的层面上，应该尽快将学生引入对问题的理性思考。

为了使学生深入理解兴奋的传导和传递机理，同时培养学生的自主、合作学习的能力，采用"教师提出关键问题——学生自主学习——合作讨论——解决问题——角色体验"等环节组织教学。

二、教学目标

（1）概述兴奋在神经纤维上传导的过程，概述兴奋在神经元之间的传递过程。

（2）通过观察兴奋传导的动态过程，发展分析、比较、归纳等逻辑推理能力，发展自主学习、合作学习能力。

（3）感受生命构造的微观美，建立唯物主义生命观，体验生命活动过程的有序性。

三、教学过程

（一）创设问题情境，引入新课

教师：取两个微电极，接到神经纤维膜表面，用微伏计测出膜表面的电位差，即电势差。再给予刺激，观察指针变化。可以发现，兴奋以电信号的方式在神经纤维上传导，我们把这种电信号称之为神经冲动。早在1791年，意大利解剖学家伽伐尼发现兴奋传导实际上是一种生物电现象。但是神经纤维都很细，做实验很困难。到20世纪30年代，英国科学家发现乌贼的巨大神经纤维是实验的理想材料，它粗大的轴突直径可达1mm，使测量电位差的微电极易于插入，为开展实验提供了便利。

（二）兴奋在神经纤维上的传导

教师展示图1，提出问题：①神经纤维在未受刺激时，神经纤维膜内外离子分布有何特点？膜内外电位表现如何？为什么？②神经纤维某一部位受刺激后，会发生怎样的变化？为什么会出现这样的变化？③电位的变化又引发了什么产生？

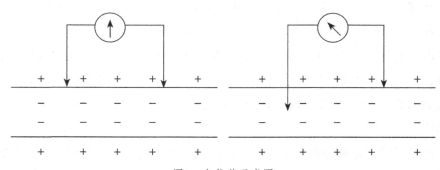

图1　电位差示意图

教师展示神经细胞内外的钠、钾离子的浓度及膜对钠、钾的通透性数据（表1），引导学生思考静息电位和动作电位产生的可能原因。

表1　未受刺激时膜对离子的通透性

主要离子	离子浓度/mmol·L⁻¹		膜内与膜外离子比例	膜对离子通透性
	膜内	膜外		
Na^+	10	130	1：13	通透性很小
K^+	140	5	28：1	通透性很大

学生分析讨论得出：膜内的K^+浓度远高于膜外，Na^+浓度则相反。在细胞未受刺激时，也就是静息状态时，膜内的K^+很容易通过通道蛋白顺着浓度梯度大量转运到膜外，从而形成膜外正电位、膜内负电位；当神经纤维某一部位受到刺激时，膜上的Na^+通道蛋白被激活，Na^+通透性增强，大量Na^+内流，使膜两侧电位差倒转，即膜外由正电位变为负电位，膜内则由负电位变为正电位。

教师介绍研究兴奋传导的材料和方法，能够培养学生的科学思维能力，有助于学生更好理解知识。教师提示学生注意观察，并提出问题：为什么会出现电位差呢？教师引导学生分析兴奋传导的过程，并分步骤演示兴奋在神经纤维上传导的动画。学生分析、讨论，得出结论：邻近未兴奋部位仍然维持原来的外"正"内"负"。教师追问：那么，兴奋部位与原来未兴奋部位之间将会出现怎样的变化？

教师引导学生尝试用物理学的知识来解释，并就膜外和膜内情况分别说明：在神经纤维膜外兴奋部位与邻近的未兴奋部位之间形成了电位差，于是就有了电荷的移动；在细胞膜内的兴奋部位与邻近的未兴奋部位之间也形成了电位差，也有了电荷的移动，这样就形成了局部电流。电流在膜外由未兴奋部位流向兴奋部位，在膜内则由兴奋部位流向未兴奋部位，从而形成了局部电流回路。

通过具体讨论和分析，学生能更好地理解兴奋的产生和传导过程，与物理学科相结合的分析，能够体现学科间的相互联系，培养综合运用能力。学生通过讨论和归纳，培养团结合作能力和独立思考问题的能力。

教师提出问题：分析了当兴奋从树突经胞体传向轴突时的传导方向，如果在一条离体神经纤维中段施加一适宜刺激，传导方向又会是怎样的呢？用所学的知识分析讨论，并用模拟活动演示这个传导过程。学生经过讨论得出：兴奋可以向两侧未兴奋区进行传导，即双向性传导。

学生开展活动1——自行设计表演活动模拟双向性传导：一组学生10人站在讲台上，排成一排，面向大家，组长站在队列之外并向同学说明，站立表示静息时"外正内负"。当喊出某一个同学的名字时，他（她）就立即下蹲并起立，下蹲表示形成动作电位"外负内正"，起立表示恢复，起立的同时相邻同学下蹲和起立，如此进行，直到队列最后一名同学。组长发出的口令有三个，第一次喊第一个同学，第二次喊最后一个同学，第三次喊了中间的一名同学，结果前两次形成了一个"波浪"，第三次形成了两个"波浪"。这表示了兴奋在神经纤维上可以双向传导。

（三）兴奋在神经元之间的传递

教师：科学家研究发现，兴奋在神经纤维上传导时必须保持神经元结构的完整性和独立性，但是最简单的反射弧也要两个神经元。那么，兴奋是怎样从一个神经元传导到另一个神经元的呢？还能不能以电信号传导呢？如果不能，那以什么信号形式传导，如何传导？我们先认识两个神经元之间到底有什么样的结构？

学生自主阅读课本，讨论分析。教师展示突触结构的三维视频，学生回答图示上的结构。

在教师展示兴奋在神经元之间传递过程的动画后，学生观察并描述：当兴奋通过轴突传导到突触小体时，突触小体内的突触小泡将递质释放到突触间隙里，突触后膜的相应受体蛋白接受递质的化学刺激，引起突触后膜的膜电位改变。这样，兴奋就从一个神经元通过突触而传递给了另一个神经元。教师提出问题：兴奋能不能从突触后膜传递到突触前膜，为什么？学生阅读课本并讨论回答。教师做好知识铺垫后，组织学生开展模拟活动。

学生开展活动2——自行设计表演活动模拟突触处的传递具有单向性：两组学生（A组和B组）并排站到讲台上，借鉴刚才的活动形式，但两组之间有间隔。两组的组长经协商，提出A组代表前一个神经元，B组代表后一个神经元。活动开始时，A组的组长发出口令喊出A组第一名同学的名字，当波浪传到A组最后一名同学时，他不紧不慢地从口袋内掏出一个神秘礼物送给B组第一个同学，然后B组又可以以波浪形式传导直到最后一名同学。B组组长拿到神秘礼物时说也要表演时，却被A组的组长无情地拒绝了，说这个礼物只是我们组所有，只能我们发出，你们不能玩。所有的学生都被这一"意外"插曲引得哄堂大笑。

　　教师对活动进行点评，肯定了学生的积极性，提出了不当之处，并适时提问：这个神秘礼物是什么？这个礼物只能从A组发出说明了什么？

　　学生讨论回答，最后总结兴奋在反射弧上传导的过程：当感受器受到一定刺激后就产生兴奋，引起兴奋部位的膜电位的改变，形成局部电流；当局部电流沿神经纤维传导到轴突末梢的突触时，突触小泡释放递质作用于突触后膜，使另一个神经元产生兴奋或抑制。这样，兴奋就从一个神经元传导到另一个神经元。即兴奋传导是"膜电位变化→递质的释放→膜电位变化"的一体化过程。

　　教师布置继续探究的任务：收集资料，说明临床上使用的局部麻醉药物的种类及作用机理。神经递质的种类有哪些？为什么要通过胞吐作用释放出来？

四、教学反思

　　导入部分采用了背景导入，介绍了科学家研究生物电用到乌贼的巨大神经纤维等内容，旨在激发学生的探究欲望。对于静息电位和动作电位产生的原因，教师不是直接传授，而是采用深度探究学习。深度学习提倡主动性、批判性的有意义学习，要求学生在真实社会情境和复杂技术环境中更加注重批判性地学习和反思，通过深度加工知识信息、深度理解复杂概念、深度掌握内在含义，主动建构个人知识体系，最终促进全面学习目标的达成和高阶思维能力的发展。在神经纤维上的传导这一部分，教材结合插图讲述了神经纤维受到刺激时产生电位变化、电位差和局部电流的形成，以及兴奋在神经纤维上的传导方式等。这些内容相当抽象复杂，教师将这部分知识还原到科学史的研究背景中，设计了动画观察、材料分析等内容，让学生以科学家的思维进行分析讨论，然后推测和最后验证，收到了较好的效果。

　　对于传导和传递的模拟活动，采用了角色体验教学，通过表演使学生参与到模拟环境中，通过观察、体验、反思等环节，在实践中得以体验和感悟，在感悟中得以提高。通过这种方式唤醒学生的参与意识和激发学生的学习激情。本节内容微观抽象，经过体验，学生不仅可以加深对传导和传递知识的理解，还进一步巩固了传导和传递的特点，从而突破了难点。

"物质跨膜运输的实例" 教学策略

一、创设生活化情境，形成生命观念

为了吸引学生的兴趣，教师往往会采取多种多样的方式进行导课，但很多时候都倾向于注重导入的趣味性，而忽略了情境的真实性。根据生物学学科核心素养的要求，情境创设要尽量真实。所谓真实就是所用素材来自真实生活、新闻或科学研究，而不是虚构出来的。通过真实的生活化的情境导入，可渐渐养成学生将观察到的生命现象或特性与生命科学联系起来，感悟生命的奥妙，用生命观念认识生物世界的习惯。同时，学生在尝试解释生命现象及相互关系或特性的过程中就会慢慢理解结构与功能、进化与适应、稳态与平衡、物质与能量之间的相互关系，形成生命观念。

"物质跨膜运输的实例"一节的导入，教师可通过对生活中一些现象进行提问：为什么我们嗑了很多瓜子后嘴唇会变得很干？为什么凉拌黄瓜时会出现很多水？为什么施肥过多会引起植物"烧苗"的现象？为什么莲花会"出淤泥而不染"？这些贴近生活的问题不仅可以快速吸引学生的兴趣，也便于学生在学习过程中将细胞抽象的物质跨膜运输与生活实例联系起来，让学生形成结构与功能相适应的生命观念。

二、模型建构，培养理性思维

本节内容中，描述出渗透作用发生的条件是一个很重要的知识目标。而渗透作用比较抽象，大多数教师在讲解渗透作用的实验时通常采用的是动画教学，通过Flash动画的确可以让水分子和蔗糖分子的运动更加形象，但相对缺乏真实感，学生无法亲自体验渗透作用。根据生物学学科核心素养的要求，实验

71

设计要尽量真实，具有可操作性，实施真实的实验有助于培养学生的理性思维和科学探究能力。

在讲解渗透作用时，教师可利用生活材料制作一个简易的物理模型，通过展示真实的渗透现象，让学生思考渗透作用发生的条件。教材上采用的观察长颈漏斗液面变化这一方法耗时较长且不便于全班学生观察清楚，因此，此处可采用构建一个杠杆平衡装置的方法。需要用到的生活材料有：大小相等的鸡蛋卵壳膜2个、小木棍（可采用烧烤签等）2根、细绳若干、烧杯2个、小塑料瓶（可采用塑料药瓶或口香糖瓶等）2个、简易三角支架2个、牛奶、清水等。实验前，先将小木棍固定在简易三脚支架的旋转支点，并保证小木棍可以绕旋转支点转动，从而构建出杠杆平衡装置，方便学生在课堂上轻易地观察到杠杆平衡与失衡的效果。杠杆平衡物理模型的示意图如图1所示。

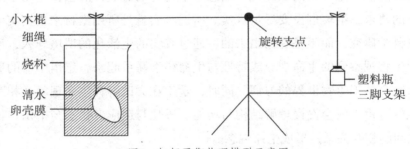

图1　杠杆平衡物理模型示意图

操作步骤：选取大小相同的鸡蛋卵壳膜编号为A、B组，给A组卵壳膜内注入15ml牛奶，给B组卵壳膜内注入15ml清水，用细线扎紧。分别利用甲、乙杠杆平衡装置，将A、B组卵壳膜分别同时浸入甲、乙装置对应的盛有清水的烧杯中。迅速在甲、乙塑料瓶内注入适量清水，以保证在对比实验开始时，甲、乙两个杠杆平衡装置都处于平衡状态。然后，学生观察实验现象。

通过观察实验现象，学生会不禁思考：为什么A组装置会失去平衡，而B组没有？对此教师可引导学生提出假设并带领学生设计实验验证（大多数学生会想到可用双缩脲试剂检测蛋白质是否通过卵壳膜）。让学生学会从实验现象中提出问题、分析问题、解决问题，培养学生科学思维和科学探究能力。

教师再进一步让学生预测：把A组的卵壳膜换成纱布，杠杆还会失去平衡吗？通过以上实验探究，学生便能很容易自主总结出发生渗透作用需要的条件。

三、自主设计实验，注重科学探究

在本节内容中涉及高中第一个完整的探究实验：植物细胞的吸水和失水。这是一次培养学生科学探究能力的大好机会，教材上提供了比较详细的实验步骤，但如果让学生按部就班地参照教材步骤进行实验，学生虽能亲自感受质壁分离及复原现象，但整个实验过程缺少自主思考和科学探究，学生亦不能很好地自主总结出发生质壁分离的原因和条件。因此，教师可利用此次探究实验的机会，让学生自主设计实验，培养学生科学探究素养。

首先，教师可以问题串引发学生思考：

（1）成熟植物细胞与动物细胞的区别主要是什么？

（2）下列哪些细胞适合做本实验的实验材料？（番茄果肉细胞、根尖分生区细胞、洋葱外表皮细胞、洋葱内表皮细胞。）

（3）下列哪些溶液适合进行实验？（质量分数分别为30%和60%的蔗糖溶液体积分数8%的盐酸、质量分数1%的KNO_3溶液、清水。）

（4）实验操作过程中应注意哪些事项？

（5）如何设计表格统计实验结果？

各小组根据教师提供的问题，相互讨论实验方案，自主设计实验。教师可到每组了解其设计的方案，对选材及思路正确与否的小组都可听其方案但不做过多评价，让学生大胆尝试。最后，让各小组总结并分享成功或失败的原因。通过相互交流，学生不仅对该探究实验应注意的问题及操作更加清楚，而且能自主归纳得出产生质壁分离现象的原因及条件，同时也提高了科学探究素养。

四、联系生活，树立社会责任感

生物学作为生活化的学科，教师在每一节的教学中都应尽量将所学知识联系到生活实际，让学生基于已有生物学知识，参与个人与社会事务的讨论，做出理性解释和判断，辨别科学和伪科学，树立社会责任感。

在本节课结尾时，教师可引入相关社会热点问题让学生思考。例如，向学生介绍2018年的甲型H1N1流感疫情，让学生了解流感的传播情况及预防措施，同时思考为何感冒发烧后会出现口干舌燥的症状。又如，人们都知道柠檬做面膜可以美白，如果直接把柠檬切片贴在脸上，能达到补水美白的效果吗？提出这些看似简单的问题不仅可以增加学生学习生物的兴趣，还能培养学生将所学的知识联系生活、学以致用、关注社会热点问题的习惯，从而提高社会责任感。

新一轮的课程改革将以核心素养为基准继续发展，而核心素养的养成单靠一节课的教学实践是远远不够的，还需要教师在教学中以提升学生的生物学学科核心素养为宗旨，勇于创新，不断反思，改进教学策略。

"DNA重组技术的基本工具"教学设计

一、教材分析

"DNA重组技术的基本工具"这节课位于人教版高中生物选修3第一专题第1节第二课时。基因工程是现代生物技术的核心内容,通过模拟DNA重组过程,将具体的操作程序有机联系起来,加深对这一程序的理解,有利于提高学生的认知水平和接受能力。

二、学情分析

通过上一节课的学习,学生们已初步掌握了"DNA重组技术的基本工具"有哪些,其作用是什么。但这些基本工具在实际应用中该如何发挥作用,是非常抽象的内容,仅仅靠学生的想象很难真正理解并融会贯通;同时,中学生的心理发育特点,决定了他们更乐于通过实际动手操作来解决遇到的问题,同时对自己新发现的问题有更加强烈的探究欲望。

三、教学目标

简述DNA重组技术所需三种基本工具的作用,认同基因工程的诞生和发展离不开理论研究和技术创新。

四、教学过程

(一)创设情境,引入新课

教师展示防冻番茄、荧光鱼、耕地鸡等图片,提出问题:"如何使行道树发光?"学生根据以往所学的知识,很容易回答出问题。教师由此导入本节课所要学习的内容"基因工程",展示基因工程的定义。教师强调基因工程是在分子水平上的操作,可定向地改造生物的遗传性状,基因工程创造出的生物被称为转基因生物。

(二)在情境模拟操作和问题串的应用中引导学生理解基因工程的三种工具

1.用模拟操作让学生直观体会限制酶的作用特点

学生模拟操作一:标有EcoRI、SmaI、BamHI三种限制酶识别序列(表1)、切割位点用↓表示的线条,剪刀。

表1 不同限制酶的识别序列及切割位点

限制酶	EcoRI	SmaI	BamHI
识别的序列及切割位点	↓ GAATTC CTTAAG ↑	↓ CCCGGG GGGCCC ↑	↓ AAGCTT TTCGAA ↑

教师指导学生用剪刀模拟三种限制酶的切割过程,并提出问题:EcoRI酶和SmaI酶切割后产生的末端有何不同?限制酶作用部位是哪里?如何理解"限制"一词?教师在学生推测的基础上完善、补充,让学生理解回文序列的特点,并强调限制酶的特点、作用部位。

学生模拟操作二:在教师出示的含目的基因的DNA片段上(EcoRI酶识别序列和切割位点为↓GAATTC),尝试将目的基因剪切下来。

在这个操作中,学生会遇到一些问题,所以教师要适时开展小组讨论,相互交流、启发,以求得问题的解决和认识的深入。教师选取、展示几位学生的切割结果,并提出问题:

(1)目的基因的两个末端是否可以黏合?

(2)EcoRI酶切割产生的末端和BamHI酶切割产生的末端是否可以黏合,为什么?

通过对以上几个问题的分析,学生很容易得出同种限制酶切割产生的末端是相同的,为后续DNA重组模型的构建做好铺垫。

2.让学生在模型运用中理解DNA连接酶的作用特点

教师将学生模拟切割后产生的片段重新放在一起,引导学生仔细观察,并提出问题：两个相同的末端连在一起是一个完整的DNA吗？学生会发现两个片段间存在一个缺口，随即教师提出第二个问题：缺口是如何产生的？破坏的是哪个化学键？如何将缺口修复？这样就能导出DNA连接酶的作用。学生阅读教科书，回答DNA连接酶的种类和区别。教师强调DNA连接酶连接的是两个互补的DNA片段，作用的部位是磷酸二酯键。

3. 运用类比推理让学生理解运载体

运载体的种类和载体必须具备的条件是教学的难点，针对这一难点，教师采用类比推理的方法才能变陌生为熟悉，深入浅出地帮助学生理解抽象复杂的知识。

在教学中，教师可做如下处理：

（1）人造卫星无法自行飞到太空中，火箭却可以，人们把人造卫星和火箭绑定，结果太空中有了人造卫星。

（2）噬菌体侵染大肠杆菌时，能将其DNA注入大肠杆菌。

（3）土壤农杆菌侵染植物时，能将其质粒带入植物细胞，如何将目的基因导入受体细胞？

其中，教师引导学生概括出运载体的种类。解决上述问题后，教师继续设计逻辑性强、有层次的问题串引导学生思考、讨论：

（1）萤火虫的发光基因和运载体拼接需要哪些工具？

（2）运载体需具备什么条件才能被限制酶识别和切割？

（3）运载体需满足什么条件才能在受体细胞中自我复制？

（4）为什么通常人们采用大肠杆菌体内的质粒，而不采用霍乱弧杆菌中的质粒？

（5）如何判断目的基因是否导入受体细胞？

各学习小组合作探究、讨论以上问题，相互补充、完善答案。在学生明确以上问题后，教师引导学生概括出载体必须具备的4个条件，理清它们之间的逻辑关系，深化学生对这部分内容的理解，并强调天然的载体一般需要经过人工改造才可。

（三）小组合作，建构DNA重组模型

小组活动材料：表示模拟操作二获得的目的基因、1个质粒（需要将两端连接成环的线条），质粒和DNA片段含有被EcoRI酶识别的序列，剪刀、透明带。

教师指导学生利用上述所给的工具构建重组DNA。学生交流讨论、上台展示操作成果，教师提出问题：

（1）将多个目的基因和质粒放在一定的环境中，会有多少种连接方式？

（2）如何避免错误连接？

学生除了得出正确的连接方式之外，还可能出现目的基因和目的基因、目的基因和质粒的反向连接、目的基因和质粒的自身环化，三个及三个以上同时连接等方式。教师引导学生分析形成这些错误连接的原因并提出修改方案。最后，教师总结如果采用两种酶切可以避免质粒和目的基因的自身环化和反向连接，即使这样也不能100%成功，所以还要进行筛选。通过讨论为下一节的学习做好铺垫，同时让学生理解学科技术是不断发展的。

五、教学反思

本节课的设计突破了基因工程以讲授为主的教学方法，教师充分利用情境展开教学，借助两次小组模拟操作和层层递进的问题串引导学生在动手操作中对相关问题进行思考，变抽象为具体，使学生从宏观上理解限制酶的切割、重组质粒的构建过程，解决了学习的难点，使学生更好地理解核心概念，提升思维能力。在实际教学中，学生参与热情高，在思维碰撞中找到解决问题的方法，形成操作步骤，培养了交流、分析、归纳总结的能力。但个别组对限制酶作用的特点了解、运用不够，导致在完成模拟操作二时遇到了困难，因此在教学中需要对模拟操作二进行质量把关，为后续的学习打下扎实的基础。

高中生物学教学中学生批判性思维的培养

批判性思维作为一种新的教学理念受到了绝大多数教师的青睐，本文就高中生物教学过程中如何培养学生的批判性思维提出了一些建议，供大家参考。

一、情境导入引思维

教师展示学生在实验室培养的直立生长和弯曲生长的燕麦胚芽鞘，要求学生观察后思考：胚芽鞘为什么会弯曲生长？采用哪些办法可以使胚芽鞘弯曲生长？学生根据已学知识，很容易提出单侧光照或倒立培养等措施。随后，让学生解释植物具有向光性的原因，并进行基础热身：胚芽鞘感受光刺激的部位是哪里？产生生长素的部位在哪里？生长的部位又在哪里？胚芽鞘向光生长的外部原因是什么？内部原因又是什么？可以提取生长素的常用材料有哪些？

设计意图：要想培养学生的批判性思维，教师必须要营造一个民主、和谐的教学氛围，让学生有机会尽情地表达自己的观点和想法。本节课的情境导入除了实现这个目的外，还通过实验观察、联系旧知、思维碰撞来引出后面的问题探究。学生根据教材分析，认为植物向光生长是因为单侧光照使背光侧的生长素含量多于向光侧，但很少去思考单侧光照使背光侧的生长素多于向光侧的机理，而且机理还存在多种可能，这就为接下来展开批判性思维教学提供了条件。

二、问题探究展思维

教师提供问题探究任务1：

（1）问题：单侧光照射使胚芽鞘背光侧生长素含量高于向光侧的机理是什么？

（2）假说。

（3）实验设计思路（提示：用图解表示。材料可选择胚芽鞘、琼脂、云母片等，生长素定量测定的具体方法不做要求）。

（4）预测实验结果。

（5）结论。

学生在完成探究任务的基础上，以小组为单位展示、交流自己的问题探究成果。教师要鼓励学生在倾听他人观点的同时，提出自己的质疑和见解。

设计意图：杜威将反省思维（批判性思维）教学法分为5个步骤，即疑难情景、提出问题、制定假设、验证假设、得出结论。因此，问题探究，尤其是具有多向思维的问题探究，对培养学生的批判性思维非常有效。根据上述的问题探究任务单中提出的问题，多数学生做出了单侧光使生长素从向光侧运输到背光侧的假设，并设计了实验进行验证。其实这是一个多向思维的问题探究，除了上述假设外，还可能是单侧光导致了向光侧的生长素被分解，或者单侧光使向光侧的抑制生长物质多于背光侧，等等。学生由于在长期做题中接触到的植物向光性都是由生长素在尖端的横向运输导致的，从而形成思维定式，缺乏学习中必须具备的质疑精神和逻辑推理能力。在本设计环节中，教师通过诘问、追问，学生通过展示、互评，在不断的反问和自省过程中实现解决问题的能力、价值判断的能力和逻辑思维能力的螺旋式提升。

三、收获分享升思维

教师要求学生根据探究任务1的完成情况谈一谈自己的想法与收获，并进行正向的引导。

设计意图：通过交流与分享，学生会明白以下道理：

（1）思维要具有严密性和逻辑性。在做出判断时不能带着固有观点去思考问题，而要从多角度去观察和思考，并为每一种可能的观点寻找理由和根据，在综合分析的基础上，再做出自己的判断。

（2）要学会与他人交流。在进行批判性思维时，要具有高度的开放性，愿意听取和采纳别人不同的观点，能够把自己的观点与他人相互沟通。

（3）要有质疑精神，质疑是形成批判性思维的前提和关键。

四、学以致用拓思维

教师提供问题探究任务2：

假定在单侧光照射下生长素的不均匀分布只与运输有关。某同学想探究单侧光照射使生长素在胚芽鞘中的横向运输究竟是发生在尖端还是在尖端下部，请你为他设计一个实验思路。

设计意图：这个问题是在问题探究任务1的基础上的深化与提升。其思考的维度也是多方向的，目的是让学生在批判、修正自己认识的同时能够提出新的问题，进行新的探索，这才是批判性思维的核心价值所在。

五、批判性思维训练的一般模式

从本节课例可以看出，高中生物教学中培养学生批判性思维，教师一般可以从创设情境、提供必要的学习支架入手，引导学生独立思考，提出具有批判性的问题。在此基础之上，教师可以通过实验设计、讨论辩论、质疑问难、相互评价等形式来解决问题，在解决问题的过程中不断反思总结、判断修正，进而产生新的问题。教师在整个教学过程中，通过有效的组织引导，让学生的批判性思维能力在"发现—领悟—发展—再发现"的螺旋式上升通道中不断提升，可以简要概括为图1。

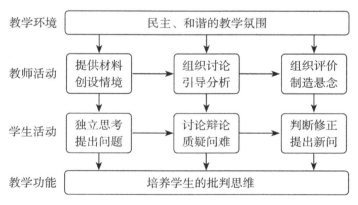

图1 批判性思维训练的一般模式

六、批判性思维训练的思考

对于高中生物教学而言，其目的不只是让学生获得生物学科知识，更重要的是要增强学生课堂学习与社会现实的联系，使学生的发展性学习和创造性学习能力得到提高，批判性思维和创造性思维得到培养。

关于批判性思维引领的课堂教学要注意以下两点：

（1）教师不可将批判性思维停留在怀疑和提出见解这种浅层次上，而是要引导学生在质疑和提问的基础上进行正确的判断和推理。

（2）教师不可将批判性思维教学等同于问答式教学。因为课堂对话并不一定是批判性思维的展现。批判性思维问题应该是开放的，而不是封闭的，封闭的问题不具有批判性。

高中生物课程落实生涯教育的活动设计

生涯教育是以促进学生自我探索、自我规划和自我发展为目标，指导学生培养自我意识、探索教育与职业之间的关系而开展生涯规划的发展性教育活动。当前，我国的新高考改革要求学生在高中阶段就应了解自己的兴趣和特长，选择自己今后的职业发展方向。高校招生制度上允许不同专业对科目有不同的要求，考生根据自己的意向选择三门选考科目，因此生涯教育是高中教育不可或缺的环节。但是现阶段高中阶段缺乏成熟的生涯教育课程，生涯教育也没有明确规划，没有现成的教学模式与内容。本文就高中生物生涯教育的方法与教学活动进行设计，以期为生物学科落实职业生涯教育提供参考。

一、高中生物学科生涯教育的意义

在高中生物课程中落实生涯教育具有重要的意义。生涯教育具有终身性，是以培育学生必要的素养为目的，促进学生全面而有个性地发展、适应社会生活、为高等教育和职业发展做准备，为学生终身发展奠定基础。高中生物课程旨在提高学生解决问题的价值观念、必备品格与关键能力，有利于在今后学习和工作中实现个人价值。

高中生物课堂渗透生涯教育，其作用表现在：①促进学科有效教学，在真实的情境中体验生物学科职业特点，使一些抽象的学科知识形象化、具体化；②增强生物教学的社会属性，加强学科教学与社会的联系，使生物课程与社会生活的联系更加紧密；③能够深入挖掘生物学科的育人价值，促进生物学科教学对生涯发展的贡献。对学生而言，高中生物生涯教育可以激发他们的学习兴趣，挖掘学科潜能，做出适合的职业取向，形成正确的职业观；对教师而言，生涯教育既能使学科教学更加开放，又能促进教师角色和理念的转变，有利于教材的二次开发。

二、高中生物学科生涯教育的活动设计

教师设计活动，为学生提供认知体验机会，是生物课程落实生涯教育的有效方法。高中生物生涯教育活动可分为三类：生涯认知活动、生涯探索活动和生涯规划活动。

（一）生涯认知活动

该活动旨在帮助学生认识职业特点，提高自我职业认知的能力，分辨自身优势、劣势，认识成长和变化的重要性。在生物教学中，教师引入生物学家的生涯故事，让学生了解他们的工作内容和方法，是学生学习生物学知识、获取职业信息和反思自我的有利方式。以下以施一公为例，设计生涯认知活动（见表1所列）。

表1　生涯认知活动案例

课标要求	了解蛋白质结构和描述细胞衰老和死亡的生理过程
生涯教育活动目的	（1）通过阅读，了解生物学家的工作内容和方法。 （2）结合学生自身特点，说出对这一职业的看法。 （3）分辨自身优劣势、认识成长和变化的重要性。
职业代表人物	施一公，结构生物学家，中科院院士。
生物学家的故事	父母亲给他取名"一公"，希望他"一心为公"。自1998年以来，他及团队结合X射线晶体结构生物学和生物化学手段，清晰地揭示了细胞凋亡机制。他主要从事与重大疾病相关的膜蛋白结构与功能的研究和癌症发生的分子机理及细胞内生物大分子机器的结构与功能研究，具有较大的影响力。
活动过程	阅读"科学家访谈探索微观世界的奥秘：与施一公院士一席谈"，观看介绍施一公院士的视频——分享阅读心得——谈谈自己的职业理想与职业观。
活动评价	学生阅读了施一公院士的相关内容，了解了结构生物学家的职业素养与要求，形成正确的职业观，反思自己的优势与劣势，探索了感兴趣的职业方向。

学习生物学家的职业生涯故事，使学生了解生物学知识与原理的研究过程；通过观看生物学家的故事视频，加强了学生对某一生物学职业的认知，激发了学生学习生物的兴趣和对科学家的敬仰之情，树立了自己的职业理想

和职业信念。

（二）生涯探索活动

该活动旨在让学生通过真实的情境体验，加强对职业内容与价值的了解。在设计生涯探索活动时，教师可整合学生所学生物学知识，突出生物学知识对职业生涯发展的意义（表2）。通过生涯探索活动，让学生了解生物学习与工作的关系，体验相关职业的工作，了解相关职业所需的知识与技能。

表2　生涯探索活动设计案例

职业	职业情境	活动设计	教学方法	活动评价
遗传咨询师	随着优生优育和基因检测技术的发展，人们逐步重视基因与疾病的关系。作为遗传咨询师，你如何回答咨询者的问题并给出建议？	针对红绿色盲、佝偻病等系谱图，分析患病概率和生育建议；针对检测结果与状况，如何对咨询者的婚姻、生育和治疗提供建议？	角色扮演、任务驱动	在活动中学生利用生物学知识应用于实践，知道不同职业应用哪些知识，深化对职业的认识，并积极地学习相关知识。
化石标本的制作人员	作为自然博物馆或研究机构的工作人员，你如何把化石从岩石中剥离出来？	化石嵌入岩石之中，往往不够完整和易碎，你将如何整理和拼接，缺失的部分如何修复？	角色扮演	
病理科医师	作为病理科医师，你如何诊断疾病？	癌细胞有什么特点？如何诊断癌症，辨别分裂的癌细胞和分裂的正常细胞？如何理解疾病与机体成分的改变？	角色扮演	

针对学生的职业意向，教师设计职业角色，设置解决的问题与方法，明确活动目标，引导学生在实际问题中积极思考，学会应用生物学知识讨论分析问题，表达自己的看法，初步感知职业特点。

（三）生涯规划活动

该活动要求学生已经具有职业意向，通过活动认清该职业需要具备的知识和技能，逐步形成正确的职业态度和职业观念。表3是访谈测序工程师的设计案例。

表3　访谈测序工程师的设计案例

访谈对象	访谈方式	访谈目的	访谈内容	活动评价
测序工程师	电话或面对面访谈	完成职业生涯规划，做好职业生涯发展计划	测序工程师选择该职业的原因；基因研究的工作内容与方法，需要准备哪些职业知识与技能；工作中有哪些困难和对未来的展望	通过访谈，学生可以了解生物技术的科学态度、生涯技巧、管理条例和工作程序

　　教师可以采用访谈法、研学旅行活动和调查活动等，开展生涯规划活动。这些活动也是生物科技实践活动的重要组成部分。在访谈活动中，可以借助自己和同学的亲戚关系、社区资源，如访谈从事相关职业的父母、亲戚、同学家长和学长等。开展访谈活动的步骤：一是学生说出自己感兴趣的职业，师生讨论与筛选；二是甄选访谈对象，确定访谈目的、方式和内容，讨论访谈提纲；三是预约访谈时间和地点，开展访谈活动；四是整理访谈内容，形成职业生涯发展规划。

　　在高中生物课程中落实职业生涯教育是一项系统性工程，需要科学规划和有效落实。这既需要保证职业生涯教育与高中生物教学目的和内容的一致性，又要根据课程标准和学情，将教育内容与课程内容进行整合，同时还要充分运用各种资源支持活动的开展。因此，职业生涯教育活动与高中生物教学的融合过程，是一个教师不断尝试实践和创新的过程。

社会主义公民教育的活动设计

公民教育，即国民教育，每个出生在这个国度里的人都有权接受的教育，如在未成年前须接受的义务教育，以及此后的职业技术教育、中等教育和高等教育。一个公民只有经过相应的教育，才能从一个自然人成为具有健全的法治意识和良好的公共道德，能够有效地行使自己的权利，履行自己的义务，具有参与管理社会公共事务的意识、知识和技能的国家公民。

我国的公民教育旨在树立青少年正确的价值观、世界观和政治方向，进一步推动全体国民公民人格的成长和精神素质的提升，促进人的全面发展，是适应社会主义市场经济建设的迫切需要，是我国当代政治发展的当务之急，也是社会主义核心价值观的重要意义，具有重大而深远的意义。随着社会主义市场经济体制的建立和政府治理方式的逐步改变，我国已开始由"传统百姓社会"向"现代公民社会"转型，大力倡导和实施公民教育，为民主化和法制化的国家培养大量的合格公民，应成为教育工作者共同关注的目标。

一、学科整合式

强调学科整合是新课程的一大特点。学科整合意味着要对课程设置、各课程教育教学目标、教学设计、教学评价等诸要素进行系统考虑和改进。在中小学所开设的学科课程几乎均包含公民教育内容，教师要充分挖掘其中的公民教育元素，与现行的学科教学有机整合。

以学科整合的方式推进公民教育，要求教师要针对不同学段、年级，分层次、有目的地对学生进行公民意识教育，要努力找准开展公民教育的突破口。语文学科教学，教师可以引导学生理解和认同中华文化，形成民族情感；数学学科教学，则可以培养学生公正、公平和理性的意识；物理、化学学科教学和相关实验操作，可以培养学生严谨、求实、探索、协作的精神；英语学科教学，可以使学生了解中西方文化差异，学会接纳多元文化的价值观；音乐学科教学，可以通过赏析国歌、民歌、民族乐器等培养学生的爱国意识与民族情感；体育学科教学，可通过一定的训练与竞赛，培养学生自强、进取、竞争、合作等精神。"学科整合式"公民教育的基本流程：公民教育元素的分析与挖掘——目标确定——整合与设计——实施与调整——评价与反思。

二、课程开发式

公民教育颇具成效的国家往往都开设了专门的公民教育课程，这已成为学校实施公民教育的主要途径。这里所讲的"课程开发"指的是"校本课程开发"。

中小学公民教育的校本课程开发，在内容上可以围绕知识（以权责教育为核心）、态度（以道德教育为重点）和技巧（以政治参与为突破口）三个维度，充分挖掘利用身边的课程资源与社会热点中蕴含的公民教育元素，帮助学生树立社会主义民主法治、自由平等、公平正义等理念，树立社会主义核心价值观。公民教育校本课程开发模式为：实践—评估—开发。具体来讲，主要有以下四个阶段：一是评估，这是设计校本课程首先必须做的基础性研究工作；二是确定目标，这是学校对于公民教育校本课程进行目标定位；三是组织实施，这是学校为实现公民教育校本课程目标开展的一系列活动；四是评价改进，这指公民教育校本课程开发中一系列价值判断活动，评价的结果要面向有关人员与社会进行公布等。

三、调研听证式

"调研听证式"是以社区存在的公共问题为主线，以社区和学校为主要活动场所，以研究性学习为主要学习方式，以模拟听证为主要展示形式，按特定步骤和程序进行，旨在强化学生的社会责任意识、培养合格公民的服务性学习的实践活动。

它的两个核心环节是前期的问题调研和后期的模拟听证，问题调研是模拟听证的前提，模拟听证是问题调研的展示。

一般可按六个步骤进行：

（1）发现问题：观察社区中存在的公共问题及相关的公共政策，确定3～5个问题。

（2）选择问题：学生讨论后确定班级合作研究的问题，一般用投票表决的方式确定一个要研究的问题。

（3）研究问题：分工协作，收集所要研究问题的相关信息资料。

（4）编制方案：共同研究、制定解决问题的行动方案。

（5）模拟听证：举行模拟听证会，展示研究成果，报告行动方案。邀请有关部门领导、专家参与听证活动，将行动方案提交有关部门作为决策参考。

（6）总结反思：组织学生回顾反思，总结经验。

"调研听证式"是一种开放、探究、体验的新型教育模式，其目的在于通过社区这一"课堂"培养中小学生的公民意识、社会责任感和合作精神。

四、专题教育式

专题是指定对某个目标内容的集中收集。公民教育的专题教育可以采取报告讲座、国旗下的讲话、主题班会、团队活动等方式。公民教育专题教育活动一般由学校德育处或各班集体组织实施。通过系列主题活动，帮助学生获取公民知识，养成公民意识。

专题教育的内容一般以权利、参与和责任为核心，可以包括以下维度：身份与认同、人道与人权、德性与责任、民主与法制、和平与理解、环境与生态等。例如，我校就开展了"爱绿护绿，共建美好家园""民主型班级建设"等专题教育活动。其实施步骤可以设计为：专题调研——确定目标——制订计划——设计收集——组织实施（附记录）——评价反馈。"专题教育式"可以把公民教育的内容以集体活动的方式集中介绍给学生，增加公民教育的系统性、全面性和深刻性。

五、环境改造式

我国公民教育著名专家檀传宝教授指出，"公民教育首先是校园与社会生活的重建"，这就是说要重新改造校园与社会生活环境，为学生创造"公民生活"的环境。"公民生活"环境的改造包括校内环境的改造与校外"公民生活"环境的创设。

　　校内"公民生活"环境的改造，我们可以将其分为以下两种形式：一是学校改造的"公民生活"环境，它包括学校组织的集体活动、团队活动、校园文化；二是班级改造的"公民环境"，如实行干部轮换与"竞争上岗"制度，争创"无人监考"班级等。校外"公民生活"环境创设主要有：建设爱国主义、科普教育、综合实践教育基地；组织校外岗位体验活动、社会公益或校外志愿者社区服务活动等。以"环境改造式"推进中小学公民教育的基本步骤可以设计如下几种：形式论证、资源整合、引领创设、组织实施、总结反思。

　　"纸上得来终觉浅，绝知此事要躬行。"总之，让学生亲身实践是公民教育的关键点；在实践中培养学生的"公民意识"是公民教育的重要组成部分，也是整个公民教育的基础。我们要适应时代的要求和人的全面发展的需要，及时开展广泛的公民教育，不仅要增强人们的公民意识，而且要增强公民参与社会事务的技能培养，使每个人都能树立社会主义国家公民的主人翁意识，自觉遵守社会规范，不断实现人对自我本质的占有，促进人的全面发展。

新一轮课改与课堂实践篇

教师无为，学生有为

——留白技艺在高中生物教学中的运用

　　留白原本是中国山水画中的一种特有的技法，这种手法注重以无胜有，有无相生。课堂教学中恰当的留白能使学生在不知不觉中获得知识，在潜移默化中受到教育。将留白这种技术转换成一种艺术，运用到生物课堂教学中，会收到意想不到的效果。

一、新课导入——未成曲调先有情

　　精妙的导入能达到先闻其声、就知其人的效果。新课导入是一门艺术，它能取得从学生经验到教学深入、从固有知识到新知升华的作用。美国教育家哈曼说："那些不设法勾起学生求知欲望的教学，正如铜锤打着一块冰冷的生铁。"讲授新课时，教师应根据教材知识的内容，抓住学生有较强好奇心的认知特点，精心设计，巧妙布局，使学生处于一种心求通而未达、口欲言而未能的不平衡状况。

　　例如，在"光合作用"一节的导入中，可以用如下对话导入：

　　教师：人是吃什么长大的？

　　学生：米饭。

　　教师：那么，植物是吃什么长大的？

　　学生：泥巴（也有的学生会说尿、大便之类的话）。

　　待学生笑完后，教师可以完善说：至少亚里士多德也这么认为，他说得对不对？

　　教师留白，学生思考。当学生醒悟到与光合作用有关时，教师开始进入光合作用的教学中来。

又如，在学习基因分离定律时，教师可以利用学生生活中的一些有趣的实例导入新课。

教师：一只黑猫生了一只黑猫，说明了什么？

学生：遗传。

教师：两只黑猫生了一只白猫，又说明了什么？

学生：变异。

教师：那么，两只黑猫生了一只白猫、一只黑猫和一只花猫，又说明了什么？

学生长久的思考，领略到这与基因分离定律有关。教师开始进入新课。

教师以"转轴拨弦三两声"的导入，设置学生的兴奋点，激起学生探究欲望，从而达到"未成曲调先有情"的效果。

二、知识点衔接——巧将金针度与人

知识点的成功衔接是教师扎实的基本功的重要体现。合理的衔接，层次清楚，脉络清晰。苏霍姆林斯基说："有经验的老师往往只是微微打开一扇通向一望无际的知识原野的窗口。"因此，教师在知识点的衔接上，可以先为学生提供前一个知识点的分析思路，然后有意识地留白，引发学生思考，探究与之思路接近的下一个知识点。这样，不仅能体现知识的发生与迁移过程，而且授之以渔，巧将金针度与人，学生就能举一反三，触类旁通。

讲激素调节时，我们可以先复习反射弧的组成：感受器、传入神经、神经中枢、传出神经和效应器。当效应器为运动神经末梢及所支配的内分泌腺时，将进行什么调节？教师留白，意在衔接。在描述两者的联系时，教师提问：神经调节具有快速、精确性，而激素调节缓慢、广泛，为什么还要激素调节？教师留白，学生思考。然后教师总结：如果机体只有神经调节，每个器官都从大脑拉一个线，那么人的颈脖子将成为一捆电线了。通过教师有意留白，可以培养学生掌握分析问题的思路与方法。

三、教学重点——一语天然万古新

叶圣陶先生曾说："教师的作用，不在于全盘授予，而在于相机诱导，必令学生运其才智，勤其练习，领悟之源广开，纯熟之功弥深。"许多教师往往误认为越是重点和难点，越是要讲得多、讲得深、讲得透，学生才容易理解，这实际上不利于发展学生分析问题和解决问题的能力。有经验的教师往往采用"欲擒故纵"的手法，在问题关键处作适时、适当的停顿，有意留白，让学生静思、领悟，教师只是画龙点睛，引导学生思考。

在讲激素的特异性时，学生的理解出现障碍的方面有：

（1）为何有的激素只作用于某个靶器官，不作用于别的器官？

（2）激素是否只从内分泌腺分泌，直接输送到靶器官，其他部位没有？

教师可以先抛出问题：如何理解激素的特异性。20余秒后，教师可以"大张旗鼓"地拿出手机，边说边假装拨打某个手机号码，然后提问留白：你们想想，激素只作用于靶器官是否类似于拨打某个手机号码？接着学生积极尝试构建比喻。最后教师补充：分泌的激素好比拨打手机发出的信号，信号往各个方向发射，但不论有多远，全球唯独一个手机能够接收，好比只有靶器官能识别一样。

这样一类比，学生的思路顿开，学习热情高涨。这样精巧的留白，以"空"引思，以"白"激思，以思发问，循循善诱，可突破学生思维的障碍，"千峰峻秀三河壮，一语天然万古新"。

四、教学板图——犹抱琵琶半遮面

板图可以把教材中冗长的文字描述为简明的图像，也利于学生记忆掌握。在教学中如果在板图上有意留下一些空白，让学生自己去设计、填补，可真正收到"龙由教师画，睛由学生点"的作用。

例如，在讲解洋葱鳞片叶质壁分离的实验中，可为学生提供以下板图（图1）。

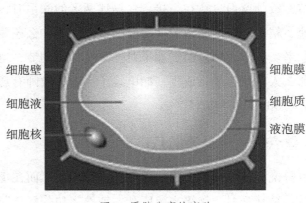

细胞壁　　　　细胞膜
细胞液　　　　细胞质
细胞核　　　　液泡膜

图1　质壁分离的实验

教师提问：如果选用的材料为绿色的藓类植物，该如何观察？颜色如何分布？教师留白，学生可充分调动视觉、思维和想象，也使学生绘图能力、思维能力得到充分发展。

五、试卷讲评——面面俱到终为无

常常有这样的情况：老师在课堂上拼命地讲题，学生无精打采地在听、做笔记，面对老师的提问，回答的人寥寥无几。之后，出现学生打呵欠、走神和说闲话之类的情况，表现为满堂灌、学生被动接受、效率不高等症状。其症结不能不说与教师缺少留白有重大关系。

成功的试卷讲评课在讲解之前，教师要求学生以小组为单位自主订正，并要求学生分析试题发生错误的原因，教师指导。根据小组反映的问题，教师一般只重点讲解20分钟，需要强调的地方，还需留白，从中穿插几道延伸性习题再反馈，其余时间学生自行消化试卷的知识点，切忌面面俱到。

六、课堂总结——言犹尽而意无穷

课堂总结是一节课的"终曲"，必须别开生面、言简意明、巩固知识、耐人寻味。若设置好的空白，就能促使学生进一步思考，深化和升华所学知识。课虽已结束，但学生的思维活动仍在继续，一曲弹罢，绕梁三日不绝，达到"言犹尽而意无穷"的教学效果。

例如，在学完生物进化后，本堂课教师可总结为"一原二方三必要"。教师问：一、二、三分别代表什么？学生领会本堂课的知识点就是生物进化的原材料、自然选择的方向和隔离是物种产生的必要条件而已，学生不得不佩服老师的精辟总结。

老子言："我无为，而民自化。"教师虽"无为"，学生却"无不为"，而且是"大有作为"。课堂教学中恰当的留白可以更好地体现学生学习的主体地位，在教与学、引导与探究、教材内容创新与内容拓展上，始终给学生留有一片自我发展的蓝天，使学生在自主学习、个性发展、实践体验几个方面获得成就感，进一步树立学习的自信心，以提高教学效率。

例谈教学监控与诊断的流程与提升

一、教学监控与诊断

　　课堂教学活动包括教学规划、教学监控和教学执行。教学监控围绕着教学规划与教学执行来进行，是指教师根据教学规划的预期目标与教学执行真实结果的差异，调整教学规划的过程。如果课堂教学预期目标与教学执行的结果一致，那么可以开展下一轮教学活动，否则教师应该调整教学活动，改进教学方式。其活动机制如图1所示。

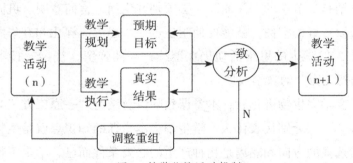

图1　教学监控活动机制

　　教学监控与诊断是教师以观察、测评为手段，结合自己的教学经验，对自己课堂教学活动出现的教学问题、教学行为以及解决问题的做法进行分析和评价。教学监控与诊断的流程是根据教学实际及时发现教学问题——针对问题正确归因——及时调整教学——教学调整是否有效，见图2所示。

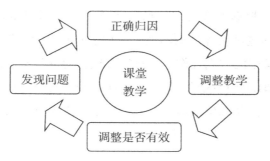

图2　教学监控与诊断的流程

二、例谈教学监控诊断活动的流程

在青年教师优质课比赛中，李老师以2007年山东理综卷第8题为例，借班执教《光合作用的原理与应用》，讲授总光合作用与净光合作用的区别。

典型例题：以测定的CO_2吸收量与释放量为指标，研究温度对某绿色植物光合作用与呼吸作用的影响，结果如图所示。下列分析正确的是（　　　）

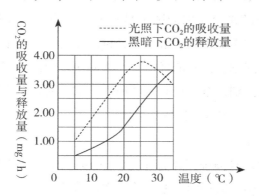

A. 光照相同时间，35℃时光合作用制造的有机物的量与30℃时相等

B. 光照相同时间，在20℃条件下植物积累的有机物的量最多

C. 温度高于25℃时，光合作用制造的有机物的量开始减少

D. 两曲线的交点表示光合作用制造的与呼吸作用消耗的有机物的量相等

预期目标：根据总光合作用强度=净光合作用强度+呼吸作用强度，直接分析与计算各温度下总光合作用、净光合作用和呼吸作用速率。

真实结果：由于是借班上课，对学生学情不太了解。当问到图中"光合作用CO_2的吸收量"如何理解？多数学生不吭声，少数学生则认为是总光合作用。

李老师追问：根据哪些文字信息表述总光合作用与净光合作用？全班没人能回答。因此李老师暂停后面的教学，用表1讲解三者之间的表示形式。然后提问：该题选项中的"光合作用制造的有机物的量""植物积累的有机物的量""光合作用CO_2的吸收量""黑暗下CO_2的释放量"是如何理解的。此时学生都能正确回答，由此学生掌握了总光合作用、净光合作用和呼吸作用强度的区分。

表1　总光合作用、净光合作用和呼吸作用常用表示形式

项目	常用表示形式		
总光合速率	O_2产生（生成）速率	CO_2固定速率	有机物产生（制造、生成）速率
净光合速率	O_2释放速率	CO_2吸收速率	有机物积累速率
呼吸速率	黑暗中O_2吸收速率	黑暗中CO_2释放速率	有机物消耗速率

（一）发现问题

总光合作用与净光合作用的区别是本节教学的重点和难点。由于借班教学，李老师对学生的学情不太了解。当分析试题时，学生不吭声甚至是回答错误，李老师认为有问题，又不能确定是什么问题，因此追问：根据哪些文字信息判断二者之间的区别，全班没有人能回答出来。通过两次提问，李老师发现了问题：学生对这个知识点掌握较为薄弱。

（二）正确归因

学生不能正确回答图中"光合作用CO_2的吸收量"的理解，原因很多。为探查原因，进行了第二次提问。通过第二次问答情况，李老师认为：可能是上节课老师没有讲解总光合作用与净光合作用的区别与判断方法。这一做法通过后面的教学反馈显示，李老师分析的原因是正确的。

（三）调整教学

教学中由于没有"意外事件"的预案，发现问题后，有的教师忽略问题继续教学。李老师没有这样做，而是调整教学：不是简单地讲解总光合作用、呼吸作用与呼吸作用的关系，而是通过表1，详细讲解三者的区别与判断。

（四）教学是否有效

李老师采取的这种调整策略，学生都能回答后面提出的一系列的问题。可见，李老师的教学调整是有效的。虽然最后没有完成教学内容，但在教学问题的处理上，李老师的教学监控与诊断能力值得肯定。

三、教学监控与诊断能力的提升

一般而言，理论素养越高，教学监控经验越丰富，教师就越能准确诊断自己的教学问题。通过加强理论学习，积累诊断经验、提升诊断水平及诊断效果，对提升自我教学监控与诊断能力具有重要的意义。

（一）加强理论学习与日常教学相结合

教育学理论书籍和生物学教学期刊是我们提升学科教学能力的重要书籍。同时把加强理论学习与日常教学相结合，提升自己的教学监控与诊断能力，仔细反省自己在学科教学过程中有没有发现教学问题、如何把这些问题归因、怎样调整教学、这些调整是否有效。

（二）积累监控经验与科组教研相结合

第一，需要教师在课堂教学中及时发现问题、探查原因、及时调整、判断效果，积累监控与诊断能力；第二，根据自己日常教学经验，深入反思教学监控与诊断行为；第三，根据作业批改情况，了解教学目标与预设达成情况，反思自己的教学行为；第四，积极参与科组教研，参与教学监控与诊断活动，与名教师深度访谈：

（1）您依据哪些征兆发现教学问题？

（2）出现这些问题，您认为原因是什么？

（3）基于这些问题归因，您会提出哪些应对措施？

（4）您是如何调整自己的教学活动的？

（5）调整教学活动后，教学目标有没有达成，效果如何，等等。

试论生命观念的内涵与培育策略

一、生命观念的内涵

《普通高中生物学课程标准（2017年版）》将发展学生的生物学学科核心素养作为课程宗旨，充分体现了高中学段生命科学教育的核心价值。学生的生物学学科核心素养，是在生物学课程学习过程中逐渐发展起来的，是学生在解决实际问题时所表现出来的价值观念、必备品格与关键能力，是知识、能力、情感态度与价值观的综合体现。生物学学科核心素养包含生命观念、科学思维、科学探究和社会责任。其中，生命观念是学科核心素养4个要素中独具生物学学科特点的维度，是生物学学科核心素养的标志和关键。将生命观念作为生物学学科核心素养之首，就是要凸显其在生物学课程中的地位和作用。

生命观念是指对观察到的生命现象及相互关系或特性进行解释后的抽象，是人们经过实证后的观点，是能够理解或解释生物学相关事件和现象的意识、观念和思想方法。通过高中生物课程的学习，学生要形成结构与功能观、进化与适应观、稳态与平衡观、物质与能量观等生命观念，并能用生命观念认识生物的多样性、统一性、独特性和复杂性，形成科学的自然观和世界观，并以此指导探究生命活动规律、解决实际问题。

二、培育生命观念的策略

生命观念培育的过程一般是通过观察和实验，对生命现象、生命特征和生命活动规律建立感性认识；再通过抽象、概括等理性思维，对感性的认识进行提炼、升华，形成生物学概念；随后将已有的概念进一步加工、整合，构建概念网络，建立对生命本质的整体理解，即"生命观念"。在解决新的生物学问题时，学生可以根据已有的生命观念进行假设、解释或决策。

（一）立足概念学习，培育生命观念

概念是生物学教材的重要组成部分，也是生命科学理论体系的基本单位。概念解释了生命的基本现象和规律，是形成、发展生命观念的基础。例如，在一轮复习线粒体与叶绿体时，教师可先引导学生根据两者的模式图，进行形状、结构和功能等的概念学习。再通过分析两者都要增大膜面积的原因，促进学生形成结构与功能相适应的生命观念。教师还可从能量变化角度，引导学生分析叶绿体和线粒体都是能量转换器，使学生认识到生态系统中物质循环和能量流动与光合作用和呼吸作用有密切关系，以构建物质和能量观。同时还可引导学生从进化起源分析，蓝藻无叶绿体能光合作用、无线粒体可有氧呼吸，说明光合作用、有氧呼吸的进化起源分别早于叶绿体和线粒体，也说明这两类具膜细胞器的出现，使细胞内出现了相对分隔的小区室，提高了细胞代谢的效率，促进学生形成进化与适应的生命观念。

（二）创设生活情境，培育生命观念

阿尔弗雷德·诺斯·怀特海在其著作《教育的目的》中认为，在无背景的情境下获得的知识，经常是惰性的和不具备实践作用的。确实，生物学与现实生活密切相联，在实际生活的背景中学习，既有助于学生深入理解生物学的核心概念，形成生命观念，也有助于学生运用生物观念解决实际问题。例如，复习"细胞的分化、衰老、凋亡和癌变"时，教师播放不幸患上白血病的本地学生小杰移植了其姐的骨髓而挽救生命的视频，就极大地激发了学生学习的积极性。在创设的情境中，教师提出问题：什么是白血病？骨髓移植为什么可以有效治疗白血病？骨髓中造血干细胞分化的原因和实质是什么？细胞癌变的原因和实质又是什么？细胞分化和癌变的区别是什么？癌症可以预防吗？怎么预防？随着这一系列问题的解决，学生既理解细胞分化的概念、特点和意义，又构建了细胞分化和癌变的知识网络，进而形成了结构决定功能的生命观念，明白了健康生活方式的重要性。

（三）设计探究活动，培育生命观念

组织以探究为主要形式的主动学习是落实生物学学科核心素养的关键。探究活动可以培育学生的生命观念，使学生不仅了解生命科学知识的来源，还能解决生产生活中的实际问题。例如，在设计、制作生态缸的活动过程中，学生尝试用物质和能量的输入和输出平衡的观点，认识具体生态系统的稳定性。在学习了培养液中酵母菌种群数量变化的实验后，学生结合本地渔港的实际，又延伸探究不同培养液中小球藻数量的变化实验，在构建模型、分析模型的基础上，利用模型制定控制小球藻种群数量变化的监测措施，为赤潮防治等提出可行性建议，从而培育了学生的稳态与平衡观。

（四）利用科学史实，培育生命观念

生物科学史是科学家研究生命现象、探索生命规律的过程。各版教材中都呈现了大量的科学史，如酶本质的探索、光合作用的探索历程、生长素的发现过程等。科学史的价值对于学生不只是需要明白这些知识是如何得到的，更要真正领悟其中的深刻含义。例如，教材安排科学家探索细胞膜化学成分与结构的科学史，目的是让学生既能体验到科学探究的魅力，又能领悟到其中的生命观念。因此，在教学过程中，教师既要帮助学生在经历科学家探索历程的基础上形成结构与功能相适应的生命观念，又要引导学生理解结构与功能的统一性是适应环境的表现，是进化的必然结果，从而提升进化与适应的生命观念。

（五）结合生活实际，提升生命观念

生命观念的最高水平是，具有结构与功能相适应的观念和生物进化的观念，并能基于这些观念识别身边的虚假宣传和无科学依据的传言；具有物质和能量观，并能指导解决生产实践中的具体问题；具有稳态和平衡观，并能指导人的健康生活方式，能指出某一生态系统的构成要素及影响其平衡的因素。所以，教师可以在课堂上利用生活中的实例来创设情境展开教学活动，更要选择生活中的一些生命现象引导学生利用所学的知识进一步探究，在完成教学内容的同时潜移默化培育学生的生命观念。例如，在学习基因工程、细胞工程和胚胎工程后，教师要求学生收集信息，开展现代生物技术利弊的主题辩论。学生在辩论过程中会运用结构与功能观、稳态与平衡观等生命观念来阐明自己的观点，提升对生命观念本质的感悟。又如，冬天进出温暖的教室时，人体通过产热与散热的平衡来调节体温，体现了物质与能量观、稳态与平衡观；神经系统与内分泌腺的结构与功能相适应，两者相辅相成，又体现了结构与功能观、进化与适应观。这样，学生形成的生命观念在实践中发展、升华。

当然，生命观念的形成离不开科学思维和科学探究，学生在形成生命观念、进行科学思维和科学探究的过程中，最终会形成一定的社会责任和义务。

因此，在生命观念培育过程中，教师要利用生物学学科核心素养4个要素的相互关系，充分挖掘教学内容背后的生命观念，要利用4个生命观念之间的关系，针对不同的教学内容采取不同的培育策略，多方面多途径帮助学生树立并发展生命观念，不断提高学生的生物学核心素养。

论高中生物教学中的伦理学教育

一、生物伦理学的概念

20世纪后期，生物伦理学作为生物学、医学、伦理学、哲学、心理学、社会学和法学之间相互交叉的学科诞生了，"生物伦理学"一词由B.P.波特于1969年提出，由"生物学"（生命科学）和"埃托斯"（行为、品德）两词组合而成，通常定义为面对生物学和遗传学突飞猛进造成的种种情况，用以"指导人类行动"的全部行为法则。人们希望能以崭新的伦理道德观念去解决因生物高新技术发展所带来的难题，在伦理道德、科学技术和立法三个方面做出正确反应。欧洲制定了《生物伦理公约》（现名《在生物学和医学应用领域保护人权和人的尊严协定：人权与生物医学协定》）其初衷是在生物学和医学领域保护人的尊严、基本权利和自由。生物伦理学研究对生物科学的研究方向有决定作用。

二、中学生物教学需要生物伦理教育

新的生物课程标准要求更多地反映生命科学技术的最新进展，如HIV、器官移植、基因工程都在必修内容中涉及。基因诊断、基因治疗、转基因技术等都已经渗透到高中选修内容中，学生对这些知识了解不多，或已有认知但未必符合现代的生物伦理学的普遍看法。

我国部分初中生物新教材已经开始渗透生物伦理学观点，如北师大"新世纪"（版）初中《生物学》教材中的生命伦理教育。高中教师应当引导学生多角度理性客观分析新技术带来的利弊。避免学生片面看待新进展，同时拓展学生视野，避免学生出现唯教材是从的倾向。

三、生物伦理学在中学生物教学中的渗透

（一）基因工程

当今，有关转基因作物的安全性引发了诸多争议，主要体现在环境安全性和食品安全性两个方面。关于环境安全性，如转基因作物本身可能变成野生种类或者侵入新的生态区域演变成环境杂草；某些基因如抗除草剂基因通过花粉传播或者近缘种杂交产生超级杂草，它们都可能对非目标生物造成危害，影响生物多样性等。关于食品安全性，如有毒物质的产生和过敏蛋白的产生，营养成分的改变等。转基因作物的赞同者则认为这些问题都可以得到克服。如加强各个阶段、多环节评估审核其安全性，在有风险时及时阻止其研究或商业生产；转基因作物本身生命力并不像人们想象的那样顽强，花粉远距离传播或和当地植物杂交非常困难。

现有的例子也部分说明人类有能力控制转基因作物可能存在的风险。如美国内布拉斯加大学的一个研究组将巴西坚果中富含甲硫氨酸的蛋白质基因转移到大豆细胞，结果发现这种转基因大豆对人皮肤有刺激作用，于是就不再试种这种转基因大豆。1999年，康奈尔大学研究人员发现，转Bt毒蛋白基因玉米的花粉可使黑麦金斑蝶的幼虫死亡，但是科学家认为该实验并不严谨，因为蝶也属于鳞翅目昆虫，也在杀虫范围内。

在严格的监管体系下，转基因食物本无须担心风险。现在我国在保护消费者法规中规定了消费者对消费产品有知情权，要求转基因产品必须加以标注。但由于科普和宣传机构的宣传不到位，公众谈"转基因"色变，对转基因食物担忧最明显的是大豆油是否由转基因大豆制成，是否有转基因成分。如圣女果、小西红柿、彩椒、小南瓜等市面上不常见到的蔬菜、水果也被一些人误认为是转基因而受到排斥。转基因技术给公众带来的恐慌其实也是生命伦理及生态伦理方面的担忧，转基因生物实质上对物种基因库造成了干预或者改造，是对人与自然、人与其他物种关系的冲击。要综合考虑保护生态环境和人类健康与发展经济，既要尊重自然界的稳定和有序，也要考虑到人类的整体利益。例如，富含维生素A的"黄金大米"对解决贫困地区儿童维生素A缺乏具有重要意义。

（二）克隆人与克隆人胚胎

中学生对克隆动物很感兴趣，高中人教版教材在必修1、选修3中提到了

克隆的概念和克隆羊"多莉"，提到"鲫鲫移核鱼"，经常有学生由此谈到克隆人。从技术和原理上看，克隆动物能做到的，克隆人应该也能做到。那么教师怎样正确引导学生看待克隆人呢？教师需要提高认识，清楚克隆人、克隆人胚胎中的伦理之争。2000年之后，不断有组织宣布克隆人即将出生或者已经出生，但是都没有下文。我们可以认为克隆人的出生还需要一定时间，但一些阶段性成果已经获得。2001年11月，美国先进细胞技术公司宣布他们已经成功克隆出了人类胚胎。

支持克隆人研究的观点认为："无论以什么方式企图阻止科学进步都是一种可怕的错误。"人的伦理道德观念是逐渐形成并不断发展变化的，克隆人的出现顺应了社会的发展。克隆人技术将使器官移植中供体来源不足的问题得到解决。而反对克隆人研究的观点则认为克隆人会扭曲人类伦理，将改变现有的人伦关系，并将对克隆人作为人生活的权利保障、法律民事行为能力和权利能力、人类基因组的保持等方面提出了挑战。科学家确实对克隆技术的着床率低、流产率高、畸形率高、某些克隆动物出现的染色体端粒缩短并容易夭折等异常提出了疑问。

在国外相关部门决策中，美国总统克林顿曾经下令：禁止生物科学研究机构用公共拨款研制克隆人，要求国会通过立法禁止克隆人。德国、英国、WHO、欧盟等已经通过立法禁止克隆人研究。例如，澳大利亚立法规定克隆人的研究者将可能判处15年徒刑。中国政府则表示：对生殖性克隆人不赞成、不支持、不允许。宗教团体如天主教也态度鲜明地反对克隆人研究。

但是绝大多数国家都明确表示支持治疗性克隆研究，希望胚胎干细胞能治愈某些无法治疗的疾病或者替代患者损坏的组织。2005年2月18日，联合国大会法律委员会通过一项政治宣言《联合国关于人的克隆宣言》：要求各国禁止有违人类尊严的任何形式的克隆人。但是对该宣言，中国投了反对票。中科院研究员张钟宁表示，我国明确反对用胚胎克隆一个完整的人，而支持胚胎研究并从胚胎中提取干细胞用以治疗多种疾病。

（三）人类基因组计划与基因检测、基因治疗

在吉林省现行生物教材中只介绍了基因治疗和基因检测的简单而抽象的原理。教师在给学生介绍了教材上相关知识后，有必要对人类基因组、基因治疗、基因检测的应用和前景进行简要介绍。

人类基因组计划（HGP）是美国科学家、诺贝尔奖获得者达尔贝科1986年提出的，是继曼哈顿计划、阿波罗计划之后的第三大科学计划。研究的目的就是基因治疗。人类基因组计划的完成将大大促进并从根本上了解各种遗传病、癌症、心血管病以及神经病和精神病的病因、发病机制、诊断和防治途径。如果能设法导入正常的基因并使之发挥作用就可以从根本上治愈病人。借助人类基因组计划，可以预测、监控疾病。

人类基因组计划的研究有基因专利等伦理争论。基因检测和基因治疗在伦理上也引发了很多争议。基因检测会使个人自由权和隐私权受到侵害，并有可能被保险公司、政府组织、工作单位利用，歧视"基因不良分子""先天存在基因缺陷者"。美国已经有一些公司利用个人咨询决定是否雇用就业申请者。在市场需求下，也许将来会出现专门盗窃或出售个人基因资讯的行为。科学家相信基因治疗的思路是正确的，将从遗传上根本解决某些疾病。教材上只是展望了基因治疗的技术发展。但是基因治疗现在还没有完全成功的案例，也有着伦理学的争论。例如，基因治疗是否使致病基因继续在人群中保存，是否影响了人种的进化；基因治疗是否会导致出现某些异常现象；使用的运载体是否安全。甚至会不会有通过基因治疗来提高智商或改造人种？因此，1985年美国就制定了有关基因治疗的国家准则，确定了安全值指标，并确定了相关规定。

（四）人体器官移植

高中生物教材中多处提到了器官移植。用正常的器官置换丧失功能的器官，以重建其生理功能的技术即人体器官移植，如心脏、肾脏，甚至大脑移植等。人体器官移植已经成为当今世界医学高科技的象征。器官移植不仅延长了患者的生命，也是他们新生命活动的开始。

人体器官移植也存在伦理上的冲突。符合要求的器官只能来源于脑死亡者如车祸脑死亡、植物人等。脑死亡后短时间内心脏、肾脏、肝脏、胰脏等器官功能维持正常。世界上一些国家对脑死亡概念立了法，极大地促进了器官移植的开展。中国脑死亡的概念尚没有被公众接受，更没有脑死亡相关法规，供体器官几乎全部来源于尸体。这是中国器官移植手术发展缓慢和难以大规模开展的主要原因。中国人认为，"身体发肤，受之父母，不敢毁伤，孝之始也"。真正愿意死后捐献自己器官的人很少（担心自己未死亡时器官就被摘去、捐献器官时遗体被切碎、看病时医生不积极治疗、捐献的器官被人用钱买走等）。

一些医院在没有法律依据及征得病人或其家属的同意下取走脑死亡者的器官，伤害了活着的人的感情。某些落后国家出现了穷人出卖肾脏等供富人移植的现象。这些人与人之间器官的买卖引发了伦理学上进一步的思考。

（五）艾滋病

截至2016年3月31日，全国报告现因艾滋病死亡188152例，现存活HIV感染者353003例，AIDS病人248669例。艾滋病从被发现到被人们熟知不到40年时间，从最初的由"爱"滋生，到现在普遍了解其病因为"HIV"感染导致的免疫缺陷病。在高中生物教学中从必修1第1节内容提及HIV和AIDS到必修3关于艾滋病患病机理的分析多处涉及。在高中生物课堂上，教师既要让学生了解其产生和传播的机理，更要让学生"以医学人道主义宽恕和谅解HIV/AIDS人群过去的行为和错误"，以伦理学中的"道德宽容"正确对待HIV的携带者和艾滋病患者，尊重相关人群的基本权利，促进社会和谐发展。

（六）其他生物伦理学热点

生物伦理学在课堂的教学中如果能有所体现，能够促进学生思考生物学研究给人类带来的利与弊，能促进学生正确理解生命与自然，理解科学、技术与社会之间的关系，培养积极的人文气质和科学素质，并主动宣传正确面对生物学新技术。这也符合培育当前的教育改革——从生命观念、理性思维、科学探究和社会责任等方面发展学生的生物学核心素养理念。

HPS教学模式在生物课堂教学中的应用

一、HPS教学模式概述

20世纪八九十年代，英国科学教育学者孟克和奥斯本提出了HPS教育，HPS（History，Philosophy and Sociology of Science）是"科学史、科学哲学和科学社会学"的英文缩写。HPS教育是以建构主义理论为基础，提倡在中小学的理科课程中渗透科学史、科学哲学、科学社会学的相关内容，HPS的核心内涵是关于科学本质的认识。教师在科学课程与教学中融入HPS要素，并通过关于HPS内容的教学，可以提升学生对科学本质的认识，有效提高学生的生物学科核心素养。

HPS教学模式的教学程序主要包括以下六个环节：

（1）历史素材呈现：教师向学生展示某一自然现象，引导学生观察，并由此产生一个需要解决的问题。

（2）引发观点：教师启发学生针对观察到的现象提出自己的观点或解释。

（3）学习历史：该环节的主要目的是尽可能地让学生体验以往科学家的探究与思考过程。

（4）科学探究：科学家探究实验的模拟，要求学生从多种观点中选择某种观点，设计实验进行检验。

（5）呈现科学观念和实验检验：教师讲解当代的科学观念，介绍教材对这一自然现象的解释，引导学生对自己的观念和解释进行实验检验。

（6）总结与评价：教师引导学生对科学思维、科学方法等方面进行总结与评价，使学生深刻地理解科学的探究本质。

二、HPS教学模式在高中生物教学中的实践

现以人教版高中生物学教材中"生长素的发现"一节为例，阐述如何应用HPS教学模式实现生物学史与生物课程的有机融合。

（一）素材呈现，激发学习兴趣

教师展示3幅图片：黄山上的迎客松，热情地伸出手臂迎接远方的客人；金灿灿的向日葵，朵朵向阳开；稚嫩的小幼苗，努力弯曲着自己的腰。教师设疑：这三张图片体现了植物哪一种共同的特性？（学生异口同声：植物的向光性。）教师再次设疑：导致植物出现向光性的原因是什么？

植物的向光性是个非常普遍的现象，普遍到学生们甚至从未想过"为什么"。所以，当教师抛出这样一个看似寻常却又未知的问题后，学生们的学习兴趣被大大激起。

（二）引出观点，推进深入思考

教师设疑：为什么小幼苗努力向右侧弯曲，而不是向左侧呢？（学生思考后，很容易得到答案：右侧有光源照射。）教师追问：导致植物出现向光性的外在因素是什么？（学生思考讨论后，回答：单侧光照射。）

教师引导：单侧光真的是导致植物向光性的外在因素吗？植物出现向光性的内在因素又是什么呢？这些疑问都需要我们用切实的实验证据来解释。

（三）学习历史，体验科学思维

教师提示：著名科学家达尔文注意到了植物的向光性现象，并在其晚年时设计了一系列科学实验对植物向光性的原因进行研究，引导人们逐步揭示了植物生命活动调节的奥秘。在介绍达尔文的金丝雀虉草胚芽鞘实验过程前，教师提出3个需要探究的问题：

（1）如何探究胚芽鞘向光弯曲生长的外因是否为单侧光照射？

（2）如何探究胚芽鞘向光弯曲生长是否与尖端有关？

（3）如何探究胚芽鞘向光弯曲生长的感光部位是否在尖端？

教师用表格呈现出实验探究的一般思路和过程，引导学生积极思考。

学生分组讨论后，选派小组代表简述实验思路，这个环节不仅可以激发学生的学习热情，还提高了学生设计实验解决问题的能力。教师点评每组的实验思路，并通过动画模拟的形式展示达尔文的实验过程。

教师引导学生总结：达尔文通过严谨的科学实验证明了引起胚芽鞘向光弯曲生长的外因是单侧光照射，同时证明了胚芽鞘的感光部位在尖端。

教师补充说明：针对自己的实验结果，达尔文做出了大胆的猜想"单侧光照射使胚芽鞘的尖端产生某种影响，当这种影响传递到下部的伸长区时，会造成背光面比向光面生长快，因而发生向光弯曲生长"。达尔文猜测这种"影响"很可能是一种化学物质。

（四）科学探究，掌握科学方法

教师引导：达尔文提出的这种影响真的是一种化学物质吗？下面，我们一起尝试设计实验来探究这个问题。

学生开展探究活动1：初步证明胚芽鞘尖端产生的"影响"是一种化学物质。

教师展示实验材料：长势相同的胚芽鞘若干、单侧光源、刀片、云母片（物质不能透过）、琼脂片（一般物质可透过）等。

学生用图形加文字的形式展示实验设计，并由每个学习小组派代表展示本小组的实验设计，对实验结果做出预测。

教师展示鲍森·詹森的实验结果予以引导：1910年，科学家鲍森·詹森设计了相似的实验。鲍森·詹森的实验结果说明胚芽鞘尖端产生的"影响"可以透过琼脂片传递给下部，初步证明了胚芽鞘尖端产生的"影响"可能是一种化学物质。

学生开展探究活动2：证明胚芽鞘尖端产生的"影响"分布不均匀导致弯曲生长。

教师引导：胚芽鞘尖端产生的"影响"透过琼脂片传递给下方，为什么会使下方生长不均匀？（学生思考后回答：可能是"影响"在下方分布不均匀导致的。）我们一起尝试设计实验来探究这个问题。

教师展示实验材料：长势相同的胚芽鞘若干、刀片等。学生用图形加文字的形式展示实验设计，并由每个学习小组派代表展示本小组的实验设计，对实验结果做出预测。教师出示拜耳的实验结果，引导学生思考：1914年，科学家拜耳设计实验探究胚芽鞘尖端产生的"影响"传到下方后，为什么导致下方弯曲生长？拜耳的实验结果说明胚芽鞘尖端产生的"影响"在下方分布不均匀，导致下方伸长区发生了弯曲生长。

（五）实验检验，呈现科学观念

学生开展探究活动3：进一步证明胚芽鞘尖端产生的"影响"是一种化学物质。

教师引导：詹森和拜耳通过对感光部位的研究，初步确定胚芽鞘尖端产生的"影响"为某种化学物质。若是胚芽鞘尖端可以产生某种物质促进生长，我们应该就能够把该物质收集起来，并设计相应的实验方案去验证真伪。如何收集该物质呢？科学家们经过多次实验，发现用琼脂块比较好。我们一起来尝试设计实验，进一步证明胚芽鞘尖端产生的"影响"是一种化学物质。教师展示实验材料：长势相同的胚芽鞘若干、刀片、琼脂块等。学生用图形加文字的形式展示实验设计，并由每个学习小组派代表展示本小组的实验设计，对实验结果做出预测。

教师展示温特的实验结果予以引导：1928年，科学家温特借助于琼脂块收集胚芽鞘尖端产生的"影响"，进一步探究该"影响"是不是一种化学物质。温特通过科学严谨的实验探究，证明了胚芽鞘尖端产生的"影响"是一种化学物质，该物质传递至下方，促进伸长区的生长，故将其命名为生长素。

（六）总结评价，理解科学本质

教师总结：1942年，科学家郭葛分离出具有生长素效应的化学物质并确认为吲哚乙酸。从19世纪末达尔文注意到植物的向光性，设计实验探究其中的原因，到1942年揭示生长素的化学本质，经历了50多年。从生长素的发现过程中，你能够在科学探究方面得到哪些启发？（学生讨论交流，分享科学感悟。）

师生合作：构建生长素引起胚芽鞘向光弯曲的模型。

三、HPS教学模式的实践反思

中学教材中生物科学史涉及的内容具有良好的教育价值，生物学史与生物学课程的融合只有选择恰当的教学模式，才能取得良好的教学效果。在运用HPS教学模式时，教师应注意将科学史与生物学知识的学习有机融合，在引导学生通过科学史得出科学结论过程中，避免将知识直接抛给学生，应利用科学家的探究过程引导学生解决问题、形成科学概念。HPS教学模式注重在学习过程中引导学生深刻理解科学家的探究历程，体验科学探究的一般方法，体会科学思维方式，领会科学知识的形成过程，促进探究能力的养成，对于培养学生的生物学学科核心素养具有重要的作用。

高中生物建模的教学价值和培养策略

模型是人们为了某种特定目的而对认识对象所做的一种简化的概括性的描述。《普通高中生物课程标准》明确要求：了解建立模型等科学方法及其在科学研究中的作用，培养学生的建模思维和建模能力，领悟、建立数学模型等科学方法及其在科学研究中的应用，培养学生的建模思维和建模能力，获得生物学的基本事实、概念、原理、规律和模型等方面的基础知识。

由此可见，建模能力在高中生物课程标准中被提到较高的高度，模型建构被认为是将来学生从事科学研究的必备能力。如何落实新课程标准中模型建构能力的培养？本文从模型建构的理论基础、生物模型的类型、教学价值和培养策略四个方面进行探讨，以期对高中生物教学中模型建构能力的培养提供借鉴。

一、理论依据

建构主义学习理论认为：学习是学习者主动建构内部心理表征的过程，其核心是："知识是通过主体积极建构的，而不是被动接受的。"建构主义理论下的学习效果不是取决于学生记忆课堂讲授内容的多少，而是取决于学生通过主动建构获取知识和能力的程度。模型建构教学就是在教师引导下，让学生在一定的情境中通过自己动手构建模型，学习生物知识，体验生物科学研究方法。因此，在模型建构教学活动中是以学生为主体，以建构模型为主线，让学生在真正做的过程去探索、交流、学习。它重视学习过程的主动性和建构性，强调学生以个人的学习经验、心理结构来建构对于新事物的理解，从而获取新知识，掌握解决问题的方法和技能。教师在教学过程中若能用好模型建构方法，对实现新课程目标、提高学生生物科学素养会有很大帮助。

二、生物模型的类型

生物模型可以分为物质形式和思维形式两大类型。

（一）从物质形式角度

生物模型可以分为真实模型、替代模型以及人工模拟模型三种类型。

1. 真实模型

为了能更好地探究某项生命活动规律而选用某些方面具有典型意义或特别便利的生物，这就是真实模型。真实模型的选择往往是精心的、慎重的，因为通过其研究所获得的生命活动规律须具有通适性、典型性，能推广到其他生物。例如，孟德尔、摩尔根分别以豌豆、果蝇为研究模型，研究发现了遗传的三大规律；林德曼选择美国的赛达伯格湖为生态系统模型，深入研究并揭示出了生态系统的能量流动规律。

2. 替代模型

替代模型是指由于种种原因，直接用研究对象进行实验研究不太可能，而用其他生物代替研究对象进行研究。例如，常用豚鼠、猕猴等动物代替人体进行疾病机理探究、疫苗研制、药物试验等工作。再如，以诱发豚鼠血脂增加作为高血脂患者的模型，用来筛选降血脂的药物。

3. 人工模拟模型

有些科学问题的探究既无法用真实模型，也无法找到替代模型，此时，科学家们就想出了用人工模拟的方法来开展研究，如生物圈Ⅱ号、探究性状分离比的实验模型、探究生态系统稳定性的小生态瓶等。

（二）从思维形式角度

生物模型的表现形式有物理模型、概念模型、数学模型、软件模型等。

1. 物理模型

以实物或图画形式直观反映认识对象的形态结构或三维结构，这类实物或图画即为物理模型。实物模型常见的有DNA双螺旋结构模型、真核细胞亚显微结构模型等；图画模型有三倍体无籽西瓜的培育过程图解、池塘生态系统模式图等。物理模型的特点：实物或图画的形态结构与真实事物的特征、本质非常相像，大小一般是按比例放大或缩小的。

2. 概念模型

以图示、文字、符号等组成的流程图形式对事物的生命活动规律、机理进行描述、阐明，即概念模型。例如，动植物细胞的有丝分裂、减数分裂图解，光合作用示意图，中心法则图解，过敏反应机理图解等。概念模型的特点是图示比较直观化、模式化，由箭头等符号连接起来的文字、关键词比较简明、清楚，它们既能揭示事物的主要特征、本质，又直观形象、通俗易懂。

3. 数学模型

用来表达生命活动规律的计算公式、函数式、曲线图以及由实验数据绘制成的柱形图、饼状图等称为数学模型。例如，酶的活性变化曲线、种群增长曲线、微生物生长曲线，还有种群密度计算公式、组成细胞的化学元素饼状图、能量金字塔等。曲线图的特点是在利用坐标系描述2个变量之间的定性或定量关系；柱形图是依据实验数据在坐标系内用柱形方式表示的2个变量之间不连续的定量关系；饼形图通常是以百分比含量的圆饼状表示；计算公式或函数式则是根据数学上的等量关系、用字母符号建立起来的变量之间定量关系式。

4. 软件模型

用计算机语言编写、反映变量之间逻辑关系的应用生物程序称为软件模型。例如，弗里斯特等根据他们对人口增长、工业发展、粮食增长、不可再生资源的消耗以及环境污染的研究，用几十个相互联系的变量组成了一个模型，借助计算机进行各种运算，一方面对模型进行检验，另一方面也可以对未来做出预测。这种抽象模型的计算机模拟在生态学、群体遗传学、基因组研究等很多领域里已成为重要的研究方法。

三、生物建模的教学价值

（一）提高学生学习兴趣

兴趣是最好的老师，教学效果不仅和学生的智力水平有关，更重要的是和他们对这一学科的学习兴趣有关。模型本身展示给学生的是非常直观、生动的印象，它使静止的文字变得活跃、生动，是能够激发学生学习兴趣的感性材料。在应用模型方法进行教学的过程中，不是教师硬性灌输给学生知识，而是让学生在学习的舞台上亲自去想象，动手去构建模型。在进行人教版必修2"减数分裂过程中染色体变化"的教学时，引导学生用橡皮泥构建染色体、姐妹染色单体的模型，明确染色体、姐妹染色单体的概念关系，学生通过小组合作，用橡皮泥构建"减数分裂过程中不同时期的染色体变化模型"。学生通过讨论、观察、自己动手操作，更好地理解减数第一次分裂前期同源染色体联会，形成四分体；后期同源染色体分离，染色体数目减少一半等减数分裂各个时期染色体变化的特点。学生在做模型的过程中学习生物学知识，激发学生的学习兴趣，促使学生为之愉悦、兴奋，同时体验到建构探究成功后的喜悦感、自豪感。

（二）实现自主、合作学习方式

高中课程改革的重要突破口之一是转变学习方式，由过去被动的学习方式变为自主的学习方式，完成由以教师、知识为中心，向以学生发展为中心转变。生物模型的建构是学生进行动手实践、自主探索、合作交流学习的有效方式。

模型的建构往往是在一定的情境中通过学生的自主学习来完成的。进行人教版必修1"生物膜结构模型"的教学时，先给学生提供这样的教学情境：科学研究发现，脂溶性物质极易通过细胞膜，并且细胞膜易被脂溶性溶剂溶解；细胞膜易被蛋白酶水解。分析得出细胞膜的主要组成成分是蛋白质和磷脂。然后教师鼓励学生大胆想象，尝试建构磷脂在空气和水面的排列方式，以及它们是如何构成细胞膜的，给学生提供充分的自主学习的空间和时间，并引导学生不断修改自己构建的模型，引导和促进学生主体性发展。教师在放手让学生独立思考、自主建构的基础上组织全班同学进行合作交流。通过交流合作使学生能从不同的角度去思考问题，能对自己和他人的成果进行反思，在合作交流中相互启发、共同发展，培养合作精神和参与意识。在模型建构的课堂中有一种和谐、宽松的学习氛围，教师成为学生学习活动的引导者、组织者，学生真正成为学习的主人。

（三）化复杂为简单，培养学生思维能力

中学生物学以描述性语言为主，对于一些深奥的生命现象，以模型为工具，能够清晰有力地阐述隐藏在现象背后的一般规律。例如，建构种群动态变化的模型。种群数量同时受多种因素的影响，因此变化很复杂。自然界中种群数量增长通常呈"S"型曲线，研究"S"型曲线会发现：曲线的形状表示种群动态变化趋势，曲线上任一点的切线的斜率表示变化快慢。当种群数量达到环境所允许的最大值（K）时，在该点做曲线的切线，其斜率为0，表示种群的增

长率为0。在K／2时，该点的切线的斜率最大，说明此时种群的增长率最大。当种群数量大于K／2时，种群增长速率开始下降。"S"型曲线实质上是指数函数与对数函数的叠加。用"S"型曲线恰好能完美地表达种群数量的动态变化，明白种群动态变化的意义可用于指导生产实践。利用曲线的数学性质可以简洁地描述生物学上一些复杂的现象，生命现象是奇妙而抽象的，数学曲线是简单而直观的。实际问题常常是复杂多变的，数学建模需要学生具有一定的探索性和创造性，学生在教师的引导下通过真正"做"科学的过程，既能学到知识，又能提高思维能力。

（四）化抽象为直观，训练学生创新能力

必修1"细胞的分裂和分化"很难、很抽象，怎样将抽象的知识通俗地呈现给学生？教师首先可以给学生阅读一段资料，即一个成年人大约拥有100万亿个细胞，这些细胞都源自一个细胞。当学生阅读了这段资料后，最大的疑惑是：人为什么要这么多的细胞，而不能由几个巨大的细胞组成？答案是因为细胞很小。紧接着学生又有疑惑了：细胞为什么这么小？仅凭学生已有的生物学知识，要解释清楚"细胞的体积只能很小"是不可能的。教师利用数学建模的方法可以让学生轻松地理解"细胞的体积为什么只能很小"。第一步，假设细胞为立方体形（便于计算）；第二步，分别设立方体的边长为1cm、2cm、3cm和4cm；第三步，先分别计算每个立方体的表面积和体积，再计算表面积和体积之比。表面积代表细胞膜的大小，体积代表细胞的大小，将计算结果列表呈现。当学生看了表中数据后，对"细胞体积只能很小"的原因一目了然：细胞长大需要靠细胞表面从外界吸收营养物质，表面积越大，吸收的营养物质越多。随着细胞的长大，其表面积与体积之比却在变小，即表面积没有体积增大得快。当细胞长到一定大时，细胞得不到足够的营养物质而无法继续长大。因此，细胞的体积只能很小。

四、模型建构能力的培养策略

（一）建构模型的一般程序

1. 掌握原理

掌握模型所代表的知识、过程、规律、机理等，弄清模型的构成要素或包含内容之间的逻辑关系。

2. 明确类型

明确所构建的模型属于哪种类型，知道该种模型的特点及表现形式。

3. 构建草图（框架）

选择适当的图形、文字、符号勾勒出草图，或用适当的搭建框架。基于模型的通适性、典型性，所以在构建时只需要考虑大多数情况即可，一般不考虑极少数情况或特例。

4. 修饰完善

对照原理查验所构建的草图（框架），确保其科学性，然后进一步修饰完善模型，力求规范、简洁、直观、有美感，最后构建出正式的模型。

5. 补充诠释

对一些模型要添加必要的文字说明、示例、图注等，使模型更科学、更清楚、更规范。

（二）模型建构能力的培养策略

模型建构能力是在建模思想的指导下，综合建构模型，进行知识或技术创新所必需的知识、理论和技能，最终达到建构模型，完成创新过程的能力。在进行高中生物教学时，教师可通过模拟实验构建模型、利用模型方法教学、运用模型方法解决问题等方面培养学生的建模能力。

1. 结合建模专题，训练思维模型建构的能力

高中生物学科以描述性的语言为主，学生不善于运用思维模型建构来解决生物学上的问题，这就要教师在平时的课堂教学中给予提炼总结，并进行思维模型建构。教师应研究在各个教学章节中可引入哪些模型问题，如讲减数分裂时，MI中期的同源染色体在细胞中央的不同排列方式，在细胞两极出现不同的染色体组合，最终形成几种不同基因组成的配子。结合排列与组合知识，可解决这个疑难问题。同样，在遗传信息的传递与表达过程中，也涉及碱基的排列与密码子的组合方式。

此外，还可以选择适当的模型建构专题，如"代数法模型建构""图解法模型建构""直（曲）线拟合法模型建构"，通过讨论、分析和研究，熟悉并理解思维模型建构的一些重要思想，掌握模型建构的基本方法。同时注意与其他学科的呼应，也是培养学生模型建构方法的一个不可忽视的途径。通过教师的潜移默化渗透模型建构意识，学生可以从各类模型建构问题中逐步领悟到思维模型建构的广泛应用，提高他们运用知识进行模型建构的能力。

2. 注重建模方法的指导，帮助学生疏通思路

教师的任务不应是替学生找出各部分知识的现成结构，而是及时组织、引导学生对前面所学知识、规律、方法进行归纳整理，让学生通过自己的理解和加工建构可用的思维模型。以"生物与环境"为例说明：

（1）以生态系统为核心，将生态因素、种群和生物群落、生态系统结构"分割"成三个知识块，有序布局。

（2）连接三大知识块相互联系的知识线，自然形成一个生物与环境的知识网。

（3）纵观全局，再现整体。

通过三大知识块概念之间的内在联系构成了生物与环境的知识网络。把这张图有序地储存在头脑中，便形成了生物与环境关系的思维模型。思考问题时将问题纳入网络便可迅速检索出所需的知识线、点，做到触类旁通，考虑问题就会融会贯通，全面周到。

3. 完善学生的知识结构，养成建模的习惯

教师的任务不应是替学生找出各部分知识的现成结构，而是及时组织学生对所学的知识进行归纳整理，让学生通过自己的理解和加工构建出一个个可用的思维结构图。只有建立系统完整的思维框架体系，对学习的课程进行有效的资源整合，才会使整个教学过程和流程设计更加系统、科学有效。利用思维建模进行课程的教学设计，会促使师生形成整体的观念和在头脑中创造全景图，进一步加强对所学和所教内容的整体把握，而且可以根据教学过程和需要的实际情况做出具体的合理的调整。画一幅思维模型好比经历一次头脑风暴，当一个人把自己的想法顺利写出时，想法会变得更加清晰，头脑也会接受新想法。这些新的想法可能与已有的想法有联系，而且会引发新的意念。学会制作思维模型，又强化而形成习惯，学生就能自觉地运用，从而取得最大的学习效率。在适应了思维模型教学的一段时间后，学生学习效果将大大优于传统教学。如光合作用实验的常用方法可构成思维模型。思考问题时将问题纳入思维模型便可迅速检索出所需要的知识线，做到触类旁通，考虑问题就会全面周到。从而使学生能够从整体上掌握了基本知识结构和各个知识间的关系，在头脑中形成清晰的概念网络。通过思维建模能够极大地提高学生理解能力和记忆能力，学生不再被动地去死记知识，而是积极地对关键字进行加工、分析和整理，开发了学生的空间智能，使其主体的积极性得到充分发挥，从而培养和发展其创新思维能力。

4. 通过模拟实验，培养学生建模思维

在高中生物教学过程中，教师应充分利用模拟实验和构建模型的内容培养学生的建模思维。例如，在"制作DNA双螺旋结构模型"这一实验中，教材中介绍的实验材料是硬塑方框、粗铁丝和细铁丝，此外，用球形塑料片代表磷酸，用双层五边形塑料片代表脱氧核糖，用4种不同颜色的长方形塑料片代表4种不同的碱基。利用课本材料制作DNA分子结构模型的实验，教师还可以让学生自己选择材料制作模型，通过交流讨论，最后展示自己的作品。通过自己动手构建模型，不仅可以加深对DNA分子的化学组成、化学结构和空间结构的认识和理解，同时可以粗略地领悟到建立DNA分子双螺旋结构模型理论、原则和方法等方面的知识。再如，"细胞增殖"教学过程中，学生学习了植物细胞有丝分裂动态模型后，可利用多媒体出示动植物细胞亚显微结构的模型，回忆它们结构上的差异。然后引导学生根据植物细胞有丝分裂过程模型推测出动物细胞有丝分裂过程模型。在细胞分裂过程中染色体和DNA都发生了规律性的变化，要求学生用坐标曲线图表示出染色体和DNA的数学变化，建立有丝分裂过程的数学模型。教师利用生物模型方法进行教学，让学生置身于探索科学现象、发现科学规律的活动中，在建立模型的过程中，学会观察的方法、归纳与演绎的方法，提高建模能力。

5. 在问题解决中提高建模能力

在生物学问题解决中，人们经常使用模型，通过构建模型，根据模型进行推导、计算并做出预测。例如，学习了渗透作用原理后，要求学生设计1个模型来鉴别2种蔗糖溶液的浓度，并贴上标签（已知2种溶液质量分数为30%和10%，由于未贴标签而混淆不清）。有的学生设计了这样的模型：将一种蔗糖溶液加入烧杯中，另一种加入透析袋中并在透析袋中插入刻度玻璃管，根据刻度玻璃管液面高度的变化判断蔗糖溶液的浓度。也有的学生设计了不同的模型：他们将等量蔗糖溶液分别装入2个透析袋中，透析袋中都插入刻度玻璃管，然后把这两个透析袋放入清水中，再根据两个刻度玻璃管液面上升的高度来判断蔗糖溶液的浓度。利用渗透作用原理建立模型，不仅让学生巩固应用所学的知识，而且提高了建模能力。

　　课程实施是新一轮课程改革能否取得成功的关键，教师作为新课程的实施者，应该转变观念，重视模型思维和建构模型能力的培养，创造性地使用教材，设计适合学生自主建构模型的教学过程，引导学生主动思考、探索，让学生在模型建构的过程中学习、发展。

素养导向的班级分层教学策略

分层教学就是教师根据学生现有的知识、能力水平和潜力倾向把学生科学地分成几组各自水平相近的群体并区别对待，这些群体在教师恰当的分层策略和相互作用中得到最好的发展和提高。教育家苏霍姆林斯基说过，每个孩子的学习能力是不同的，我们不能用同一个标准去要求所有孩子都能达到，而应该根据每个孩子具体的接受能力，力求实现让他们在自己的能力基础上有所提升，这就是所谓的因人施教，其实也就是根据教育对象的特点进行分层教学。如何实施分层教学，具有重要的现实意义。

一、教学目标的设定

教学目标是教师预期学生经过一定时间的学习后达成的学习成果，教学目标的设定直接影响教学内容的安排和教学活动的设计。在教学目标的预设中，对于哪些目标是全班学生都必须达成的，哪些是属于提高拓展类型的，教师要心中有数。此外，在新课程理念的背景下，教学目标的多元化设置也是一个重要的内容，学生在课堂中除了获取生物学知识之外，还可以建立生命观点、体验社会责任、发展科学思维、尝试科学探究，多元化的教学目标能让课堂更加丰满且有层次感。

例如，在"DNA是主要的遗传物质"一课的教学目标中，了解S菌和R菌的生物学分类、结构区别以及S菌的致死原因，了解噬菌体的生物学分类、结构特点和生命特征，概述T2噬菌体进入大肠杆菌内并在其中复制增殖的过程，这些目标就是属于"形成生命观念"层次的。学生通过学习能强化生物的分类，了解细菌和病毒的生命特征，建立结构和功能统一的思想。这类目标不能忽视，而且必须面向全体学生，是所有学生在课堂中都要完成的学习目标。而分析格里菲斯实验的4组实验之间的关系，得出初步结论；分析同位素标记在噬菌体侵染细菌实验中的作用；分析噬菌体侵染细菌实验中保温、搅拌、离心等操作的目的；分析噬菌体侵染细菌实验中实验现象的意义。这些教学目标的设置目的是发展理性思维，培养一定的科学探究能力。

在达成教学目标的过程中，不同的学生可能呈现差异，教师要了解学生的学情和能力基础，预设针对不同基础层次的学生对象能力发展的期望值。只有明确了课堂中不同层次的学生需要达到的目标，教师才可能在教学活动的设计中关注到全体学生，让全体学生都能有收获和发展。

二、教学策略的安排

教学策略是指在特定教学情境中为完成教学目标和适应学生认知需要而制订的教学程序计划和采取的教学实施措施。教学内容、过程和方法要体现出教学目标中要达成的部分，并且采取合适的教学方法。哪些知识可以通过预习完成，哪些内容可以安排自学，哪些内容应该用多媒体辅助教学，哪些内容需要完成直观到抽象的转换，哪些内容可以通过资料阅读或者兴趣阅读的方式作为拓展提升，课堂的节奏如何掌控……这些都要兼顾到不同层次的学生，从而达成学习目标。

例如，在"神经调节"一课的教学过程中，反射的概念和类型、反射弧的组成和实例这些内容由于学生在初中已经有一定的知识积累，并且知识本身通俗易懂，通过预习自学的方式就可以达到全班学生都理解掌握的目的。对于进一步的反射弧某部分发生损伤后的机体反应则不是所有学生都能通过逻辑思维推导出结论的，教师在教学过程中可以通过设计动画帮助部分学生完成直观到抽象的转换。神经冲动的产生和传导的原因是本节课的重难点之一，K^+的外流和Na^+的内流形成的静息电位和动作电位是比较容易理解的，但是两种离子的跨膜转运的方式就比较复杂，可以通过资料补充的形式让感兴趣的学生进一步了解。学习时，教师要帮助学生体验人体中的神经系统是参与人体生命活动的机制，使学生认同人体的生命观念。通过多媒体辅助学习，学生掌握了神经元之间的兴奋传递后，教师又可以设计用于学生讨论的问题。例如，手术过程的麻醉药物的作用机理可能是什么？蛇毒是怎样致人死亡的？这些问题都能较好地引领学生从书本走向实践，能激发学生主动学习的兴趣，能力较强的学生会主动进行知识迁移和问题探讨，能力较弱的学生也会在学以致用的兴趣驱动下倾听和思考。在此学习过程中学生既可以发展科学思维，也可以体验到科学应用于实践的力量，体验社会责任感。

三、学生活动的设计

课堂是学生的课堂，这个观点早已为绝大多数教师认同，教得好不如学生学得好，学生活动的质量直接影响学生学习的结果。因此，课堂中学生活动的设计是课堂教学的重要内容。教师在设计活动的过程中往往对不同层次的学生在活动中扮演的角色、获得的学习体验和结果，缺乏深入考虑。

在笔者听过的"细胞器——系统内的分工合作"一课中，教师设计了学生活动环节，活动目的是学生通过自学掌握各种细胞器的形状结构特征和功能，结合新课程理念，学生除获取生物学知识之外，教师还应帮助学生从微观世界的角度建立生命观念，体验教材中的"每一个生物科学问题的答案都必须在细胞中寻找"的含义，探究细胞的奥秘。教师提前给每个小组准备了各种细胞器的模式图打印稿等资料，要求学生派一个代表上去把打印的资料粘贴在黑板上表格的正确位置处。由于该班级的学生是普通三星级学生，学生的学习能力和自觉性都相对较低，最终只有领到任务的学生真正完成了教师预设的学习目标。如果活动能增加每个学生都必须完成的基本内容，然后再相互核对交流，最后再随机抽取学生完成黑板上的粘贴，出现错误共同纠错，那么就能让更多的学生融入课堂活动中。最后，教师可以让学生谈一谈对各种细胞器的自我认识。在学习活动中，学生在表达和交流中逐步体验各种细胞器的名称、结构、功能及其特征，体验细胞作为一个最小的生命系统是怎样通过各种结构相互联系，形成统一整体的，从而体验生命的奥妙。

在多次听课中，笔者发现类似于这样的活动设计非常普遍，往往是个别学生的知识和能力得到了发展，而大部分学生在活动中收获甚少。因此，在设计学生活动时要注意任务的层次性、内容的兴趣性、结果呈现的多样性。让不同层次的学生在活动中有事可做，积极地参与活动中，学到知识。

四、教学评价的引导

教师的评价从某种意义上来讲也是学生学习动力的来源之一。首先，教师要了解学生的现有知识能力水平，合理确定学生的最近发展区。不同层次的学生在课堂中得到了怎样的发展是评价课堂分层教学的核心问题。新课程标准课程理念颁布后，教师对学生的学习发展评价的角度应呈现多元化，认同某个生物学事实，建立每个生物学观点都是建立生命观念的范畴。科学思维的发展不是一蹴而就的，学生知识和能力的发展也是不同步的。"是否参与了学习活动""能否形成规范的表述""课堂中是否解决了某个问题""能否提出有价值的问题"，这些都可以作为学生是否发展了科学思维的指标。其中"后续学习的现状"可以作为评价学生是否得到发展的重要指标。教学检测的分层检测同样是必要的，基础能力较低的学生测试内容应当重在对当堂所学内容的检测（只要认真听就可达标），同时注意对学生新旧知识结构的有机结合的检验，较高层次的学生则侧重于创造和应用能力的检测。

班内分层教学模式实际上是一种课堂教学的策略。这里的分层是一种隐性的分层，教师要通过观察和调查，掌握班级内每个学生的学习状况、知识水平、特长爱好及所处的社会环境，合理制定教学目标，科学安排教学过程和学生活动，完善评价角度和方式，利用小组合作学习和成员之间的互帮互学形式，充分发挥师生之间、学生之间的互动，为每个学生创造整体发展的机会；利用学生层次的差异性与合作意识，形成有利于每个成员协调发展的集体力量；结合新课程的理念为不同层次的学生打造多元化的发展目标。科学设置并通过合理的方法让每一位学生都能在生命观念和科学思维等方面得到发展，让学生理解科学的本质，提升民族的科学素养。

个性化自主实验：生物实验教学新思维

　　生物学是一门集实验性、实践性及科学性于一身的自然科学，生物实验教学是生物教学的一个不可分割的重要组成部分，它是帮助学生实现由感性认识到理性认识，由具体思维到抽象思维飞跃的一个重要环节，应当引起广大生物教师的高度重视。因此，在人教版高中生物学教材中，大量增加了"探究活动""探究性实验"，力图促进学生学习方式的变革，培养学生提出问题、分析问题、解决问题的能力。然而生物实验教学的现状：讲实验、看视频，就是很少做实验；没时间、课时紧、经费少，不做理由就是多；不要怨不要急，实际情况就如此。如何解决生物实验教学的屏障，这是一个值得探讨的课题。从目前的操作层面看，广大生物教学工作者主要从课时执行、实验考查等方面入手，其实，发挥学生的主动性，让学生个性自主实验是一种新思维。

一、生物个性化自主实验的设计

　　生物个性化自主实验是指学生在教师的指导下独立地进行提出实验问题、设计实验方案、进行实验操作、实地观察记录，通过一定程度的自主体验和实验去探究生命现象和生命规律的教学活动。学生在生物个性化自主实验过程中可以通过自主选择实验项目、自主实施实验过程、自主交流实验成果提高自己的探究能力和实验技能，进而提高生物学习成绩，提升生物学素养。高中生物个性化自主实验的内容广泛，生物教师可根据自己的兴趣特长、学生的需要和学校的特点、高中生面临的高考实际进行有选择性的设计。

（一）实验设计的原则

1. 实验内容与生物教材内容互补原则

生物教材是根据生物学科知识和逻辑顺序而确定的，在一定时期内其内容具有相对稳定性，但现代环境科学、生物科学知识，尤其是应用科技领域里的知识日新月异，利用高中生物个性化自主实验可帮助学生及时地了解这些学科新知识。同时，一些应用性、分类性、综合性活动的开展可使生物学科知识内容得以补充，个性化自主实验内容与学科教材内容互相补充、互相渗透，有助于完善高中生物课程的内容体系，形成完整的知识结构。

2. 全面发展与个性培养相统一原则

高中生物个性化自主实验的设计要面向大多数学生，立足于素质全面提高，但同时也要充分发挥个性化自主实验的自主性特点，给学生自主发挥的机会，以适应学生的个性差异，促进学生的个性发展，使生物学特长生脱颖而出，为学生的终身学习奠定生物学基础。

3. 实效性和因地制宜原则

高中生物个性化自主实验应该充分利用学科课程所学的知识与日常生活建立内在的联系，在"学中用"，在"用中学"，学会针对日常生活中的环境、生物学现象或问题展开实验，用学科知识解决日常生活中的有关难题。高中生物个性化自主实验还要考虑到学生的认知水平、当地的生活环境、学校的教学条件及家庭的生活条件等，不能别人搞什么，你也跟着搞什么，应重视实效性和可行性。

4. 趣味性和自主性原则

高中生物个性化自主实验应多开展一些趣味性活动，增强学生学习的兴趣，使学生由"要我做"转变为"我要做"，同时，高中生物个性化自主实验的主体是学生，活动气氛活跃，学生乐于发表观点和见解。在教学活动过程中和活动后，教师要适时给予恰当的评价、鼓励，使学生保持持久的兴趣和旺盛的热情。

（二）生物个性化自主实验的类型

1. 补充型实验

补充型实验是指以提高国家课程的非实验教学内容成效而设计的实验。补充型实验有助于实现内在于必修课程中的实验教学目标。该实验主要是教材中的非实验内容，根据补充实验可以帮助学生了解知识形成过程。

2. 拓展型实验

拓展型实验是指以拓宽必修教材中的实验内容而设计的实验。拓展型实验的目的是拓宽必修实验教学内容，为学生提供获取知识、内化价值观和掌握技能的机会，这些内容与学生所学必修课程专题有关，但超出必修课程所覆盖的广度和深度。知识内容紧贴国家生物课程而进行拓展，如"某种物质对细胞毒性研究"就是对选修教材"现代生物科学技术"和必修教材"观察植物细胞有丝分裂实验"领域的拓展；研究方法的拓展，如实验以探究实验为主；学习形式的拓展，如强调小组合作学习等。

3. 创造型实验

创造型实验是指全新的实验内容的设计，突出学校和地方特色的项目研究实验，都可以归为这一类型。在对这部分的内容选择上要注意以学生能实际感觉和亲身体验的事物和现象为基础，师生密切联系生活实际创造性地提出实验课题，形成实验项目来开展教学活动。这部分内容较前两类内容有较大的灵活性和创造性。

（三）高中生物个性化自主实验的初步设计

从补充型实验开始，经过拓展型实验，达到创造型实验。补充型实验重在培养学生的实验技能，一般由教师根据生物教材内容和实验室条件进行选择确定，然后由学生选择其中的一些实验进行自主参与。拓展型实验重在培养学生的探究能力，由教师和学生共同选择。创造型实验重在培养学生的创造能力，一般由学生自主选择，教师的作用主要是引导和对选题进行判断，重在可行性、实用性和创造性。实验过程中要求学生记录实验过程及效果，实事求是。学生对此类实验内容的学习要善始善终，学习结束后要进行一定的评价，主要形式是针对做过的实验进行一定的分析，提炼出自己初步的观点，要求每个学生在实验结束后，按照问题提出、实验过程、实验结果、分析与讨论、收获与体会五个步骤把整个实验过程写成实验报告。实验报告经反复修改认为满意后，学校组织成果评审小组，组织学生开展实验报告交流活动，通过论文答辩、科技成果展示等形式，对每个实验小组的实验报告进行评价，根据实验的科学性、实用性、新颖性评出一、二、三等奖等，给优胜者以奖励。

二、高中生物个性化自主实验的实施

（一）个性化自主实验的实施

开展个性化自主实验的操作流程：远题→申报→准备→实验→交流，共五步。选题就是学生根据教师公布的个性化自主实验课题选择要进行的实验，或自主确定的实验课题；申报就是对确定的实验课题进行一定的分析和讨论，填写实验申报表，上交教务处，等待审批，学校根据实验的可行性、科学性等对实验课题进行审定；准备就是申报被审批通过同意实施后，学生和教师共同为实验的实施准备好一切条件，为实验的实施提供保障，同时进行合理的实验小组组建；实验就是学生开展实验，在实验过程中教师要做好调控和指导工作；交流就是实验结束后对整个实验过程和结果进行一定形式的呈现，并在一定的范围内进行交流，与其他同学共享实验成果。

1. 学生自主选题与申报

学期初由生物教师公布本学期实验室准备开展的实验项目、实验目的、实验步骤和要求、开展时间要求等，经全校公示后，由学生自主选择实验项目，提前提出实验申请，并在相应的时间内自行去实验室进行实验。学生除自主选择教师公布的实验项目外，还可以自主设计实验项目，自主设计的实验项目需要填写"学生自主设计实验项目申请表"（表略），经教师和教务处审核同意后方可实施。

2. 学生自主开展实验

学生自主选择好实验项目后，按自己的兴趣和爱好自由组成实验小组，明确分工。在规定的时间内可自行去实验室开展实验。事先生物实验员根据实验项目准备好相应的实验材料和仪器，尽量满足学生的实验要求，当然有些实验材料需与学生共同准备。个性化自主实验时学生要遵守实验室的相关规定，实验结束后做好整理工作。

3. 学生自主开展交流

学生在个性化自主实验结束后，一定要形成实验成果，学校组织相关人员对学生的实验成果开展一定层面的交流。学生可以就实验成果形成一篇小论文、小制作或一些成果图片，在成果交流的时候，要求学生做成PPT文档和书面文字材料，便于学校存档。

（二）个性化自主实验的实施保障

1. 教师指导到位

自主是相对的，教师要对学生进行一定的指导，这样学生的个性化自主实验才能取得应有的效果，否则可能导致学生放任自流，不仅不会取得应有的效果，可能还会适得其反，甚至会出现安全问题。指导的重点：一是过程指导，使实验能够顺利实施；二是在实验过程中出现困难时对学生进行适当的鼓励和帮助，使其树立自信。

2. 组织管理到位

首先，是任务明确。在学生实验前让学生明确实验任务，包括实验结束后要有成果（上交实验报告等）。其次，是责任明确，在实验过程中加强学生的管理，除了实验室管理人员到位外，生物教师也应到现场进行管理和指导，同时对实验小组成员进行安全等方面的教育。

3. 实验室开放到位

（1）开放时间合理。科学安排、制订实验室开放计划和开放时间安排表，从有利于学生积极参与个性化自主实验活动出发，尽可能方便学生在教师的指导下开展个性化自主实验。我校采用固定时间和不固定时间两种：固定时间为每周三和周五下午3~4节课；不固定时间是根据实验内容和要求，可以随时进行实验，随时借用实验室和实验材料及用具。

（2）实验设备完善。开展学生个性化自主实验对实验室的设备要求较高，学校应根据学生实验的需要，定期更新和装备实验仪器，添齐备足，这就需要学校给予支持。

（3）指导教师到位。在学生实验过程中，会用到一些较为复杂的仪器和设备，这就需要在开放实验室的同时，实验教师为学生提供技术上的支持，及时辅导学生使用这些设备，或在学生遇到困难的时候，提供必要的帮助。

高效听讲：构建高效课堂的新思维

高效课堂是指在有效地完成教学任务和达成教学目标的基础上，教育教学效率较高、效果较好，具有较高影响力和社会效益的课堂，它是教育改革的必然趋势。目前，高效课堂的研究主要是通过教师利用教学方法、教学手段、教学理念等途径提高课堂效率，而忽略了"授之以渔"——教会学生听课方法。高效听讲是教师引导下的听讲效果。可以这么说，高效听讲比教师高效教学更重要，高效听讲是高效课堂的基础，是研究高效课堂的新思维。

一、低效听讲的原因分析

（一）过度注重记笔记

经常有这样的场景：老师很卖力地讲课，学生非常努力地做笔记，哪怕是老师说过的每一句，他们都试图记下来。他们是课堂忠实的记录者，他们坚信记笔记能出好成绩。但当考试下来，他们的成绩却不怎么样。殊不知，书写速度肯定赶不上说话的速度，边听边写使得听的效果大打折扣。

（二）只听教学结论

他们没有关注例子是如何用来说明观点的、论据是如何用来说明论点的。没有领悟到只有事实与原理、论据与论点发生关联时，才能真正显示出其重要性。

（三）带着不良情绪听讲

由于课外的一些因素影响，学生对于本身非常感兴趣的课程也会表现出心不在焉的状态。例如，学生对授课教师个人性格、穿着、言谈举止的逆反；与教师观点的不一致；课前与同伴之间的不愉快等都会影响学生情绪，以致使他们错过了大多数的听讲内容。

（四）轻视讲解过程，特别是思维

一部分学生，特别是视觉性学习者，由于其视觉学习能力较强，往往通过阅读教材、授课板书就可以完成大部分的课堂学习内容，所以他们往往在不经意间忽视教师的讲解，也漏掉了教师的讲课思维。

（五）注意力差

注意力差的学生在课堂上有三种表现：第一种是注意力的持续性差，听一会儿课就坚持不住了；第二种是注意力的转换慢，他们会因为一个敏感的词语、一声咳嗽、一个铅笔落地，甚至隔壁教室的开门声等很小的原因转移注意力，长时间停止听课；第三种情况是个别学生虽然将目光固定在老师身上，但脑子却是放松的，他们只是听到了声音，并没有把老师的讲解听进去。于是老师会发现，一个很安静听讲的学生被提问后，经常不知老师所云为何物。

（六）对课程内容没有兴趣

每个人对某种事物有着特殊的倾向、关注态度，并在此过程中获得满足，这就是我们说的兴趣。兴趣受着人们各自经历乃至先天素质的制约，是在一定的需求基础上产生的。学生不听讲或听讲效果差，多数是因为自身对教学内容兴趣不高造成的。简单地说，这些学生在课堂上会觉得教学内容没劲，根本不想听，于是他们会有选择地听见，甚至只闻其声，不识其意。

（七）忽略思维

每一个学生都知道在课堂上要听讲，听讲的同时要积极思考。实际上，思考的速度大约是讲话速度的4倍。听讲效果差的学生常常懒散地听，并不是边听边迅速地思考。还有一些学生在听讲过程中会由于过度思考某一问题（可能与教学内容相关，也可能不相关），而无法跟上教师的讲课思路，于是下面的课也就索性不听了。

二、高效听讲的思考

（一）乐于"听"是提高听讲能力的前提

著名教育家苏霍姆林斯基曾说过：所谓课上得有趣，就是"学生带着一种高涨的激动的情绪从事学习和思考，对面前展示的真理感到惊奇甚至震惊；学生能够在学习中意识和感觉到自己的智力力量，体验到创造的欢乐，为人的智慧和意志的伟大而感到骄傲"。因此，如何激发学生的学习情绪，展示学科的魅力，创造和谐的学习环境，增加学生的学习成就感应是每一位教师需要深刻思考的问题。

（二）在课堂教学中创设条件，使学生体验"听"的重要性，促进主动"听"

听讲重要，听讲能力也重要，这些道理不能只是说教，而应让学生在学习过程中去体验和领悟。学生对英语学习的听力训练普遍比较重视，并不只是为了考试成绩。学生重视英语听力训练是因为他们知道了"听懂"对于学习语言、对于实现学习语言的价值是多么的重要。换言之，只有学生体验到了"听"的价值，才会从心底重视"听"，并把听讲变为一种自主的、可控的行为。例如，一些有经验的教师在课堂教学中有意减少板书量，将一些比较重要的内容只以讲解的方式传递给学生，即只让学生通过"听"学习，随后马上进行个别提问或集体检测，以此促使学生承认听讲是一个根本的、积极的学习过程。

（三）学生乐于听讲、主动听讲，并不意味着会听讲

解决了前两个问题后，教师还要通过教学的各个环节教给学生如何听讲。第一，将课堂教学目标交给学生，指导学生在预习阶段明确听课重点。新课程改革中要求教师在制定教学设计时，应有明确的、适合于学生的教学目标。这个教学目标不应只落在纸上、记在教师心里，更应该让学生明了。学生作为学习的主体，明白了学习目标才能进行有目的的学习，也才能在课堂上有目的、有重点地听讲。第二，课堂教学中教师要及时调整讲解速度，及时校正学生在听讲过程的思维活动。细心的教师很容易通过观察学生的眼神、微小的动作、不经意的语言察觉他们的思维活动。当教师发现学生的思维进度和方向与讲解发生偏离时，要及时通过语言、动作给予善意的提醒。第三，教师要教给学生一些"听"的技巧。要让学生听得有耐心。教师应告诫学生切勿在别人正在讲解某个问题时，插嘴提问或发表见解。有耐心的听者往往发现，当听到一定阶段时，前面的一些疑问已经得到了解决，或者自己的理解和认识并不全面。第四，学会抓住记忆的触发器。有些学生往往在课上精力很集中，甚至连眼皮都不眨一下，唯恐漏听老师的话。但事与愿违，教师发现他们的听课效率并不尽如人意。因为，他们没有掌握"听"的技巧。还有一些学生，甚至非常优秀的学生，在课上常常表现为漫不经心的听课状态，甚至在睡觉。但当教师将他们叫起时，却能与教师之间就课堂讲述的问题进行很深刻的讨论。比较上述两种现象，我们应解释为，他们存在着会不会听课的差异。这就像电路系统的触发器一样，触一点而动全局，关键词、句可以作为记忆的触发器，启动记忆使听到的内容成为整体，进而提升"听"的质量。这些关键词句可以是"最""主要""因为""一定""包括""这一点很重要""结果表明"等。

哈佛大学的教授们通过对儿童与成年人的实验教学发现，"听"是可以教授的。许多人在几个月内就能把听力提高一倍。他们利用录制的摘要、讲话、简单的词汇和课堂教学录音作为教学资源，为大学一年级的学生开设一年的听力必修课。实践表明，该课程的开设收到了很好的效果，得到了普遍的认可。他们的经验办法是否可以移植到中学教育中，又该如何移植，是每一个中学教师值得思考的问题。

新一轮课改与教学评价篇

2019年高考全国 I 卷理综生物试题的
情境分析及教学建议

德国学者对情境与知识的关系做过这么一个比喻：直接食用盐，难以下咽；若把盐加入肉汤中，盐能全部吸收，肉汤也更美味。知识就是盐，教师的教学艺术、创设的教学环境就是那碗美味的肉汤。其实试题的知识与情境也是如此：当具有生活性、问题性、情感性、形象性和学科性的情境巧妙地融入试题之中，知识的考查便能更好地显示出活力与美感。可见，试题的情境具有重要的意义与价值。

一、试题的情境特点与价值

《普通高中生物课程标准（2017年版）》（以下简称《2017年版课标》）对高考命题情境的要求："根据考生的生活经验和理解程度选择有关的知识内容设计情境，尽量做到情境真实、科学、适切；情境要新颖，有相当的信息量和一定的复杂性，注意考查知识点与核心素养的对应，将考查的知识点置于情境之中。"因此，《2017年版课标》要求试题的命题情境材料和来源要真实新颖、富含价值。

高质量试题的情境是现实问题的再现，是命题者应用文字图表把生产生活中的素材，以简洁的方式设置问题、呈现信息。其特点有：

（1）情境真实存在。情境是问题的出发点和归宿，情境设定符合学生的生活经验。

（2）情境指向明确。情境尽可能清晰、直接，确保题目的公平性、科学性和规范性。

（3）情境素材广泛。情境以文字形式、数据表格、图形曲线或模型定义等为形式，考查学生的信息获取和迁移能力，测量出学生的4个核心素养水平。

因此，试题的情境对试题命制与学科教学具有导向引领作用，引领了学业水平测试试题的命制或提高测试质量和教学效果；有力保证试题的科学性，确保了试题的命制科学准确；规范了标准命制原创试题，维护了考试的公平公正；全面考查了学生的学科素养，促进核心素养的养成；体现了学科与生产、生活和社会之间的关系，真实反映了学科的特点与独特价值。

二、全国I卷理综生物试题的情境分析

试题中的情境，分为变化型情境、实验型情境、材料型情境和信息类情境。

（一）实验型情境

以实验型实验过程为背景设置情境的试题，这类试题涉及实验操作、实验原理与技术的理解，主要考查学生的分析、推理、判断等能力。

例1.（第2题）用体外实验的方法可合成多肽链。已知苯丙氨酸的密码子是UUU，若要在体外合成同位素标记的多肽链，所需的材料组合是（　　　　）

①同位素标记的tRNA　②蛋白质合成所需的酶　③同位素标记的苯丙氨酸　④人工合成的多聚尿嘧啶核苷酸　⑤除去了DNA和mRNA的细胞裂解液

A.①②④　　　　B.②③④　　　　C.③④⑤　　　　D.①③⑤

参考答案： C

分析： 本题的情境是尼伦伯格和马太破译遗传密码的体外合成蛋白质实验：在每个实验中分别加入一种氨基酸，在加入除去DNA和mRNA的细胞提取液，以及人工合成的RNA多聚尿嘧啶核苷酸，结果只有加入苯丙氨酸的试管出现了多聚苯丙氨酸的肽链。本题是该实验的变式，考查翻译过程的条件。翻译过程需要模板、原料、运载体、酶、能量及适宜温度和pH。体外合成同位素标记的多肽链，要有同位素标记的氨基酸（苯丙氨酸），tRNA不必用同位素进行标记；模板是用人工合成的多聚尿嘧啶核苷酸；除去了DNA和mRNA的细胞裂解液排除原有mRNA的干扰，含有核糖体、tRNA、催化多肽链合成的酶等，不必另加入蛋白质合成所需的酶，故选C。

（二）变化型情境

这类情境通过改变特有条件，使生物学现象及特征发生改变。学生通过对

比、推断与归纳，得到问题解决的思路，如图1所示。

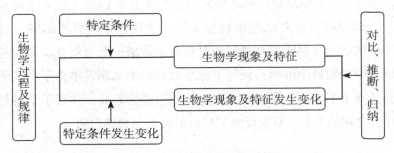

图1 变化型情境的设置模型

例2.（第3题）将一株质量为20g的黄瓜幼苗栽种在光照等适宜的环境中，一段时间后植株达到40g，其增加的质量来自于（　　　）

A.水、矿质元素和空气　　　　B.光、矿质元素和水

C.水、矿质元素和土壤　　　　D.光、矿质元素和空气

参考答案：A

分析：本题的情境来自荷兰医生荷尔蒙特的盆栽柳树称重实验：种植之前，他称量了柳树枝条的质量（2.27kg）和盆中干燥沙土的质量（90.8kg），只向盆中浇雨水，5年后，柳树重达76.86kg，而盆中干燥沙土的质量仅仅减少了千分之一左右。试题对生物学史进行了改变，学生通过对比、推断和归纳，得出光合作用物质来源于水、空气和矿质元素（微量）。故选A。

（三）信息类情境

这类试题提供新的信息，学生根据这些信息进行推理判断，以考查学生理解信息、获取信息的能力和综合应用的能力。

例3.（第29题节选）将生长在水分正常土壤中的某植物通过减少浇水进行干旱处理，该植物根细胞中溶质浓度增大，叶片中的脱落酸（ABA）含量增高，叶片气孔开度减小，回答下列问题。

有研究表明：干旱条件下气孔开度减小不是由缺水直接引起的，而是由ABA引起的，请以该种植物的ABA缺失突变体（不能合成ABA）植株为材料，设计实验来验证这一结论，要求简要写出实验思路和预期结果。

参考答案：实验思路是取ABA缺失突变体植株在正常条件下测定气孔开度，经干旱处理后，再测定气孔开度。预期结果是干旱处理前后气孔开度不变。

将上述干旱处理的ABA缺失突变体植株分成两组，在干旱条件下，一组进行ABA处理，另一组作为对照组，一段时间后，分别测定两组的气孔开度。预期结果是ABA处理组气孔开度减小，对照组气孔开度不变。

分析：本小题的关键情境是题中给的信息，干旱条件下气孔开度减小不是由缺水直接引起的，而是由ABA引起的。根据单一变量原则，该实验的实验变量有水和ABA，分为两部分实验，①证明干旱条件下植物气孔开度变化不是缺水引起的；②证明干旱条件下植物气孔开度减小是ABA引起的。

实验①：取ABA缺失突变体植株在正常条件下测定气孔开度，经干旱处理后，再测定气孔开度。预期结果是干旱处理前后气孔开度不变，说明缺水环境不影响ABA缺失突变体植株气孔开度变化，即干旱条件下植物气孔开度变化不是缺水引起的。

实验②：将上述干旱处理的ABA缺失突变体植株分成两组，在干旱条件下，一组进行ABA处理，另一组作为对照组，一段时间后，分别测定两组的气孔开度。预期结果是ABA处理组气孔开度减小，对照组气孔开度不变。说明干旱条件植物气孔开度减小是ABA引起的。

（四）材料型情境

这类试题提供一段材料设置情境，学生根据这段材料联系课本知识，进行分析解答。

例4.（第37题）已知一种有机物X（仅含有C、H两种元素）不易降解，会造成环境污染。某小组用三种培养基筛选土壤中能高效降解X的细菌（目标菌）。

Ⅰ号培养基：在牛肉膏蛋白胨培养基中加入X（5g/L）。

Ⅱ号培养基：氯化钠（5g/L），硝酸铵（3g/L），其他无机盐（适量），X（15g/L）。

Ⅲ号培养基：氯化钠（5g/L），硝酸铵（3g/L），其他无机盐（适量），X（45g/L）。

请回答下列问题：

（1）在Ⅰ号培养基中，为微生物提供氮源的是_____。Ⅱ、Ⅲ号培养基为微生物提供碳源的有机物是_____。

（2）若将土壤悬浮液种在Ⅱ号液体培养基中，培养一段时间后，不能降解

X的细菌比例会_____，其原因是_____。

（3）Ⅱ号培养基加入琼脂后可以制成固体培养基，若要以该固体培养基培养目标菌并对菌落进行计数，接种时，应采用的方法是_____。

（4）假设从Ⅲ号培养基中得到了能高效降解X的细菌，且该菌能将X代谢为丙酮酸，则在有氧条件下，丙酮酸可为该菌的生长提供_____和_____。

参考答案：（1）牛肉膏　蛋白胨　X　（2）下降　不能降解X的细菌因缺乏碳源不能增殖，而能降解X的细菌能够增殖　（3）稀释涂布平板法　（4）能量　合成其他物质的原料。

分析：本题的情境是题干中的材料——3种培养基的成分。通过对3种培养基成分的分析，考查微生物的培养、分离原理、纯化方法等环节。Ⅰ号培养基中，为微生物提供氮源的是牛肉膏蛋白胨；Ⅱ、Ⅲ号培养基中，只有一种有机物X，为微生物提供碳源的有机物只有X；根据选择培养基的原理分析，由于不能降解X的细菌因缺乏碳源不能增殖，而能降解X的细菌能够增殖，所以不能降解X的细菌比例会下降；微生物培养中，能用于计数的接种方法只有稀释涂布平板法；丙酮酸属于碳源，可为该菌的生长提供能量和合成其他物质的原料。

以上是2019年高考全国Ⅰ卷理综生物试题4类情境的分析。从总的试题分析，只有第1、30、38题没有涉及情境，见表1所列。这些试题的情境既有广度又有深度，主要考查信息类和实验型情境，体现了高考对学生信息理解与获取能力的要求，为教学提供了启示与借鉴。

表1　2019年高考全国Ⅰ卷理综生物试题情境分析

题号	试题情境	情境类型
2	体外合成多肽链	实验型
3	光合作用增加质量的来源	变化型
4	兴奋作用于肾上腺髓质和作用于心脏	信息类
5	遗传基本规律与花粉不育	信息类
6	探究不同条件下种群增长的特点	实验型
29	渗透作用与激素调节	信息类
31	生物防治	信息类
32	遗传基本规律与基因的位置	信息类与材料型
37	筛选土壤中能高效降解的细菌	材料型

三、教学建议

（一）加强对情境教学的理解，提升教师的课堂教学能力

挖掘学科中的生活性、问题性、情感性、形象性和学科性的情境，在课堂教学时，教师应积极开展富含情境的教学实践。在教学设计与教学监控诊断中，挖掘教学内容的情境价值，引导学生在构建知识结构中理解生命观念、科学思维，设计出基于真实情境的问题解决任务，使学生在解决问题的活动中发展自己的生物核心素养。

（二）努力创设真实新颖、富含价值的情境，促进学生学习方式的转变

《2017年版课标》对试题的命制要求："根据考查目标，围绕问题情境选编设问，在情境中设置问题，问题要有层次性和递进性。"针对这一要求，教学时教师应创设真实新颖、富含价值的情境，引导学生小组合作学习、探究式学习解决实际问题，引导学生开展构建学习、探究式学习和项目式学习，促进学生学习方式的转变，促进学生学科核心素养的形成与发展。

（三）收集科学文献和生本素材，提高命题质量

高中生物学学业水平考试的目的是检验学习效果、促进学生发展、提高教学水平，命题中应始终依据课程标准的质量要求，发展学科核心素养，做到对学生学科创造力和核心素养的全面考查。基于核心素养的命题框架要求利用真实情境和生物知识解决实际问题，如图2所示。根据学业水平的要求，设计情境问题联系学生学习和生活实际，结合科学、技术、社会发展的成果，融入真实新颖、有价值的情境。在选择试题素材的过程中，既可以充分利用教材中的情境素材，也可以关注科技前沿、生物期刊等文献资料，为提高试题命题积累素材，达到培养学生解决实际问题的必备品格和关键能力，实现立德树人的教育目标。

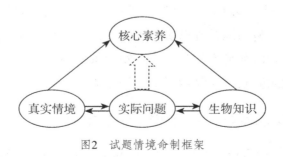

图2　试题情境命制框架

从科学思维的视角看2018年高考Ⅰ卷
理综生物试题

2018年，教育部发布了《普通高中生物学课程标准》（以下简称《新课标》），提出从生命观念、科学思维、科学探究和社会责任四方面发展学生的生物学核心素养。《新课标》不仅以生物学核心素养指导教学，并且研制了学业质量标准，为升学考试命题提供了重要依据。因此，从科学思维的视角，分析2018年高考Ⅰ卷理综生物试题，归纳与总结其特点，对广大一线教师的教学有指导性的帮助。

科学思维，指尊重事实和证据，崇尚严谨和务实的求知态度，运用科学的思维方法认识事物、解决实际问题的思维习惯和能力。在实际教学中，往往以科学思维方法和思维品质两方面为原则培养学生科学思维。科学思维方法包括抽象与概括、比较与分类、解释与推断、分析与综合等。思维品质实质是人的思维的个性特征，包括深刻性、批判性、创造性、灵活性和敏捷性。

2018年高考Ⅰ卷理综生物试题，通过题目中所提供的生物学事实和信息，考查学生在基于已学知识的基础上，思考、分析并解决问题，该过程还深入考查了学生的科学思维。不同于以往简单考查学生记忆等低阶思维能力，如今更多地关注在学生分析与综合等高阶思维能力，为国家精准选拔人才奠定了基础。综上，在命题时如何设计和组织生物学事实和信息，考查学生的科学思维，是本文关注的重点，概括起来有以下三个方面：

一、围绕核心概念，考查思维品质的深刻性

在《新课标》中重视"概念教学"，确保学生自主学习时间的情况下，以

期让学生更加深刻理解和应用的生物学概念。相应地，2018年高考Ⅰ卷理综生物试题特点之一是围绕核心概念命题，整合相关知识点设置选项，综合考查学生对核心概念的理解。例如，选择题第1题：

生物膜的结构与功能存在密切的联系，下列有关叙述错误的是（　　　）

A. 叶绿体的类囊体膜上存在催化ATP合成的酶

B. 溶酶体膜破裂后释放出的酶会造成细胞结构的破坏

C. 细胞的核膜是双层膜结构，核孔是物质进出细胞核的通道

D. 线粒体DNA位于线粒体外膜上，编码参与呼吸作用的酶

围绕"概述细胞都由质膜包裹，质膜将细胞与其生活环境分开，能控制物质的进出，并参与细胞间的信息交流"这一核心概念的具体要求，从叶绿体、溶酶体、核膜和线粒体等生物膜为出发点命题。其中A选项实则考查光反应过程，包括水的光解和ATP合成两个物质变化，因参与两个物质变化过程的酶都在类囊体膜上，决定了光反应在类囊体膜上进行。学生需要在类囊体是光反应的场所的抽象知识基础上，联想光反应的过程，概括出选项的答案，并且在其他选项中在大脑里抽取对应的知识点，避免相似知识点发生混淆并快速作答。

此类试题，往往适合作为选择题的命题形式，通过解决复杂或有难度的问题，内容上综合考查核心概念，要求学生理解科学的本质；方法上要求学生熟练运用科学思维方法，将知识迁移后解题；品质上主要考查学生思维品质的深刻性，综合体现考试选拔各水平人才的性质。

二、利用科学故事，多维考查逻辑思维

"科学故事"源于情境教学法，通过将知识与现实生活或课本素材结合，设计符合逻辑的线索，在激发学生兴趣的同时，引导学生思考。此类试题往往研究一个或多个问题，在题干中先展示研究目的和研究背景，再针对问题进行假设，提出该如何设计研究方案、分析预期结果的问题并得出结论，进而证明或证伪某一假设。在这个过程中，考查学生推理、分析并解决问题的能力。例如，非选择题第32题。

果蝇体细胞有4对染色体，其中2、3、4号为常染色体，抑制控制长翅/残翅性状的基因位于2号染色体上，控制灰体/黑檀体性状的基因位于3号染色体上，某小组用一只无眼灰体长翅雌果蝇与一只有眼灰体长翅雄果蝇杂交，杂交子代

的表现型及其比例如表1。

表1　杂交子代的表现型及其比例

眼	性别	灰体长翅：灰体残翅：黑檀体长翅：黑檀体残翅
1/2有眼	1/2雌	9：3：3：1
	1/2雄	9：3：3：1
1/2无眼	1/2雌	9：3：3：1
	1/2雄	9：3：3：1

回答下列问题：

（1）若控制有眼/无眼性状的基因位于常染色体上，请用上表中杂交子代果蝇为材料，设计一个杂交实验来确定无眼性状的显隐性（要求：写出杂交组合和预期结果）。

（2）若控制有眼/无眼性状的基因位于4号染色体上，用灰体长翅有眼纯合体和黑檀体残翅无眼纯合体果蝇杂交，F1相互交配后，F2中雌雄均有_____种表现型，其中黑檀体长翅无眼所占比例为3/64时，则说明无眼性状为_____（填"显性"或"隐性"）。

贯穿整题的切入点是判断性状的显隐性及判断基因在常或性染色体上，难度较大。以学生熟知的果蝇这一经典实验材料，设置新的科学故事，结合果蝇染色体的组成，通过数据表格给出解题线索。

以（1）和（2）小问为例，实则提出了两种不同的假设：（1）小问为确定无眼性状的显隐性，可采用无眼雌雄个体杂交的方式，根据子代性状分离比判断，考查学生能否创造性地设计杂交实验。（2）小问需要学生理解灰体/黑檀体和长翅/残翅两对性状自由组合，且都与性别无关。灰体长翅有眼纯合体和黑檀体残翅无眼纯合体果蝇杂交，F1基因型为AaBbCc，相互交配后，Aa×Aa后代2种表现型，Bb×Bb后代2种表现型，Cc×Cc后代2种表现型，则F2雌雄中表现型都有2×2×2=8种。再者，阅读上表中数据可知，灰体亲本杂交子代中灰体：黑檀体=（9+3）：（3+1）=3：1，则灰体为显性，黑檀体为隐性，同理长翅为显性，残翅为隐性。F1基因型为AaBbCc，F2中黑檀体和残翅的比例都为1/4，黑檀体长翅无眼所占比例为3/64，说明F2中无眼比例为3/4，所以无眼为显性性状。通过题干所给出的信息，学生一步步进行逻辑推理，判断事实因果关系，综合分析作答。

生物学要求的并非是某一个维度的数理推理，而是要求学生能否基于事实和证据，综合分析多因素后发现生物学规律，并运用比较和推理等方法分析问题、解决问题，这对学生的思维水平有较高的要求。因此，此类试题往往全方位考查学生的科学思维。

三、基于科技论文，考查解读信息的过程

科技论文不同于"科学故事"，是以其新颖性、科学性、前沿性的素材命制试题。生物学是一门实验科学，任何知识均离不开实验的数据或结果。因此，此类试题常见的就是以实验为背景命题。学生在做题时，容易出现读题不仔细、理解不到位等情况，无法高效获取题干信息，成为"失分"高地。例如，选择题第4题。

已知药物X对细胞增殖有促进作用，药物D可抑制药物X的作用，某同学将同一瓶小鼠皮肤细胞平均分为甲、乙、丙三组，分别置于培养液中培养，培养过程中进行不同的处理（其中甲组未加药物），每隔一段时间测定各组细胞数，结果如图1所示，据图分析，下列相关叙述不合理的是（   ）

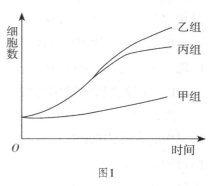

图1

A. 乙组加入了药物X后再进行培养

B. 丙组先加入药物X，培养一段时间后加入药物D，继续培养

C. 乙组先加入药物D，培养一段时间后加入药物X，继续培养

D. 若药物X为蛋白质，则药物D可能改变了药物X的空间结构

这是一道典型的读图题。学生需从图中曲线看出，乙组和丙组的细胞数量比对照组（甲组）增长得快，可推断乙组和丙组的培养液中都加入了药物X，一段时间后丙组细胞数量少于乙组，推断添加了药物D。药物D对药物X有抑制作用，若药物X是蛋白质，则很有可能改变了其空间结构，从而使其功能发生改变，从而选出正确答案。

此类试题，在学生已经掌握一定的思维方法后，通过阅读、理解和分析文

字素材或图表等形式，获取题干的信息，充分考查学生思维的灵活性、敏捷性和批判性。无论是"科学故事"还是科技论文，在命题时还关注学生的生命观念和社会责任的评价，联系社会生活实际或热点，渗透价值观教育，理解生物学对于社会发展的意义。

四、教学建议

（一）合理使用思维导图，帮助建构核心概念

通过前文的分析，高考题要求学生在理解核心概念的基础上，更需要关注生物学知识的系统性。高效的课堂教学应该是为思维而教，让学生的思维活起来。不同于概念图，思维导图包括了图像，且表示的是一种学习者的思维过程。对于学生而言充分调动了左右大脑，而且可以把具有相关性的大量零散知识，包括核心概念的内涵及外延，按个人的理解整理在一起。完成思维导图的过程将促进学生主动对核心概念的深入理解，建立概念和概念之间的逻辑联系，形成生物学知识的规律。更重要的是，思维导图还能使学生所学的知识系统化、条理化，在建构中反思，帮助学生明确学习目标和重难点。

（二）重视情境教学策略，提升解读信息能力

在解题过程中，第一步是"读题"。如何在有限时间内，最大化地获取题干中的有效信息和解读数据与图表等，是进行高阶思维前的基础。创设情境的目的不是情境模式，而是将联系生活实际、科技论文等内容组织成新的教学素材，在激发学生的学习兴趣的同时，引发学生思考和读取素材中的生物学信息，并进行比较与分析。例如，在学习"物质跨膜运输的实例"，课堂上重现渗透现象的实验，培养学生观察实验结果的能力，为下一步的逻辑思考与综合分析做好铺垫。再如，复习"模拟尿糖的实验"，将今年全国卷第31题改编成情境素材，用图表等展示部分实验数据，以设问的方式一步步引导学生分析实验。

（三）实践科学本质教育，综合培养科学思维

科学的本质是探究。在进行科学本质教育时，有利于学生形成正确的生命观念，有利于学生体验科学的方法与过程，有利于培养学生思维品质的批判性，有利于学生综合提升科学思维。具体的途径可以是通过"STEAM"课程，此类跨学科的综合性课程不仅突出了科学知识的整体性，而且帮助学生加深对

科学本质的理解。再者可结合科学史，如植物的向光性、光合作用过程等，带领学生进入科学家的思维，学习科学家的科学思维方法，尝试分析每个科学探究过程的原理，并培养学生的科学情感。不可忽视的是，生物学中的实验是重要的教学内容。通过探究教学模式，设置提出问题、建立假说、设计研究方案、检验假说、表达或交流结果等环节，帮助学生加深对实验的整体认识，在设计中提升思维品质的创造性和灵活性，在分析中提升批判性和深刻性，多维度综合培养学生的科学思维。

通过对2018年高考Ⅰ卷理综生物试题的深入分析，不难发现高考试题更加注重对学生学科核心素养的考查。这就要求在高中生物课堂教学中，要关注学生学习过程中的实践经历，引导学生主动参与、主动思维、主动探究，加深对生物学概念的理解，提升应用知识的能力，培养学生创新精神，进而用科学的观点、知识、思路和方法，探讨或解决现实生活中的某些问题，帮助学生形成积极的科学态度，养成科学思维的习惯，提升学生的思维品质水平，充分发挥生物学的学科特点和育人价值。

近5年高考光合作用的考查与新课标卷的备考建议

——兼谈自主命题省份高考对光合作用的创新考查

　　2015年高考理综使用新课标Ⅰ卷的地区有：河南、河北、山西、陕西、湖北、江西、湖南，使用新课标Ⅱ卷的地区有：青海、西藏、甘肃、贵州、内蒙古、新疆、宁夏、吉林、黑龙江、云南、广西、辽宁。2016年将扩大高考统一命题试卷地区范围，增加使用新课标卷的省份有：广东、四川、重庆、福建、安徽、山东。到2017年，全国25个省、自治区、直辖市使用国家考试中心命题试卷。

　　全国高考新课标理综试题以平稳过渡、不断创新见长，注重考查基本知识、基本技能的同时，趋向于试题的立意鲜明、背景新颖、形式灵活、内容综合和方法多样等方面的创新考查。光合作用是高中生物教学的重要内容，是历年高考的重点和难度，具有分值大、题量多、灵活度高、有助于选拔等特点。分析光合作用的考查特点，对生物备考具有重要的意义。现结合近5年光合作用相关高考试题，谈谈新课标卷光合作用的命题特点，望各位同仁批评指正。

一、近5年高考新课标卷（生物部分）光合作用的考查

表1　生物部分光合作用的考查表

知识目标	能力目标				课标要求
	理解能力	获取信息的能力	实验与探究能力	综合运用能力	
捕获光能的色素与结构	2013年Ⅱ卷第2题（6分）				Ⅰ

续 表

知识目标	能力目标				课标要求
	理解能力	获取信息的能力	实验与探究能力	综合运用能力	
光合作用的原理（过程）	2014年II卷第6题（6分）；2011年新课标卷第3题（6分）		2014年I卷第2题（6分）	2011年新课标卷第29题（9分）	II
光合作用的应用（影响因素）		2013年I卷第29题（5分）	2015年I卷第29题（9分）	2014年II卷第29题（10分）	II

从理科综合新课标卷的试卷类型看，2011年、2012年新课标卷不分I和II卷；2013年开始分新课标I和II卷（或分别称为乙卷和甲卷）。从考查光合作用的知识目标来看，对光合作用原理和应用的考查最为频繁，而考查捕获光能的色素与结构较少见，可见高考考查核心知识、主干知识不变。从考查能力看，考查光合作用能考查各种能力，每年考查的重点有所差异。从考查光合作用的分值看，近5年新课标卷8套试题中，2011年、2014年II卷考查光合作用分值较多，分别达到15分和16分（2014年II卷的选择题考查的是光合作用和呼吸作用）；2012年、2015年II卷没有考查光合作用，比较"意外"，可能与前一年考查分值较多有关。

二、近5年高考光合作用创新试题分析

（一）光合作用的过程和应用是本专题的核心知识点，综合能力的考查是近年来对本专题考查的主要形式

例1.（**2011年新课标卷第29题**）在光照等适宜条件下，将培养在CO_2浓度为1%环境中的某植物迅速转移到CO_2浓度为0.003%的环境中，其叶片暗反应中C_3和C_5化合物微摩尔浓度的变化趋势如图1所示。回答问题：

（1）图中物质A是____（C_3化合物、C_5化合物）

（2）在CO_2浓度为1%的环境中，物质B

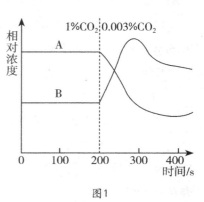

图1

的浓度比A的低，原因是____；将CO_2浓度从1%迅速降低到0.003%后，物质B浓度升高的原因是____。

（3）若使该植物继续处于CO_2浓度为0.003%的环境中，暗反应中C_3和C_5化合物浓度达到稳定时，物质A的浓度将比B的_____（低、高）。

（4）CO_2浓度为0.003%时，该植物光合速率最大时所需要的光照强度比CO_2浓度为1%时的_____（高、低），其原因_____。

参考答案：（1）C_3化合物　（2）暗反应速率在该环境中已达到稳定，即C_3和C_5化合物的含量稳定。根据暗反应的特点，此时C_3化合物的分子数是C_5化合物的2倍。当CO_2浓度突然降低时，C_5化合物的合成速率不变，消耗速率却减慢，导致C_5化合物积累　（3）高　（4）低　CO_2浓度低时，暗反应的强度低，所需ATP和［H］少

本题通过从图中获取信息，通过二氧化碳的降低，判断A是哪种成分，解释A、B物质变化的原因，利用所学的知识，解决具体的问题。综合考查了光合作用过程，三处考查原因，难度较大。

例2.（2015年课标I卷第29题）为了探究不同光照处理对植物光合作用的影响，科学家以生长状态相同的某种植物为材料设计了A、B、C、D四组实验。各组实验的温度、光照强度和CO_2浓度等条件相同、适宜且稳定，每组处理的总时间均为135s，处理结束时测定各组材料中光合作用产物的含量。处理方法和实验结果如下：

A组：先光照后黑暗，时间各为67.5s；光合作用产物的相对含量为50%。

B组：先光照后黑暗，光照和黑暗交替处理，每次光照和黑暗时间各为7.5s；光合作用产物的相对含量为70%。

C组：先光照后黑暗，光照和黑暗交替处理，每次光照和黑暗时间各为3.75ms（毫秒）；光合作用产物的相对含量为94%。

D组（对照组）：光照时间为135s；光合作用产物的相对含量为100%。

回答下列问题：

（1）单位光照时间内，C组植物合成有机物的量_____（填"高于""等于"或"低于"）D组植物合成有机物的量，依据是_____；C组和D组的实验结果可表明光合作用中有些反应不需要_____，这些反应发生的部位是叶绿体的_____。

（2）A、B、C三组处理相比，随着_____的增加，使光下产生的_____能够及时利用与及时再生，从而提高了光合作用中CO_2的同化量。

参考答案：（1）高于　C组只用了D组一半的光照时间，其光合作用产物的相对含量却是D组的94%　光照　基质　（2）光照和黑暗交替频率　ATP和〔H〕（或者ATP和还原型辅酶II）

本题主要考查实验设计能力及对实验结果的处理与分析，涉及到光合作用原理、过程、场所等知识点。它以实验设计为依托，核心点还是考查考生对光合作用原理、过程等知识的识记。

（二）综合考查光合作用与呼吸作用的过程与联系，推陈出新、旧瓶装新酒是高考对光合作用常见手段和典型特点

例3.（2013年大纲卷第31题）某研究小组测得在适宜条件下某植物叶片遮光前吸收CO_2的速率和遮光（完全黑暗）后释放CO_2的速率。吸收或释放CO_2的速率随时间变化趋势的示意图如图2所示（吸收或释放CO_2的速率是指单位面积叶片在单位时间内吸收或释放CO_2的量），回答下列问题：

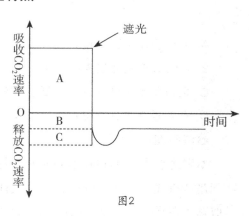

图2

（1）在光照条件下，图形A＋B＋C的面积表示该植物在一定时间内单位面积叶片光合作用_____，其中图形B的面积表示_____，从图形C可推测该植物存在另一个_____的途径，CO_2进出叶肉细胞都是通过）_____的方式进行的。

（2）在上述实验中，若提高温度、降低光照，则图形_____（填"A"或"B"）的面积变小，图形_____（填"A"或"B"）的面积增大，原因是_____。

参考答案：（1）固定的CO_2总量　呼吸作用释放出的CO_2量　释放CO_2　自由扩散　（2）A　B　光合速率降低，呼吸速率增强

本题主要考查学生对光合作用和呼吸作用相关知识的理解以及图形处理能力，尤其是对C的理解，即光呼吸，考查新颖，难度较大。

例4.（2015年重庆卷第4题）将题4图3所示细胞置于密闭容器中培养。在不

同光照强度下细胞内外的CO_2和O_2浓度在短时间内发生了相应变化。下列叙述错误的是（　　　）

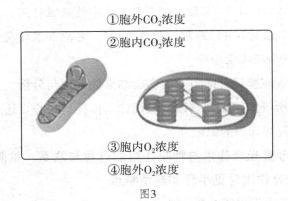

①胞外CO_2浓度
②胞内CO_2浓度
③胞内O_2浓度
④胞外O_2浓度

图3

A. 黑暗条件下，①增大、④减小

B. 光强低于光补偿点时，①、③增大

C. 光强等于光补偿点时，②、③保持不变

D. 光强等于光饱和点时，②减小、④增大

参考答案：B

本题主要考查细胞在不同光照条件下的细胞代谢时相应物质含量的变化。特别是考查光合作用、呼吸作用与气体的关系，通过图形信息，切入点新颖，类似题型在平时也可见，旧瓶换装新酒，给人耳目一新的感觉。

（三）综合光合作用与新科技信息，考查学生的探究能力和综合能力是课程标准所提倡的，也是一种新趋势

例5.（2014年福建卷第26题）氢是一种清洁能源。莱茵衣藻能利用光能将H_2O分解成［H］和O_2，［H］可参与暗反应，低氧时叶绿体中的产氢酶活性提高，使［H］转变为氢气。

（1）莱茵衣藻捕获光能的场所在叶绿体的_____。

（2）CCCP（一种化学物质）能抑制莱茵衣藻的光合作用，诱导其产氢。已知缺硫也能抑制莱茵衣藻的光合作用。为探究缺硫对莱茵衣藻产氢的影响，设完全培养液（A组）和缺硫培养液（B组），在特定条件下培养莱茵衣藻，一定时间后检测产氢总量。

实验结果：B组＞A组，说明缺硫对莱茵衣藻产氢有_____作用。

为探究CCCP、缺硫两种因素对莱茵衣藻产氢的影响及其相互关系，则需增设两实验组，其培养液为_____和_____。

（3）产氢会导致莱茵衣藻生长不良，请从光合作用的物质转化角度分析其原因_____。

（4）在自然条件下，莱茵衣藻几乎不产氢的原因是_____，因此可通过筛选高耐氧产氢藻株以提高莱因衣藻的产氢量。

参考答案：（1）类囊体薄膜　（2）促进　添加CCCP的完全培养液　添加CCCP的缺硫培养液　（3）莱茵衣藻光反应产生的［H］转变化H_2，参与暗反应的［H］减少，有机物的生成量减少　（4）氧气抑制产氢酶的活性

利用光合作用生产生物质能，这是生命科学中的前沿科学。利用光合作用过程的相关知识，综合考查了生产实践中的问题。此外，本题还创新考查学生对实验设计的相关实验知识，是一道非常好的信息题。

（四）光合作用是高中生物学的核心知识，与其他章节联系紧密，涉及的技术较多，利用这一特点，考查学生综合的能力是近年来高考对光合作用考查的又一个特点

例6.（2014年浙江卷第30题）某种细胞分裂素对某植物光合作用和生长的影响如表2所示。

表2　某种细胞分裂素对某植物光合作用和生长的影响

细胞分裂素浓度（$g \cdot L^{-1}$）	叶绿素含量（$mg\ chl \cdot gFW^{-1}$）	光合速率（$\mu molCO_2 \cdot m^{-2} \cdot s^{-1}$）	希尔反应活力（$\mu mol\ DCIPRed \cdot mgchl^{-1} \cdot h^{-1}$）	叶片含氮量（%）	生物量（$g \cdot plant^{-1}$）
0	1.58	6.52	13.55	1.83	17.65
0.5	1.82	7.82	25.66	1.94	22.95
1.0	2.34	8.64	32.26	1.98	27.44
2.0	2.15	8.15	27.54	1.96	23.56

注：①chl——叶绿素；FW——鲜重；DCIPRed——还原型DCIP；plant——植株。
②希尔反应活力测定的基本原理：将叶绿体加入DCIP（二氯酚靛酚）溶液并照光，水在光照下被分解，产生氧气等，而溶液中的DCIP被还原并发生颜色变化，这些变化可用仪器进行测定。请回答：

（1）希尔反应模拟了叶绿体光合作用中_____阶段的部分变化。氧化

153

剂DCIP既可利用于颜色反应，还可作为_____。希尔反应活力可通过测定DCIP溶液的颜色变化得到，也可通过测定_____得到。

（2）从表中可知，施用细胞分裂素后，_____含量提高，使碳反应中相关酶的数量增加。

（3）幼苗叶片中的细胞分裂素主要由_____产生。合理施用细胞分裂素可延迟_____，提高光合速率，使总初级生产量大于_____，从而增加植物的生物量。

参考答案：（1）光反应　氧化剂　氧气的释放量　（2）叶片氮　（3）根尖　衰老　呼吸量

本题涉及细胞分裂素对某植物光合作用和生长的影响，通过信息的形式，考查了学生对希尔反应活力测定基本原理的理解与应用，起点高，落点低。

例7.（2015年北京卷第31题）研究者用仪器检测拟南芥叶片在光—暗转换条件下CO_2吸收量的变化，每2s记录一个实验数据并在图中以点的形式呈现（图4）。

（1）在开始检测后的200s内，拟南芥叶肉细胞利用光能分解_____，同化CO_2。而在实验的整个过程中，叶片可通_____过将储藏在有机物中稳定的化学能转化为_____和热能。

（2）图中显示，拟南芥叶片在照光条件下，CO_2吸收量在____μ mol m^{-2}s^{-1}范围内，在300s时CO_2_____达到2.2 μ mol.m^{-2}s^{-1}。由此得出，叶片的总（真实）光合速率大约是_____μ molCO$_2$.m^{-2}s^{-1}。（本小题所填数值保留到小数点后一位。）

（3）从图中还可看出，在转入黑暗条件下100s以后，叶片的CO_2释放_____，并达到一个相对稳定的水平，这提示在光下叶片可能存在一个与在黑暗中不同的呼吸过程。

（4）为证明叶片在光下呼吸产生的CO_2中的碳元素一部分来自叶绿体中的五碳化合物，可利用_____技术进行探究。

参考答案：（1）水　细胞呼吸　ATP中的化学能　（2）0.2～0.6　释放量2.4～2.8　（3）逐渐减少　（4）14C同位素示踪

本题是一个情境信息较为新颖的综合题，考查了同位素示踪法和用仪器检测光合作用在光—暗转换条件下CO_2吸收量的变化。围绕光合作用与呼吸作用的基本概念进行考查，对图形数据的处理能力要求较高。

三、新课标卷的备考建议

新课标卷，特别是新课标I卷，使用的地区大、考生多、影响力较大，在每年高考结束后，是广大生物教师讨论的重点话题。鉴于其自身特点，在备考时应具备以下特点：

（一）夯实基础，突出主干

新课标卷总分才90分，涉及必修内容有74个考点，实验有19个考点，选修1有14个考点，选修3有16个考点。内容多，试题少，新课标卷主要考查核心知识、主要内容几乎没有改变过。在复习时，要对光合作用及呼吸作用有个彻底的、全面的掌握，尤其是对光合作用过程有全面的、彻底的掌握。通过以光反应和暗反应的物质变化和能力变化为主线，影响光合作用的外界因素、叶绿体中色素的种类及叶绿体结构为主要内容，特别注意光合作用与呼吸作用等的联系。

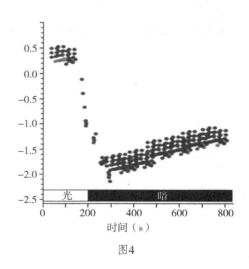

图4

（二）强化高考热点题型的训练，提升解题能力

高考热点题型有：

（1）实验设计类题型。

（2）曲线图题型。

（3）表格类题型。

在平时的训练中，应注重选择一些关于光合作用和呼吸作用方面的典型题目进行训练分析，掌握解题方法、技巧，培养理解能力、获取信息的能力、实验设计的能力和综合应用能力。提升解题能力，可以关注以下几个方面：

（1）准确表述，注意表达能力的训练，准确用字用词，用好每一个核心概念，防止随意答题及口语化答题。

（2）加强审题、读图读表能力的训练，教师在平时训练时，要挖掘每个试题中图表所蕴含的信息，通过与主干知识的联系，对知识的理解、整合和升华，进行针对性的强化训练。

（三）建构解题模型，精选变式习题

经典试题是备考的重要材料，新课标卷经常借鉴以往自主命题省份的优秀试题，进行改编，再拿过来考试，这是新课标卷的一个重要的特点。研究高考光合作用试题对生物复习具有指导作用，分析近年来高考试题，可以得出解题的思路，平时复习题应以追求质量为先，要在过去的高考试题中去寻找规律，这样才能精选出贴近高考试题的变式习题或模拟题，从而提高复习效率。

高中生物选修3近年高考命题特点及备考策略

一、近9年高考新课标卷选修3模块考点分布

高考生物选修3模块涉及的考点有基因工程、蛋白质工程、克隆技术（动植物细胞工程）、胚胎工程和生态工程五大模块，分析考点分布（表1），可以有效提高备考的针对性。

表1　2011—2019年新课标卷现代生物科技专题的考点分布

年份 　考点	新课标卷Ⅰ	新课标卷Ⅱ	新课标卷Ⅲ
2011年	生态工程的概念及原理		
2012年	基因工程		
2013年	基因工程及蛋白质工程	植物体细胞杂交与组织培养技术	
2014年	动物细胞工程	基因工程及其应用	
2015年	基因工程与免疫调节	蛋白质工程及中心法则	
2016年	基因工程	动物细胞工程及核移植技术	基因工程
2017年	基因工程	基因工程	基因工程
2018年	基因工程	基因工程	细胞工程
2019年	基因工程	细胞工程与基因工程	细胞工程

二、高考生物选修3模块试题的命题特点

（一）突出核心概念，重视核心素养和关键能力

近几年高考生物选修3模块的试题，关注生物学科素养立意，注重对核心概念的考查，如基因工程、细胞工程、胚胎工程等，以生命观念与社会责任推进科学思维、科学探究维度的考查。例如，2018年的高考题以考查基因工程操作

过程中用到的核心技术及研究设计方案，以及根据实验现象分析问题和得出结论的概括总结能力，考查知识迁移运用能力。

在新课程标准的指导下，高考试题的命题重视学科核心素养，以围绕与落实、培养与发展学生的生物学核心素养为根本目标，将生命观念、科学思维、科学探究与社会责任这四个维度融入考试题目中，充分发挥生物学科育人功能。近几年高考现代生物科技专题的试题所选取的素材贴近学生的学习与生活。例如，2018年新课标Ⅲ卷以我国科学家率先应用体细胞核移植技术获得克隆猴的科研成果为背景，展现中华优秀科技成果，通过真实有效的问题情境设置，让学生在解决问题的过程中能增强民族自豪感与使命感；2017年新课标Ⅲ卷则以实验设计为背景，考查学生科学探究的能力；2017年新课标Ⅰ卷以艾弗里等人的经典实验为基础，让学生依据他们的工作得出的结论来推导出对基因工程理论建设的启示，较好地培养了学生的科学思维能力。

（二）各新课标卷的命题考点相似，风格一致

新课标卷由国家考试中心统一命制，虽然各课标卷题目呈现的素材和信息多样，但是试题的考点、创新设问方式、命题立意和核心思路是一致的，试题延续原有题型、答案开放、呈现方式等风格一致，具有延续性。例如，2013年新课标卷Ⅰ与2015年新课标卷Ⅱ，均考查了蛋白质工程的相关内容，这两年考试的内容基本一致。

现代生物科技专题在考试说明的要求中，Ⅱ类要求有6个，Ⅰ类要求有9个。历年来的试题给出的信息——已考的内容不是不再考，而是以新的方式再次考查。因此在备考过程中需要重视对基本概念和基本原理的理解，重视高考真题在备考中的指挥作用。分析历年来的高考试题，题材主要以现代生物科技为载体，结合部分必修的知识点，将选修中的技术方法与必修中的科学原理融合，多方位考查学科主干知识、关键能力和学科素养。多数试题设置开放性问题并明确作答要求，摆脱唯一答案的束缚，留给考生充分思考与发挥的空间，体现创新性的考查方式，有利于学生创新思维的培养。

三、学生答题的错因分析

（一）重视程度不足，忽视"边角内容"

许多学生在复习时认为现代生物科技专题的知识点都是简单识记层次的内

容，因而对其重视程度不足，有些学生甚至根本不看教材，而是认为多做一些模拟考试题，就能记住知识点，因此学生对选修3现代生物科技教材上的内容十分陌生。近几年的高考卷对多倍体、核移植、人工种子、蛋白质工程、胚胎工程等定义进行考查，而学生对教材标注黑体字的定义不重视，不能准确描述出概念的内涵。生物技术的内容较为抽象，教材往往以流程图的形式呈现，使烦琐的文字内容变得直观、简洁，还以资料卡、小知识等形式加以补充。流程图、小字部分这些"边角内容"容易被学生忽视，这也是学生答题失分的主要原因。例如，2014年课标Ⅱ卷考查的基因组文库、cDNA文库是教材P.10生物技术资料卡的内容，2010年新课标卷选修3试题考查生长调节剂是2，4–D在植物组织培养中的应用在教材P.42的视野拓展，2018年新课标卷Ⅰ的博耶和科恩非洲爪蟾转基因相关实验内容，题干及问题的答案均在教材基因工程的"科技探索之路"栏目之中。

（二）难点知识未突破，被模拟试题误导

研究近9年的高考现代生物科技试题考点，基因工程属于高频考点。这是现代生物科技重点和难点知识，其核心原理与"遗传与变异"紧密联系。学生答题时得分低的主要原因有：

（1）对遗传变异模块基础知识理解不透彻，知识网络体系碎片化。

（2）对基因工程操作相关过程缺乏深层的理解，知识迁移能力弱，对于一些设问的回答无从下手。

（3）基因工程技术烦琐，知识抽象，题目又放在理综卷的最后，学生答题时易因为时间不充足、畏惧心理而不能进行难点知识的深入分析。新课标卷的试题常常结合了必修部分的知识内容，学生平时所接触的模拟试题主要突出现代生物科技的主要概念，试题很少看到必修内容的影子，这种命题导向误导了学生复习备考的思路，不能将现代生物技术与必修模块的科学原理融合形成知识体系。模拟题中的概念基本上都是高考卷出现的知识点，答案大同小异，造成学生模拟考试选修部分的分数都很高，这也使学生误认为掌握了选修的全部内容，导致基础知识不扎实。

四、复习策略和教学建议

（一）注重基本原理，强化选修与必修知识的联系

复习教学时，要注重教材的基础知识，包括每个工程的定义、研究内容、教材中插图、小字解释或说明等。在复习备考时，通过回归教材、再现核心概念、讨论热点话题、梳理操作流程图等，帮助学生熟记基本原理，强化记忆与巩固易错、易混、易漏的知识点。在命制模拟考试题时，教师从生产和生活实践出发，利用一些较新颖的科学研究实例命制与生物技术考点相关的试题，并且注意结合必修知识，拓展学生的思维能力，构建知识网络体系，深化学生对技术与原理的理解，促进学生知识的迁移运用，提高备考效率（表2）。

表2　现代生物科技专题与必修模块相结合的考点归纳

现代生物科技专题	必修模块结合的考点
基因工程及蛋白质工程	DNA的分子结构，DNA是主要的遗传物质，DNA复制、转录、翻译过程，中心法则，遗传与变异等
细胞工程	细胞的全能性，细胞的增殖，生物膜的流动性，遗传物质的变异，基因与生物的性状的关系，植物激素调节，免疫调节等
胚胎工程	有丝分裂，减数分裂，受精作用等
生物技术安全性与伦理问题及生态工程	种群、群落、生态系统的定义，外来物种入侵及危害，生态系统的组成成分，生态系统的功能，生态系统稳定性及生态环境的保护等

（二）关注现代生物科技在人类健康、科研热点上的运用

生活热点作为试题的问题情境，有利于促进学生理论与实践相结合，提高了学生运用知识解决现实问题的能力。例如，2015年新课标卷Ⅰ的试题以艾滋病病毒疫苗研制为背景考查了现代生物科技在人类健康上的运用。2018年新课标卷Ⅲ的试题以我国科学家率先利用体细胞成功克隆出的克隆猴的最新科研成果为命题背景，考查了核移植技术的相关内容。在复习教学上，教师要关注基因治疗与人类遗传病、二胎政策与生物技术的伦理问题、生态环境与生态工程建设等相关问题的联系，使学生能学以致用，增强学生的社会责任感，提升学生的生物学科素养。

五、结语

总之，高三的备考复习工作，要做好现代生物科技的基本概念、基本原理的教学，要强化选修与必修相关知识和原理的联系，强化理论与生活、生产实践的联系，有效地提高学生的综合能力与生物学学科核心素养。

基于科学思维的试题分析与教学建议

一、原题及分析

（2017年全国卷Ⅰ，38）真核生物基因中通常有内含子，而原核生物基因中没有，原核生物没有真核生物所具有的切除内含子对应的RNA序列的机制。已知在人体中基因A（有内含子）可以表达出某种特定蛋白（简称蛋白A）。回答下列问题：

（1）某同学从人的基因组文库中获得了基因A，以大肠杆菌作为受体细胞却未得到蛋白A，其原因是_____。

（2）若用家蚕作为表达基因A的载体，在噬菌体和昆虫病毒两种载体中，不选用_____作为载体，其原因是_____。

（3）若要高效地获得蛋白A，可选用大肠杆菌作为受体，因为与家蚕相比，大肠杆菌具有_____（答出两点即可）等优点。

（4）若要检测基因A是否翻译出蛋白A，可用的检测物质是_____（填"蛋白A的基因"或"蛋白A的抗体"）。

（5）艾弗里等人的肺炎双球菌转化实验为证明DNA是遗传物质做出了重要贡献，也可以说是基因工程的先导，如果说他们的工作为基因工程理论的建立提供了启示，那么，这一启示是_____。

参考答案：

（1）基因A有内含子，在大肠杆菌中，其初始转录产物中与内含子对应的RNA序列不能被切除，无法表达出蛋白A

（2）噬菌体的寄主是细菌而不是家蚕。

（3）繁殖快，易培养，新陈代谢快。

（4）蛋白A的抗体。

（5）RNA可以从一种生物个体转移到另一种生物个体。

分析：第38题是一道注重科学思维能力考查的试题。该题以基因工程的基本操作程序为背景。在知识方面，试题考查了基因的表达、载体的选择、受体细胞的特点、目的基因表达产物的检测鉴定、遗传物质的特性等内容；在能力方面，注重考查考生的理解能力，要求考生从所给材料中获取有用的信息、理解基因工程中每个步骤的原理和方法、把握基因工程与其他相关知识点间的内在关联，建立系统全面的知识网络；在认知水平方面，注重从低级认知水平向高级认知水平逐渐递进，依次涉及的认知层次为回忆、总结、比较、推断和归因等。命题设立依循考生认知发展规律和思维习惯，帮助考生在作答时更好地发挥所需的思维方法。

二、在生物学试题中渗透科学思维

（一）命题素材：源于教材又高于教材

教材蕴含的生物学知识的学习和考查，能够有效训练学生的科学思维。教材作为培养学生思维的一个重要载体应发挥其最大作用。命题者应深入研究教材，延伸、细化知识网络框架，采取源于教材而高于教材的方式创建处于考生"最近发展区"的新情境，通过恰当的引导，让考生在已有知识基础上，运用逻辑推理等思维来解答问题，实现科学思维的考查。

第38题的命题素材是基因工程基本操作程序的相关知识点，"简述基因工程的原理及技术"这一具体内容标准为教学和试题命制都提供了较大的拓展空间。试题以基因工程中基本操作程序的实施原理为内在背景，采用处于考生"最近发展区"的拓展型素材，通过引导使考生产生相应的思维反应，建立拓展型素材与试题考查之间的联系，巧妙地考查考生的科学思维。依据源于教材而高于教材的准则选择命题素材，试题将升华为对生物学核心概念、科学思维能力的宏观考查。考生不能仅凭借回忆知识来作答，而是需建立知识点间的网络系统，通过理解分析，运用科学思维解答问题。

（二）思维路线：遵循考生认知规律，注重思维逐渐提升

对第38题考查的科学思维进行分析，建立知识内容—认知水平—能力要求—科学思维的命题设计表。

第（1）题，学生通过阅读材料，在理解的基础上进行归纳，涉及的认知水平包括记忆、理解；第（2）~第（4）题分别考查了载体的选择、受体细胞的特点和目的基因表达产物的检测鉴定等，使知识内容的考查全面具体，充分体现生物学科核心素养，考查学生的比较、分析和推理等理性思维；第（5）题，将艾弗里等人的肺炎双球菌转化实验迁移到基因工程的知识背景中，对学生进行更深层次的科学思维考查。基因工程中目的基因导入受体细胞的步骤，能够表现出基因可转移到其他生物个体当中的特性。此外，肺炎双球菌转化实验中的"转化因子"从S型细菌转移到R型细菌中，亦存在"DNA可以从一种生物个体转移到另一种生物个体"的现象。综上所述，该题主要考查的科学思维包括比较、分析、综合、抽象和概括等能力。

第38题以知识为载体，以科学思维为命题主线，展开对实验原理、方法、科学史的考查，要求考生运用归纳、概括、分析、综合、比较、推理、抽象等科学思维，解答生物学相关问题，强调对学生科学思维的训练，契合生物学核心素养培养的导向。在认知水平与能力要求方面，试题呈现层层深入的命制特点，贴近考生由浅渐深的思维习惯，考生的思维能沿着试题的导向发生同向改变，提高试题效度。

（三）命题设问："多角度"设问法

设问要求考生在试题情境中做出对应思考和应答，关乎试题的信度和效度。命题者通过"多角度"设问，考查角度灵活多样，保障试题效度，且易调节试题难度。考生在面对"多角度"问题时，根据试题情境，应用不同的思维方法解决相关问题。

第38题的（1）（4）题考查基因的表达和目的基因表达产物的检测鉴定两个生物学核心概念的应用，重点考查识记理解能力，对应低层次的认知水平。第（2）（3）题采取基因工程与相关知识点结合的考查形式，是考查考生逻辑分析能力的一种好方式。第（5）题，创设一定的情境，重点考查考生的理解应用能力。该题按照考生的认知发展规律，多角度展开设问，形成试题情境与设问之间的联系，有效考查了考生的科学思维。

三、教学建议

（一）创设问题情境，促使学生形成科学思维

教师需具备将原始生物学问题转变为探究性生物学试题的能力，注重创设问题情境，加强学生发现、剖析和解决现实问题的能力。教师可以根据实际情况，对实验进行增补、设计、改进和优化，引起学生的思维碰撞，激发学习兴趣，从而培养学生的科学思维和观察能力。教师经常提问一些实践性的问题，激发学生的好奇心和求知欲，提高学生分析和解决实际问题的能力。

（二）重视过程教学，锻炼学生的科学思维

教师和学生在平时教与学的过程中应重视对科学研究过程的充分分析，使学生建立完善的科学研究思路。学习生命科学史时，教师要引导学生关注科学家发现问题和提出问题的过程，注重科学家们是怎样思考、怎样实验和怎样解决问题的，加强锻炼学生的科学思维；亦可进行适当设疑，结合学生已有的生活经验，循循善诱，让学生作为一个"探索者"运用逻辑思维和非逻辑思维获得科学的结论，训练学生的科学思维。

（三）鼓励学生勇于求异，发展科学思维

求异在于创造想象，如若思想倦怠、墨守成规就不可能造就出天才和发明家。教师在教学中要渗透敢想、敢干、勇于想象创造的情感、态度与价值观教育，鼓励学生勇于求异，突破思维定式，拓宽视野，探寻新思路，用独特的眼光和勇气去认识、改造世界。

总而言之，发展学生科学思维，训练学生的能力，可以开阔学生的思维领域，从而提升学生的能力和智力，达到素质教育的目的。

表观遗传学的试题例析

表观遗传学是指生物体基因序列保持不变，但基因表达和表现型发生可遗传的现象。该知识点是2017年版高中生物课程标准新增加的重要概念，对学生形成正确的生命观念和科学思维具有重要意义。笔者收集和改编了有关表观遗传的试题，分析了DNA甲基化、组蛋白修饰与染色质重塑、基因组印记、染色体失活和非编码RNA调控这五种方式。

一、DNA甲基化

DNA甲基化是指在DNA甲基化转移酶催化下，将DNA中的某些胞嘧啶甲基化的过程，是表观遗传学最常见的方式。

例1.（北京市海淀区2018届高三第二次模拟考试第2题）许多基因的启动子内富含CG重复序列。若其中部分胞嘧啶甲基化转化成5-甲基胞嘧啶，就会抑制基因的转录。下列叙述中，正确的是（   ）

A. DNA单链上相邻的C和G之间通过氢键连接

B. 胞嘧啶甲基化导致表达的蛋白质结构改变

C. 胞嘧啶甲基化会阻碍RNA聚合酶与启动子结合

D. 基因的表达水平与基因的甲基化程度无关

参考答案： C

分析： 本题以DNA甲基化抑制基因的转录为背景，考查了学生理解能力和获取信息的能力。在DNA单链上相邻的C和G之间通过"脱氧核糖—磷酸—脱氧核糖"连接，而不通过氢键连接；胞嘧啶甲基化导致的是表达过程中基因转录被抑制，导致不能合成蛋白质；由于基因的表达水平与基因的转录有关，所以与基因的甲基化程度有关；从题干中获取有效信息是解决本题C选项的关键。题干中"胞嘧啶甲基化会抑制基因的转录"这一信息，可理解为阻碍RNA聚合酶与启动子结合。C项正确。

二、组蛋白修饰与染色质重塑

组蛋白是染色体上基本的结构蛋白。组蛋白修饰有甲基化、乙酰化与去乙酰化等方式。这些修饰方式与基因的失活与开启、基因转录的调控、细胞周期和死亡等生理活动有关。

染色质重塑是指染色质位置和结构的变化。当染色质处于解螺旋状态，有利于RAN聚合酶与启动子结合，但在组蛋白修饰等方式作用下，发生染色质重塑。

例2.（浙江省嘉兴市2017届高三9月模拟考试第33题改编）组蛋白去乙酰酶抑制剂MS-275是一种广谱抗肿瘤药物，已证实MS-275可以抑制膀胱癌。研究发现，将MS-275与阿霉素（ADM）合用将产生更好的疗效。通过测定对膀胱癌细胞的抑制率可判断疗效。请根据以下材料与用具，回答问题。

材料与用具：膀胱癌细胞，细胞培养液，浓度分别为m_1、m_2的MS-275溶液，浓度为n_1、n_2的ADM溶液，培养皿若干，CO_2培养箱等。

（1）分组设计如图1所示。

MS-275与ADM联合抑癌实验分组表

组别	MS-275浓度	ADM浓度
①	0	0
②	m_1	n_1
...		

图1

（2）实验思路

① 取一定数量的培养皿分成若干组并编号。

② 每个培养皿中均加入等量的_____和_____，分别按上述分组设计加入相应试剂。

③ 把培养皿放入_____中，培养适当时间。

④ 分别测定各培养皿中癌细胞的抑制率，统计分析数据，得出结论。

（3）研究表明，MS-275可使癌细胞染色质难以螺旋化。因此MS-275抑制癌细胞增殖，是通过MS-275使膀胱癌细胞停留在细胞周期的_____期。

参考答案：（1）膀胱癌细胞　细胞培养液　（2）CO$_2$培养箱　（3）间

分析：本题以组蛋白修饰为背景，考查学生的综合应用能力。为验证MS-275与阿霉素合用对膀胱癌细胞的抑制率，题②中应设置细胞培养液对照组和膀胱癌细胞组。为维持培养液的pH，题③中动物细胞培养应放在CO$_2$培养箱中。综合运用有丝分裂的知识，根据题干有关组蛋白修饰的信息，是分析本题（3）的关键。题干"MS-275可使癌细胞染色质难以螺旋化"，可理解为MS-275使膀胱癌细胞处于解螺旋状态，不进入分裂期，停留在间期。

三、基因组印记

基因组印记（遗传印记）是指来自父本或母本的等位基因发生了修饰，精卵结合后等位基因在生长发育过程中发生不同表达的现象。有的印记基因只从父本染色体中表达，有的只从母本染色体中表达。在形成生殖细胞时，来自亲本的印记全部消除，将产生新一轮印记。

例3.（广东省惠州市2018届高三第三次调研考试第32题） 胰岛素样生长因子2是小鼠细胞lgf-2基因控制合成的多肽分子，对个体生长发育具有重要作用。lgf-2基因突变为lgf-2m后失去原有功能，可能产生矮小型小鼠。

（1）据资料显示，该对等位基因位于常染色体上，它们遗传时，出现有趣的"基因印迹"现象，即子代中来自双亲的两个等位基因中只有一方能表达，另一方被印迹而不表达。

据此推断基因型为lgf-2l　gf-2、lgf-2l　gf-2m、lgf-2ml　gf-2m的小鼠表现型分别为_____、_____、_____（填"正常型""矮小型"或"不能确定"）。

（2）为了探究该基因印迹的规律，科学家设计了以下两组实验：

167

根据实验结果，得出的结论：总是被印迹而不表达的基因来自_____（填"父"或"母"）方，来自另一亲本的基因能表达。由此规律推测：将上述甲组杂交实验的子代中的雌雄小鼠交配产生的子代表现型及比例为_____。

参考答案：（1）正常型　不能确定　矮小型　（2）母　正常型：矮小型=1:1

分析：本题以基因组印记为背景，考查对信息的理解和实验探究能力。题（1）中，基因lgf-2的性状为正常型，lgf-2m为矮小型，基因型lgf-2l gf-2小鼠为正常型，lgf-2ml gf-2m为矮小型。题（1）中"基因印迹现象，即子代中来自双亲的两个等位基因中只有一方能表达，另一方被印迹而不表达"这一信息中，来自亲本的两个等位基因，在基因能表达时是随机的，基因型lgf-2lgf-2m的小鼠性状不能确定。题（2）中，须根据甲、乙实验现象和结果，通过观察分析的研究方法，做出结论和推测。甲组和乙组的后代基因型相同，性状不同，与各自父本一致，说明被印迹而不表达的基因来自母方；甲组中后代产生lgf-2和lgf-2m两种相同的雄配子，lgf-2和lgf-2m两种相同的雌配子，由于后代性状由父方决定，因此后代表现型及比例为正常型：矮小型=1:1。

四、染色体失活

X染色体失活是常见的染色体失活形式。在XY性别决定中，雄性动物有1条X染色体，雌性动物有2条X染色体。为防止基因表达相互干扰，2条X染色体，只有1条具有活性，另一条X染色体的基因发生DNA甲基化或组蛋白修饰而浓缩失活，形成巴氏小体。

例4.（山东省淄博市2012届高三第二次模拟考试第2题）雌性哺乳动物在胚胎发育早期，体细胞中的X染色体中有一条随机失活（部分基因不表达），造成某些性状异化，玳瑁猫即典型的例子。其毛色常表现为黄色和黑色（B/b基因控制），随机嵌合。相关叙述不正确的是（　　　　）

A. 玳瑁猫一般是雌猫，雄猫很罕见

B. 玳瑁猫皮肤不同毛色的区域，毛色基因的表达情况不同

C. 玳瑁雌猫的子代雄猫中黄色和黑色两种毛色大约各占一半

D. 玳瑁雄猫的产生都是由于初级卵母细胞减数第一次分裂时同源染色体未分离造成的

参考答案： D

分析： 本题以玳瑁猫染色体失活为背景，考查学生对已有信息的理解与分析能力。根据题中信息"体细胞中的X染色体中有一条随机失活（部分基因不表达）"，可认为：猫在胚胎发育早期，雌猫体细胞中的2条X染色体中1条随机失活，表现为玳瑁猫，雄猫一般只有1条X染色体，罕见为玳瑁猫；由于X染色体随机失活，玳瑁雌猫皮肤不同毛色的区域，毛色基因的表达情况不同；玳瑁雌猫为杂合子，子代雄猫黄色和黑色的比例是1：1；玳瑁雄猫（XBXbY）由含XBXb的卵细胞和含Y的精子结合形成，或由含XB的卵细胞和含XbY的精子结合形成，或由含Xb的卵细胞和含XBY的精子结合形成，因此玳瑁雄猫的产生可能是由初级卵母细胞或者初级精母细胞减数第一次分裂时同源染色体未分离造成的。D项错误。

五、非编码RNA调控

虽然非编码RNA不编码蛋白质，但能在基因组水平对基因表达时进行调控，如介导mRNA降解、转录后基因沉默、干扰细胞分化等形式。

例5.（四川省大教育联盟2017届高三第三次诊断性考试第6题） 真核细胞中的miRNA是一类由内源基因编码的RNA分子，它能识别靶mRNA并与之发生部分互补结合，从而调控基因的表达。据此分析，下列说法正确的是（　　）

A. 真核细胞中所有miRNA的核苷酸序列都相同

B. 根据miRNA的碱基类型，其结构只能是单链

C. miRNA通过阻止靶基因转录来调控基因表达

D. miRNA的调控作用将会影响细胞分化的方向

参考答案： D

分析： 本题以非编码RNA调控基因的表达为背景，考查对题中信息的理解能力。题中miRNA"能识别靶mRNA并与之发生部分互补结合，从而调控基因的表达"，即miRNA与翻译模板mRNA发生碱基互补配对，阻止翻译，而不是阻止转录过程，最终影响细胞分化的方向。D项正确。

DNA甲基化、组蛋白修饰与染色质重塑、基因组印记、染色体失活和非编码RNA调控是表观遗传的5种主要方式，它们之间是相互关联、相互作用的。通过不改变基因结构，只改变基因表达的微环境，来改变生物性状，对认识生物多样性，形成正确的生命观念，有重要意义。

学生自我命题的培养策略

采取什么样的教学手段，才能适合中学生的特点，激发他们的学习兴趣和动机，充分发挥学习的积极性、主动性、创造性，这是当前教学研究的一个中心课题。几年来，为了培养学生的解题方法和学习兴趣，笔者进行了学生自我命题的尝试，得到了较好的效果。

一、限定引导与自主生成，创设发展核心素养新机遇

课标基本理念指出，课程的设计和实施应以发展学生的生命观念、科学思维、科学探究、社会责任等生物学科核心素养为宗旨，充分落实学科育人功能，且核心素养的培养应贯穿于教材编写、课堂教学和考试评价之中。显然，一线教师的主要任务是设计并实施具有更高探究性、自主性和实践性的教学活动，帮助学生在课程学习过程中逐渐发展核心素养。

精心设计的学生命题活动是发展核心素养的新机遇。核心素养的实质是在解决真实情境中的生物学问题时所表现出来的价值观念、必备品格和关键能力。所以，以实际问题为背景的学生命题活动，能够直接而高效地诱发核心素养的发展；同时，比起被动解答一道来源于实际问题的试题，学生在命题时具有更大的主动性和创新机会，素养提升也更加自主化、个性化。

二、以大概念作为试题首句，开启大概念教学新思路

大概念教学理念认为，追求教学内容的广度，往往会限制教学过程的探究性与实践性；围绕大概念的连续相关的学习进程，才能真正发展学生学科核心素养，使其逐渐成为知情的决策者。生物科学的大概念应该是能用于理解生物学现象、模型、联系的更大更抽象的概念。新课标将必修课程和选择性必修课

程共总结为10个大概念，倡导以大概念理念进行高中生物教学。这不仅需要课程内容增加深度、减少宽度，更需要教学方法和评价方式与之相匹配。

巧妙设计的学生命题活动正是大概念教学理念的良好载体。可以采取以下三种方式：

（1）新授课结束时，教师引导学生以科研史实、课题研究、生活实例等"小情境"命题。因为"大概念"的构建不一定从"大"开始，也需要由小到大、由分及总、由浅入深的连续教学过程。

（2）在每一个专题学习结束时，教师调整分支内容要求表述（课标使用二、三级编号的表述，如1.1或1.1.1），指导学生以其作为题目首句命题。学生借此及时梳理碎片化知识，构建系统的知识网络。

（3）在总复习课的课上或课后，教师要求学生直接以大概念表述（课标中使用一级编号的表述，如"概念1"）作为题目首句命题。此时，学生以学科内的最高视角审视这些核心大概念，为学科核心素养的真正提升铺路。这样的命题活动贯穿了整个学期，具有很强的层次性和系统性。学生构建大概念的过程是主动且高效的，这也遵循了教学的探究性和实践性原则。

例如，在"光合作用的发现过程"新授课时，教师应引导学生就"萨克斯实验图解"命题，或以"光下富含CO_2的水底，叶片表面逐渐产生气泡并浮出水面"为情境命题；在"光合作用"专题教学结束后，指导学生以"叶绿体捕获的光能转化为有机物中的化学能"为首句命题；在必修1新授课全部结束后，要求以"细胞的生存需要能量和营养物质"为首句命题等。

三、实践问题做命题情境，开辟实践性教学新途径

新课标对学生实践经历的关注有两个层面：

（1）关注学生主动参与动手、动脑的教学活动，能理解和应用知识并具有创新精神。

（2）关注学生用科学的思路和方法探讨和解决生产、生活、探究中遇到的实际问题。

同时，高考试题也试图通过纸笔测试的形式考查学生是否真正经历过实践化的高中生物教学，且一段时间内很难改变。

如果纸笔测试能够检验实践性教学程度，则学生命题更能成为实践性教学

的新途径。首先，如果学生参与探究和操作的体验与科学家科研活动的体验类似，那么学生命题时的体验也可能与教师命题的体验类似。可见学生命题是一种学生为主体的实践活动，是更高层次的自主学习方式，也极大地提高了学生的创新意识。其次，引导学生关注生产、生活、科研过程中遇到的实际问题，并以此作为命题情境，充分遵行了实践性教学的理念。

例如，在学习血糖调节专题时，教师展示糖尿病患者腹部皮下注射胰岛素的图片素材，要求学生"看图命题"。学生所出试题多为选择题，题干多以"与图片相关的叙述正确（或错误）的是……"设问，但选项却几乎涵盖了与血糖调节相关的所有知识。例如，胰岛素的作用机制、受体分布、为何只能注射给药等。此外，学生还通过试题提出了一些他们关心的、疑惑的、与生活息息相关的问题。例如，胰岛素注射应在饭前还是饭后、能否静脉注射或肌肉注射等。

四、面对试题师生共评价，构建发展性评价新方式

新课标基本理念明确指出：高中生物课程重视评价的诊断、激励和促进作用，倡导建立一个评价主体多元、评价方法多样，让学生在自信中不断改进学习的方法，最终促成学科核心素养的形成。可见，新的评价是以促进学生个体发展为宗旨的发展性评价体系，鼓励丰富形成性评价途径，真正做到激励、促进和发展每一个学生；同时减小总结性评价的负面作用，在效度和信度之间找到最佳平衡点。

首先，系统化的学生命题活动，可以成为一种新颖的发展性评价方式。通过对命题质量的审视，教师可以充分了解学生的学业、能力、态度、发展需求等差异，为接下来的个性化教学指明方向。其次，学生参与试题的解答和评价，丰富了评价主体。教师可以选择优秀命题成果展示给全体学生，大家共同参与试题的解答、评价和交流。最后，师生对试题进行评选和修改后，可以将其中的优秀试题编入"学生原创试题集"，甚至选作阶段性测试试题。这些做法既可以使命题者收获成就感，又激发了全体学生合作和探究学习的热情。

例如，在高考二轮复习至"遗传育种"专题时，一位学生所出相关试题经教师略加修改后如下：某白花传粉植物花色由位于非同源染色体上的两对等位基因A/a和B/b共同控制，科学家利用野生红花和黄花植株通过杂交育种方法培

育出了蓝花植株，发现获得F2代植株后可不必进行连续自交就能获得可稳定遗传的蓝花个体。以下相关表述错误的是（　　　）

A. 杂交育种从F2开始选种是因为F1配子形成时开始出现所需非等位基因的重新组合

B. 若亲本基因型为aaBB、AAbb，蓝花为aabb，则F1代出现蓝花即可

C. 若亲本为AABB、aabb，蓝花为A_bb，可选F1蓝花个体测交，子代全为蓝花即可

D. 若亲本基因型为AABB、Aabb（a基因突变体），蓝花为aa——，也必须先进行杂交

参考答案：D

该题情境和问题设置新颖、巧妙，表述严谨，阅读量和思维量较大。这充分体现了该生学科核心素养和多方面综合素养俱佳，学生也对该试题赞不绝口。该题在经过师生交流修改、课堂展示解答、同学交流评价、编入"原创试题集"等环节后，最终被选入《校内调研测试卷》。

总之，学生命题是在教师的计划和引导下，学生在课堂内外进行试题命制，师生对部分试题进行解答与评价，甚至将其中的优秀试题用于校内测验等的一系列教学活动。以最新课程标准的基本理念为指导的学生命题活动设计，将成为契合大概念教学理念的高效教学方法和全新评价方式，帮助师生改善高中生物学科教学，促进学生学科核心素养的发展。

浅议我国中小学教师评价新问题与改进策略

教师评价是学校教学管理的重要环节与手段。实行教师评价旨在激励教师提高教育教学能力，也利于教师专业的发展。为此，在课程改革过程中，必须改革旧的教师评价方式，建立以素质教育为导向的新的评价体系。但在我国中小学教师评价的实际工作中存在诸多问题。本文着力探讨这些问题，提出笔者自己对改进中学教师评价的相关设想。

一、我国中小学教师评价新问题

多数学校对教师评价的目标体系分四大块：德、能、勤、绩，一学期或一学年对每位教师的总体表现由具体化的数字量化给予客观、公正的说法，基本特点或重点是面向过去，以奖罚为目的，是一种对教师进行测量、比较和鉴定的一次性评价，尤如教师对学生的期终成绩一次性测试一样，把教师分等排序、自上而下进行的终结性评价，教师基本上没有参与。评价的定位是区分教师，末位淘汰达到分流的目的，而不是如何"引导"和"激励"教师。评价结果不能为教师提供有益的建议和信息，对于教师下一步的工作该如何改进，全凭教师自己的体会把握。因此，难以引起广大教师的共鸣，难以调动教师的积极性，反而增加了教师的怨气和牢骚，根本达不到提高教师的教育教学水平的目的。

笔者发现，大部分学校在制定评价指标前，没有对教师的需求进行调查。学校对新教师与老教师、一般教师和骨干教师没有区别对待，都采用同一评价指标、同一评判标准。无论是新教师还是有经验的老教师，不论其背景、受教育程度、教学风格如何，都用一把"尺子"，从同一个角度，采用单一的模式来衡量和评价。这种忽视教师之间的差异的教师评价是不合理的，也是不科学的，这与多数教师的要求形成强烈反差，严重阻碍了教师的专业发展。

这种目标短视、评价方式单一的教育评价，是不符合教师劳动的特点的，也使教师的创造激情受到了压抑，不利于我国教育的发展。

二、我国中小学教师评价的改进策略

科学合理的教师评价工作应注意以下三方面：

（一）评价方式多元化

1. 评价主体多元化

要实行教师自评与他评等多种评价方式，通过评价主体的扩展，加强对教师工作的管理和监督。通过"自评"，发展教师自我监控与反思能力，从而促进教师教育教学反思能力的提高；通过"他评"，建立教师、学生、家长和学校管理者共同参与的、体现多渠道信息反馈的教师评价制度。

对教师主体的尊重与信任，有利于增强教师的主人翁意识，促使教师自我反省、自我调控，激发内在动机，主动改进完善，促进专业发展。学校备课、教学常规检查、综合社会实践活动课程与校本课程的研发和实施、学分的认定、选课走班的指导、《教师专业发展档案》的展示与学科目标的完成等九方面都是评价的重点。

每次评价，年级组、备课组必须对每一位教师提出书面的评价报告，并提出优点与不足，共同探讨改进的措施，形成团结协作、共同成长的和谐氛围。

让学生成为教师评价主体之一。学生是教学活动的直接参与者，对教师的教学情况最有发言权，应当成为评价教师教学态度、教学水平、教学效果的主导力量。可以通过发放问卷调查表，全面收集来自于学生的评价信息，主要调查学生对教师教学的满意程度，把它作为一项重要的教师评价指标。想让每一个学生对教师的教学方法和教学过程都十分满意是不现实的，但是，如果一个教师在教学中让多数学生都不满意，那么我们可以肯定地说，他不是一个好教师。需要注意的是，评价之前要对学生进行正确的引导，使其明确评价的意义和方法，以保证评价的客观性和真实性。否则，这种评价可能会误入歧途，挫伤教师的积极性。

积极开展教师之间的互评活动。教师的教学水平、开拓精神，同学科教师是非常清楚的。由此，学科教研组要经常性开展听课评课和丰富多彩的教研活动，为教师提供展示才华的舞台。每次活动后，要组织教师及时座谈、交流，以获取准确的评价信息。学期结束前，以学科教研组为单位，发放问卷调查表，接受同学科教师的评价，选择适当时机将评价信息反馈给任课教师。评价时，学校应该引导全体教师学会尊重别人，用发展的眼光看待每位教师的工作，避免言过其实或借机打击报复。

动员广大学生家长参与教师评价。中小学的教师评价要充分听取家长的意见，建立家长参与教师评价的机制。成立家长委员会，中小学可以试行每学期召开一次学生家长会、举办一次家长观摩课、制定"家长评价表"等活动，内容可涉及教师的教学、家访等方面，让家长参与教师的综合评价。这样有利于了解家长对其子女的期望及家长对老师的评价，加强家校的联系和沟通，有助于教师反思和改进教育教学方式，提高教学质量。可以通过家长座谈会、问卷调查、校长接待日、校长信箱和热线等方式进行评价。评价前应对家长进行适当的培训，让家长了解评价的目的、内容、过程、程序以及工具等，要信任家长，鼓励家长讲真话；要正确引导家长全面、客观、动态地评价教师；适当顾及家长对班主任与科任教师的不同接纳程度。家长评价应考虑家长的城乡地域差异、文化素质差异、职业差异和家长对教师的了解程度。家长评价中的问卷调查等应采取匿名的方式进行。

多主体参与评价的形式要多样化。要让参与者明确评价的目的，参与评价标准的讨论，学校还要创造机会，如提供教师的成长录像、课堂教学资料、教学日志等，让广大学生、同行和家长了解评价对象，评价单位还要创造机会让不同评价主体间交换意见。然后，采取问卷或其他形式把不同评价主体的评价意见收集起来作进一步处理，最后反馈给被评价者，以此鼓励或为被评价者指明努力方向。

2. 评价内容多元化

教师评价是教育评价中的重要组成部分，对教师工作价值的判断，左右着教师发展甚至教育发展的方向。公正、权威的教师评价是一根"指挥棒"，具有极强的导向功能。长期以来，素质教育之所以成为"叶公好龙"，这与教师评价内容相关。建立多元化的评价内容是实施素质教育、促进教师发展的有力保证。因为教师评价具有导向、激励、鉴定等功能，为教师成长和发展指明了方向。

教师评价内容要正确看待考试、学业成绩。从学生的考试成绩出发评价教师的做法会导致人们认为"重点班"的教师素质高，"普通班"或"差班"的教师素质低，这是对教师评价不公平的表现。这种现象还会引起教师们愿意去教"重点班"的学生，而不愿意去教"普通班"与"差班"的学生，这对学生的发展也是不利的。在全国推行素质教育的大好环境下，教育管理行政部门以及学校的领导、管理者在营造良好教师评价氛围方面负有不可推卸的责任。因此，教育管理者转变观念是必须的。

从教育实际出发，积极发掘教育的实际状况进行有机的教育评估，为教师的教育效果和教育方式的改进及发展奠定了坚实的人文基础；评价设计旨在形成有利于教师素质全面发展的评价内容，以教师发展为基点，扩大教师评价的领域，把评价内容扩展到教师专业素养、教育技能、教育科研能力、敬业精神、情感态度、教育教学特殊能力以及人格诸方面，客观反映和鉴别教师在工作和发展中的需求，发掘其多方面的潜能；注重教师评价手段的现代化，通过树立更为民主化的教师理念来指导我们对教师的教育评价，可以通过教师和学生的座谈会、学生的调查问卷、教师的自我评价、同行的教育认可等形式，也可以通过专题调查，定性和定量评价相结合等方式来进行。教师的个人工作与教师集体的关系、师生关系、教师整个工作周期的发展态势等方面，也都是教育评价的主要内容。

（二）坚持发展性教育评价

发展性教育评价应是面向教师未来的期望性评价，关注的是教师全面素质的形成与发展，以克服终结性教师评价中所形成的功利倾向。发展性教育评价是一种新型的教育评价理念，通过一系列能够促进教师素质发展与提高的评价方式，将教师的教育教学工作进行有效的整合，使教师的教育个性得以充分地张扬。同时，借鉴现代人本主义的思想内核，对以追求教育效益为中心的教育科学理论加以整合，尊重教师的教育人格，满足教师的发展需求，激发教师的工作内驱力，把教师内在发展的需求与外在的压力有机结合。以教师的教学效果为切入点，从教师的教育活动的全过程着眼，既考评教师的教学内容，也考评教师的职业道德，使教师的教育素质得以全面地发展和提高。

（三）评价要关注教师的个体差异

教师间确实存在着一定的差异。最能干的教师与那些不太能干的教师相比，较少受到实践标准和规范行为的约束，他们往往表现出改进教学的持续的努力；专家型教师与新手教师之间的差异在于他们具有不同的知识结构，与新手教师相比，专家型教师在课堂经验、理解教学、解释课堂事件等方面具有更丰富、更精巧的认知结构。除了工作时间的长短外，教师在个性特征、性格特点等方面也存在一定的差异。

新课程改革提倡尊重教师的个性，教师的教学个性是学校的宝贵财富，是一种重要的课程资源。但只有教师评价体系中真正地重视了教师的个别差异、鼓励教师的差异，教师的差异资源才能被有效地开发和利用。发展性教师评价用"差异观"代替"差师观"，试图用不同的标准衡量不同的教师，即在强调共性的基础上，更多地关注教师的个性和差别。共性强调的是教师资格的认证，所有教师都必须达到合格教师的标准，这是对所有教师的基本要求。另外，由于教师在个人素质、岗位分工、知识经验、工作年限、人生阅历、教学水平以及兴趣、爱好、性格特点等方面都存在一定差异，这也就决定了每位教师在发展方向、发展领域上存在着不同，由此可以判定教师的个人教学风格也是不同的，这强调的是教师的个性。但在现实工作中，教师的个性却被管理者忽视了。

充分发挥评价的激励、导向功能，促进教师最大限度地挖掘自身的创新潜能。在考核指标中，增设"课题成果奖""教育教学创新奖""后进生指导奖""家访效果奖""学科导师奖""心理健康教育奖"等具有个性特色的发展性指标，切实体现出"人无我有，人有我优，人有我新"的独特性。这样，教师评价的内容才能表现出多元化的特征，体现个体差异。

学校应根据总的目标，结合教育改革的要求和本地区、学校及教师的实际情况，承认差异，多"制作"几把尺子（标准多元化），采取灵活的评价方法来适应不同教师的选择和需要，发展教师个性。评价内容、评价要求因新教师和老教师不同，根据教师成长的规律处于不同发展阶段的教师，其评价内容和要求要有一定的层次性。例如，新教师重规范养成、重基本功培养；中青年教师重创新、重自我特色的形成；老年教师重经验的总结。对于一些容易用数量处理的指标，如工作量、出勤量、作业批改量等，尽量以数量形式评价，以便于比较分析。

从微观层面看，学校对每个教师都有了客观了解和评价，有利于发挥每个教师的特长和水平，扬长避短，安排其合适的工作岗位，人尽其才，各尽所能。从宏观层面看，可以检查出教师的培训计划、培训质量、培训效益是否理想，师资队伍整体结构是否优化，教师工作质量是否优良等，达到培养教师、优化队伍、提高学校教学水平和办学效益的目的。在寻求激励性、导向性、发展性、开放性的教师评价理念的同时，学校应实行多元化评价、发展性评价和注意个体性差异评价。通过教师评价不仅可以快速提高教师的各项能力水平，提高教师培养的效率和效益，而且可以促使教师职业发展价值达到最大化和教师专业素质能力提高达到全面化，从而实现教师职业发展的可持续性。因此，教师评价具有重要的现实意义和理论实践意义。

《基础教育课程改革纲要》中提出："建立促进教师不断提高的评价体系。强调教师对自己教学行为的分析与反思，建立以教师自评为主，校长、教师、学生、家长共同参与的评价制度，使教师从多方面获得信息，不断提高教学水平。"可见，为全面促进教师的专业成长，应该采取定性评价和定量分析、静态评价与动态评价有机结合的方法，建立一套既有科学性又有可操作性的评价指标体系，达到以评价为动力，激励机制与约束机制相结合，最终实现教师的可持续发展。

高中生物教学中"滑过现象"分析与矫治策略

生活中，我们有这样的感性认识：驱车从甲地到乙地，车速越快，道路越顺畅，途中美景越容易忽视。教学中也有这样的现象：教师如果将教学任务设计得面面俱到，学生没有经历思考的过程与障碍，一些值得探究的问题一滑而过，容易造成学生表面上的"知道"，其实对知识的掌握并不好。教育学家将这一现象称之为"滑过现象"。滑过现象不是简单的偶然现象，它存在着某种角度的必然性。教学中应分析原因，进行矫治。

一、教学中"滑过现象"的分析

（一）对生物核心概念的教学重视不够

核心概念的教学是生物教学的重要内容，其教学具有一定的抽象性和形式化。为了使教学不陷入程序化和形式化，生物概念的教学提倡"淡化形式，注重实质"。但目前的生物概念教学却存在一种典型的倾向，即教师仅仅是给出教材中的定义让学生机械化记忆，没有让学生理解概念的实质与"精神"，关键处一滑而过。

笔者曾作为某市优质课大赛的评委，听过多节《孟德尔的豌豆实验（一）》的教学，对其中两位教师的教学至今记忆犹新。在讲解基因分离定律时，第一位教师依据教材编排，按照"一对相对性状的杂交实验"→"对分离现象的解释"→"对分离现象的验证"→"分离现象的实质"流程授课。因备课充分，整堂课老师讲得顺畅，学生听得认真舒心，感觉教学效果不错。但在固定的练习反馈环节中，一些理解性的基础题，全班居然没有人能答出来，其教法引起了评委组老师们的质疑与思考。

另一位教师则与众不同：他没有按照教材编排授课，而是先用了大量的时间做性状分离比的模拟实验，然后总结拓展各种杂交方式的结果。最后用了不到2分钟，讲解试题。总体感觉这节课前松后紧，设计有点不合理，但从学生的反馈情况看，学生能很好地掌握本节课的知识，这节课的教学目标已经达到。

反思这两位教师的教学：第一位教师的教法很具有代表性，他虽备课充分，教学过程流畅，但在核心概念处理环节中明显重视不够，只是机械化地按照教材"过"了一遍，如同过山车似的一滑而过，没有真正地让学生理解基因分离定律的实质。第二位教师的教法没按常理"出牌"。表观上看，教学设计不合理，但是在对该节课的核心概念的处理过程中，他通过性状分离比的模拟实验与拓展，突出本节课的重难点，有效地引导学生思考和理解了基因分离定律的本质，可谓"巧将金针度与人"。

（二）突出学生的主体性不够

新课程实施以来，教师很注重探究性教学，很注重精心设计一个问题，以激发学生的学习兴趣。但突出学生的主体性不够：他们没有给学生留下足够的思考时间，而是习惯地自问自答，使学生错失了"质疑——思考——释疑"的领悟过程。有时，教师为了顺利地完成教学目标，少让学生走弯路，提出问题后，也会不自觉地把学生引导到正确答案上来，这样就减少了学生犯错误的机会。

例如，在细胞呼吸的教学中，有位教师提出这样一个问题：例如，张三成熟红细胞的呼吸方式是什么？然后她迫不及待地分析了哺乳动物成熟红细胞的细胞结构，又情不自禁地提示：没有了线粒体，人类成熟红细胞只能进行哪种呼吸方式？这样一来，学生不假思索地回答"无氧呼吸"。这一过程"行云流水"，但感觉突出学生的主体性不够，学生仅仅是"被牵着鼻子走"，机械地回答一些"低质量"的问题。

其实，教学中有意设置一些陷阱，让学生在关键问题上犯些错误，充分暴露他们的错误思维，通过教师的引导，学生自己领悟和归纳，方能达到训练思维方式的目的。这种效果远比教师直接"灌输"的效果要好得多，正如有的学者所说："错误也是一种资源。"

（三）弱化"非正常思路"的教学价值

教师在备课时就已经对一些问题形成了比较固定的思路，即"正常思路"。由于正常思路能快捷有效地帮助学生解决生物学的相关问题，提高学习效率，所以教师希望学生能快速接受这一思路。为了不打断教学计划，不浪费课堂时间，对于少数同学的"奇思怪想"，即"非正常思路"，通常采取压制回避等方式。殊不知，无视"非正常思路"的教学价值，不仅容易挫伤学生学习的积极性，而且会使一些值得探索的问题一滑而过。

例如，在辨析净光合作用和总光合作用时，一位教师这样总结：如果试题中表述为"氧气释放量"，是指净光合作用量……突然一位同学提出："如果叶绿体释放氧气量，也是指净光合作用吗？"由于该教师没有心理准备，又担心耽误这节课的教学任务，于是对其提出的问题置之不理。显然，氧气释放量包括叶绿体氧气释放量和叶片氧气释放量两层含义，这位教师的总结不太严谨，或因口误，但从一般试题的解法看，多指后者。他因为没有正视这位同学的发言，对"求异思维"不是宽容对待而是无视，任其滑过，错失了一次辨析光合作用的"净"与"总"的绝好机会，着实令人扼腕叹息。

（四）试卷讲评缺乏有效性

试卷讲评低效性，也容易产生滑过现象。试卷考完后，很多教师希望最好在一节课内（甚至半节课）讲评完。由于讲评涉及的知识多、跨度大、题量大，讲评又快，很多具有探索价值的内容，或者没有留下足够的探究时间和空间，使学生缺乏体验和感悟；或者没有对试卷统计分析，试题讲解面面俱到，没有抓住讲评的重点和突破点，缺乏试题讲评的针对性；或者没有进行错因分析，仅凭个人感觉，自以为是，一讲到底，缺乏交流与反馈。这样低效的讲评课，只有教师的"教"而忽视了学生"悟"的过程，教师的智慧不是体现在"先知于学生、胜学生一筹"上，而是体现在"与学生同步"甚至"落后于学生"上。

二、矫治"滑过现象"的策略

显然，"滑过现象"是一个复杂的过程，与教师的教学风格、性格气质和教学观念等多种因素有关。要想有效地矫治滑过现象，不能仅靠教师零星的"查缺补漏"，而应该形成一种宽容性、过程性和计划性的教学理念。这不是一个短期行为，需要教师不断反思与经验的积累。

（一）转变应试思维，尊重教学过程的"自组织性"

从以上"滑过现象"的分析看，传统的应试思维是其发生的重要内因。它们认为：课堂教学只有围绕某一教学任务，按照目标预设，精心备课，井然有序地授课，坚持课堂教学的完整性和时效性，才能达到高效、规划和稳定的课堂教学要求。

然而，教学的动态过程是具有明显的非线性发展"自组织性"的，具有强烈的"生命性"。现代课堂提倡自主性，不能一味地追求有序而完整的"独角戏"与灌输；提倡开放性，确实以学生为主体，从学生的需求出发，利用最近发展区原理，打破传统教学的条条框框，进行"生命化"教学；尊重个性，正视差异，宽容课堂中的"冒犯"，接纳异类思维，真正把学生当作教学活动中具有活生生的受教育者看待。

（二）先做后学，且慢"说破"

生物学具有理科属性，生物学教学是一个探究性的过程。纵观各种"滑过现象"，矫治策略是将主体的"做生物"摆在突出的位置，在一些值得探索的内容上先做后学，且慢"说破"，要给学生留下思考的时间和空间，使学生在参与活动中体验与反思。调控课堂教学节奏，应随着课堂情况而此起彼伏，根据学生的需要，掌握好"点破"的火候，使其产生"其言皆若出于吾之口，其意皆若出自吾之心"的效果。

（三）善待"非正常思路"

"非正常思路"是学生现阶段认知能力的独特状态。它是学生自我角度的向外交流的大胆思维与猜想，但也可能是蕴含学生认知障碍的原因所在。教师只有善待学生的"非正常思路"，注意捕捉学生思考的独特性，既要保持学生的探究欲望，防止关键内容的滑过，又要帮助确实思维错误的学生走上"正途"，并适时适度加以点化，从这一思路的背后思考自己的教学设计和教法，方能演绎真实而精彩的课堂。

新一轮课改与教育技术篇

交互式电子白板在高中生物教学中的应用

交互式电子白板通过大型的触摸屏与投影机和计算机的联合使用，突破了黑板、粉笔、板擦和教师"四位一体"教学模式，为课堂互动、师生互动、生生互动提供了技术可能。在课堂教学中，我们可利用交互式电子白板，完成呈现、展示、交流、互动、合作，拓展教学资源，优化教学过程，激发学生学习兴趣，达到构建高中生物高效课堂的目的。

一、传统多媒体教学的局限性

（一）传统多媒体教学缺乏互动

传统多媒体教学在操作上重技术、轻情感、缺乏互动。某种程度上，教师成为机器的操纵者，放弃了肢体、表情等身体语言的使用，降低了教师的亲和力。而学生对课件中动画、色彩等的关注程度远多于知识点，虽然课堂气氛活跃、兴趣浓厚，但对生物基本知识学习的热情却难以为继，限制了课堂上师生之间"教"与"学"的互动。

（二）传统多媒体教学忽视了思维能力的培养

生物学教学注重思维能力的培养。一般情况下，教师在制作课件时，将与教学有关的内容，全部纳入课件，而授课时又受时间的限制，只得加快速度，有时一堂课的教学容量相当于传统教学内容的两三倍，演示速度较快，使学生眼花缭乱，抑制了学生思考的积极性，忽视了对学生抽象思维能力与形象思维能力的培养。

（三）传统多媒体教学限制了教学的灵活性

传统多媒体教学中，教师忙于页面的转换，在课堂上缺少对学生的监督管理，学生对教学内容和知识点的注意力难以集中。无论课件是教师自己制作还是其他形式，内容和模式早已在授课前固定好了，这样就导致教师在实际授课过程中无法根据学生的课堂反应、难易层次而因材施教，进行现场调整，极大地限制了课堂教学的灵活性。

（四）传统多媒体课件制作难度大，学生不易接受

教师对课件制作知识掌握程度不一样，对课件素材收集不够齐全，因此，制作多媒体课件时难度大。容易将课件制作成文字教材的简单翻版，出现模拟实验不太科学、画面不够真实的现象，从而影响教学内容的展现。此外，多媒体教学节奏快、记忆重点增多，学生既要抓紧时间做笔记，又要留意教师对知识点的解释和拓展，常常顾此失彼，丧失了对课堂教学及时、准确的记忆，影响了他们对知识的接受和理解。

二、交互式电子白板在高中生物教学中的优势

高效课堂是指在有效课堂的基础上完成教学任务和达成教学目标的效率较高、效果较好并且取得教育教学的较高影响力和社会效益的课堂，即以尽可能少的时间、精力和物力投入，取得尽可能好的教学效果。在高中生物教学中，利用交互式电子白板具有高效性及四大优势。

（一）交互式电子白板的书写和绘画功能，有利于教学互动和反馈

生物学知识繁多而难记，生物课堂应该课堂互动、师生互动、生生互动，才有利于课堂的高效教学。交互式电子白板能提供方便的书写和绘画功能，便于学生走上讲台，练习所学内容，展现自己的想法，与同学分享自己的成果，实现师生之间的直接交流；便于教师及时了解学生的学习情况，以提高教学效果。同时白板软件资源库中的一些小工具还可以辅助教师开展分组学习等。这样的课堂实现了师生之间和生生之间的交互，有助于教学目标中情感目标的实现，对于学生情感因素的培养起到了积极的作用，弥补了传统多媒体投影教学的一大缺口。

又如，在生物练习课中，教师可以预先准备多层次、多角度、多样式的练习题，能让不同程度的学生上黑板后，通过拉幕功能，拖出对应知识点的练习，经过自己的努力、动手和思考，都能在不同层次的题目前展现自己的才能，都能体会到成功的喜悦，都能得到教师和同学们的肯定与赞许。学生能上讲台展示交流，这样比传统多媒体教学模式成倍增加了学习反馈的有效信息量，显著提高了反馈矫正的效果，使教学目标得以更扎实地落实。让学生

"动"起来、课堂"活"起来，改变过去"我讲你听、我说你做"的授课方式，教师成为了教学过程的策划者、组织者、合作者。

（二）交互式电子白板软件的放大镜、屏幕遮蔽和聚光灯功能有利于吸引学生的注意力

交互式电子白板软件的放大镜、屏幕遮蔽和聚光灯功能有利于将事先准备好的课件进行部分遮蔽，逐次显示教学内容，避免显示内容过多而分散学生的注意力，有利于学生的积极思考。使用聚光灯高亮显示某一部分的重点内容，使学生的目光都聚焦于聚光灯突出显示的位置；使用放大镜功能可将重要内容、太过细小的图画放大，以吸引学生的注意，加深记忆，从而有利于课堂教学的高效性。例如，人教版关于减数分裂的图解，书中画的染色体细小而难以辨认，学生很难观察到染色体数目在减数第一次分裂时就发生了减半。教师直接讲出结果，学生又不太理解。这时可以利用交互式电子白板的放大功能，对前期的细胞进行放大，让学生自己去计算数目，理解减数分裂的过程。

（三）交互式电子白板的回放功能方便呈现，有利于学生反思

交互式电子白板软件的回放功能方便记录下白板上发生的教师教学和学生学习过程的所有细节，并进行任意次回放。对于一些需要反复讲解的难点问题，可以把讲解过程多次回放，还可以控制回放的速度，随时启动、暂停。这既减轻了教师的工作量，又满足了不同学生的需要，教学效率得到了提高。例如，神经兴奋的传导是一个重点，也是难点，学生不易接受。教师可以调用准备好的视屏进行播放。然后在交互式电子白板上对神经纤维内外电位变化进行分析，留下记号，再回放。当学生还有不能理解的情况时，学生可以自行在课后观看视频和记录，及时消化。这样的课堂比教师手拿鼠标面对电脑讲课、学生机械地观看媒体播放过程，多了学生反思过程，教学效果要好很多。

（四）丰富的资源库，有利于生成高质量的教学课件

课件是现代教学中不可或缺的一个要素。没有课件教学媒体也就失去了作用。使用交互式电子白板软件制作课件，类似于PowerPoint的操作，简单方便。软件图库中有丰富的常见资源，教师可将自己在教学中积累的生物教学素材、各类题型输入图库，建立自己的教学资源库，分别编上"细胞资源库""遗传资源库""稳态资源库""生物技术资源库""生物科技资源库"等。在课堂教学中可根据需要随时调出，减少了教师从互联网上搜索的时间，提高了制作效率。同时它还支持多种格式文件的导入功能，教师只需站在白板前，就可随意对课件进行修改增删。这种在实践中完善的生成式课件质量会更高，成为让所有教师共享的重要教学资源。

三、合理利用交互式电子白板的思考

（一）设计交互式电子白板目的要明确，针对性要强

教学活动中引入白板是为增强学生的感性认识，启发并引导学生对知识的理解和感悟，提升学生能力和情感价值观形成。设计课件时以学生知识目标、能力目标和情感目标形成为核心进行设计，解决教学重难点内容，提升教学信息转化为学生的知识信息、提升学生能力和形成情感目标而服务。课件设计要简洁明了，有些课件设计文字内容过多或过于复杂，反而增加了学生认知的难度。针对不同课型设计不同的课件：复习课课件有利于把知识点整合成知识体系，新授课课件创设情境、产生直观形象思维，实验课课件演示操作过程和实验现象，等等。

（二）利用交互式电子白板要与教学内容有效组合

交互式电子白板是一种促进课堂教与学的有效手段，教师在备、教、学的时候，要注意交互式电子白板与课堂教学内容的有效组合，在课堂有限时间内引入交互式电子白板时，要预设教学目标达成和产生相应的教学效果，要处理好教师为主导、学生为主体、白板技术为媒介的关系，提高教与学的效率。教师通过媒体课件有目的地动态演示，学生通过课件动画地感性认识，逐步分析总结出兴奋传递的特点，实现预期的教学目标。如果课堂进行简单演示，忽略了学生对知识的认知规律，忽略了教学内容，就会使课堂效果下降，流于形式。

（三）课堂引入媒体内容及播放节奏要适时适量

课堂教学中学生对知识的认知、理解和转化需要一定时间，电子白板一般承载的信息量大，呈现信息时，如果频繁切换教学内容界面、播放速度快，学生没有思考的时间，学习就会由主动变为被动，不利于学生思维过程形成和对知识的获取，难以形成师生之间的互动。所以，应用交互式电子白板应该注意以下几个问题：交互式电子白板应用以促进学生认知过程为目的，以学生的认知规律为基础，优化学生学习效率为宗旨；根据教学重点难点内容，合理利用交互式电子白板进行教学；课件使用时间节奏要适度。

微博教研：一个便捷、原创和交互式的
教研新平台

微博，来自于英文MicroBlog，即微博客的简称，是2006年3月，博客技术先驱创始人埃文·威廉姆斯（Evan Williams）创建的新兴公司Obvious推出的"大围脖"服务。最初只是向好友的手机发送文本信息服务，现在已成为用户间的信息分享、传播和获取的平台，用户可以通过Web、Wap以及各种客户端组建的个人社区，以140字左右的文字更新信息，实现即时分享。自2009年8月，中国最大的门户网站新浪网推出"新浪微博"内测版，成为门户网站中第一家提供微博服务的网站，微博正式进入中文上网主流人群视野。在教学方面，它具有巨大的功能优势，将成为一个便捷、原创和交互式的教研新平台，令人瞩目。

一、微博教研的功能优势

微博具有草根性强，广泛分布于桌面、浏览器、移动终端等多个平台上，在教学研究方面体现的功能优势主要表现在以下三个方面：

（一）便捷性——平民得像莎士比亚

微博的功能优势首先表现在便捷性。我们进行教研的形式有备课组的横向交流、博客交流、教学研讨会、论文评比等多种形式，它们各有优势，但是受时间和场所的限定，或者需要花费较高的费用。至于较为简便形式的QQ教研，虽能够快速进行交流，但必须要有一台电脑和网线，这也限制了其便捷表现。在这种情况下，人均一部手机（当然还有其他情况）的当今社会，只要发送不超过140字的信息，便可轻松进行交流，畅所欲言，不分贵贱，每位教师平民得像莎士比亚似的。对于中小学教师来说，这是一种非常便捷的教研工具。在

190

这种背景下，势必会推动教师间广泛教研，也将给教师教研开拓一个新的"春天"。

（二）原创性——演绎实时现场的魅力

微博的另一个功能优势表现在原创性。原创不再是教研型教师的专利，更不是教育理论家的代名词。微博的即时通信功能十分强大，原创地演绎着实时现场的魅力。通过MSN和QQ便可创造，即使没有网络，只要即时更新内容就可交流。它可以将一个问题即时提出，期待高人解决；也可以是自己把一个灵感发送到微博上，与用户共享；话不在多，一句话就行，不需抄袭。整个教研完全是一个平民教研、草根教研、真教研，其原创性超过任何媒体。

（三）背对脸——创新交互方式

教研的真谛在交流，形在交互。用户间你一言、我一语，不分权威，不按顺序。每个用户可以选择看，也可选择发言；可以一对一的交流，也可一对多地辩护，是一种背对脸的教研，一种自由式交互式的教研。只有通过这种有问有答的方式，每位教师才能拨开云雾见青天，在交流中进步，在交互中成长。

二、微博在教研中的应用

微博教研具有随时随地、无地域限制、跨平台发布与分享、完整记录交流碰撞等特点，微博在教研中应用前景十分良好。

（一）微博是移动教研的工具

例如，很多时候，我们很厌烦各种公开课、听课、评课，因为它只在于听课时只能听，评课时必须评，听课、评课完全脱节，如果课堂上有教师讨论，又会给上课教师和学生带来干扰。利用微博，可以解决上述问题。我们中学用手机在微博上发表自己的即时看法，与其他教师进行交流，而不影响课堂，同时教学行家可指出课堂的问题和优点，及时学习和肯定，不错过每一个瞬间。又如，当我们碰到了不能解决的问题时，我们不需要登门拜访，也不用特意向哪个老师请教，只需将问题发到微博上，便有全组的，甚至全国教师共同交流。再如，当我们偶然间获得了一个非常好的学科信息，我们只需轻松一点，所有教师便可全部分享，真正实现随时随地的教研。

（二）微博是无地域研制的教研平台

时下网络教研比较火热的有博客教研和QQ教研，它们有很多优势，但也有一些不可忽视的缺点。博客圈具有大容量、方便选择讨论等优点，如我们高中生物最大的博客圈——内质网互动平台，圈友人数达到1160人，访问总量超过100万次，在全国已经具有较大的影响力，但是它需要相应邮箱才可注册且必须加入之后才方便讨论、发布日志等，程序较为复杂，不便推广。QQ圈即时性强，原创性高，但有人数限制，必须得到管理员的同意后方可加入，并且只限于成员间的交流，外人不能浏览、交流。而微博整合了上述形式的优点，有效地避免了它们的弊端，使跨区域教研变得更加容易。例如，我们可将微博贴上"高中生物竞赛"的标签，全国各地的教师就可在一起进行教研，加上"关注"，互为"粉丝"，非常方便，容易教研。

（三）微博是教师思维碰撞的记录者

平时我们浏览一些微博的短信，发现它们非常实在，毫无掩饰，能够真正地反映现实。微博教研的性质定位是草根教研，草根教研的特点贵在用心，时时在意；务在求真，不虚构、不杜撰；本在务实，解决教师日常教学中面临的问题；勤在反思，将经验、体会及时记录，迅速反馈。通过与用户的思维碰撞，记录教师自身智慧的火花。它短小精悍，经常是只言片语，但却是教师表达与交流的思想精髓；它有别于读书笔记和博客，不需再三思考树立一个标题而煞费心机；它不需要额外腾出时间，在车上、在茶余饭后，随心随意一言两语，日积月累，不经意间的专业发展、教学机智、长期困惑、理念幸福记录在案，不断更新，成为我们自身的思辨文集。

现在，教育技术现代化的当今社会，开放、自由、灵活的微博教研正逐步走向我们，给我们一个便捷、原创和交互式的草根真教研，我们有理由相信，微博教研势必成为继博客教研、QQ教研之后一种新型的教研平台。

例谈翻转课堂模式在高中生物教学中的应用

翻转课堂是近年来教育技术领域的新事物，它将"传统课堂传授知识，课后完成作业"模式反转过来，实现了"学生在家观看视频、学习新知识、查阅资料，在校利用课堂时间消化巩固融会贯通的过程"（图1），实现了学习自主与合作的目的，给我国传统教育模式带来了深远的影响。我校生物备课组自2013年9月份开始，在高中生物教学上尝试翻转课堂模式，取得了较好的教学效果。下面以人教版《分子与细胞》第5章第1节第2课时"酶的特性"为例，谈谈我校应用翻转课堂教学模式的做法与思考。

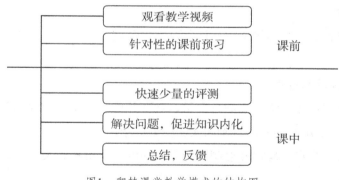

图1　翻转课堂教学模式的结构图

一、课前学习设计模块

（一）制作微视频

根据教学目标，备课组研讨制作PPT课件。视频尽量做到简洁明了、短小精悍。本节课的课件包括5个实验视频：

（1）过氧化氢酶与氯化铁催化过氧化氢分解的实验。

（2）淀粉酶催化淀粉与蔗糖水解的实验。

（3）淀粉酶和蔗糖酶催化淀粉水解的实验。

（4）不同温度对淀粉酶活性影响的实验。

（5）不同pH对淀粉酶活性影响的实验。

每个视频关注实验原理的讲解和实验结果的展示，最好控制在3分钟之内。同时在PPT课件中插入3道试题并讲解，加深对本节内容的理解与巩固。通过录屏软件合成，将整个课件控制在20分钟以内。该过程需要备课组多个教师合作完成，既需要普通话标准的教师，也需要视频编辑能力强的教师。

微视频完成后，通过上传到网站，告知学生网址，或者建立班级QQ群或班级公共邮箱，学生自行下载学习。

（二）编制导学案

导学案的内容包括以下几部分内容：

1. 教学目标

（1）知识目标：学会控制自变量，观察和检测因变量的变化及设置对照组和实验组。

（2）能力目标：学会用准确的语言阐明实验探究的结果；概述温度和pH影响酶的活性。

（3）情感、态度与价值观：体验科学探究过程，领悟科学探究方法，体现团队合作精神。

2. 教学重点与难点

（1）教学重点：学会控制自变量，观察和检测因变量的变化及设置对照组和实验组；学会用准确的语言阐明实验探究的结果。

（2）教学难点：确定和控制对照实验中的自变量和无关变量，观察和检测因变量的变化。

3. 教学过程流程

将"酶的特性"所涉及的重点内容以填空的形式呈现出来，引导学生边观看视频边完成导学案。通过这些视频文本的填空，使学生在观看视频时，及时掌握本节课的主要内容。

4. 针对性练习

学生观看实验视频后，完成针对性练习。试题应该能覆盖本节课的主要内容，可来源于人教版教材后面的练习（附答案）。试题数量不要太多，难度为较易或中等难度，便于学生及时巩固和树立信心。

（三）自主学习，及时交流

备课组研讨，设计好学习任务单，帮助学生明确学习的内容和方法。学生通过学习任务单，自行下载课件自主学习，及时记录疑问和收获，完成针对性练习。对学生反映的疑问与困惑，可通过班级QQ群、微信朋友圈及时解答，不能解决的，留在课堂交流和讨论。

二、课堂活动设计模块

翻转课堂教学模式不同于传统课堂师生授受关系，也不是课堂表面活跃的教学活动，而在于如何通过课堂活动设计完成知识内化的过程。教师在进行课堂活动设计时，应做好问题的确定、探究交流、课堂测评与反馈等方式充分发挥学生的主体性，完成知识的内化。

（一）确定问题

教师应注意收集和预设一些问题，指导学生选择探究的专题和分组。每个小组4人左右，每个小组探讨一个问题，小组成员内部分工协作，共同探究与交流。

（二）探究交流

教师讲解相关的疑难问题，然后布置具体的实践活动任务，学生开始自主探索。教师观察探究的进度适时指导，引导学生探究的方向，避免探究流于形式，在探索过程中构建自己的知识体系。探索结束后，组织学生进行成果展示、交流、反馈与评价，深化对知识的理解。

在"酶的特性"一节的课堂活动设计时，教师可设置4个专题，分别为：

（1）酶的高效性。

（2）探究酶的专一性。

（3）探究温度对酶活性的影响。

（4）探索pH对酶活性的影响。

专题一：酶的高效性

探索的问题有：

（1）如何设置实验来说明酶具有高效性？

（2）Fe^+催化剂是否具有高效性？与酶的作用原理是否相同？

（3）实验的自变量和因变量是什么？

（4）如何用酶的本质解释酶具有高效性？

小组讨论形成实验方案，展示成果，交流与反馈。

专题二：探究酶的专一性

探索的问题有：

（1）选用哪些底物和酶作为实验材料？

（2）根据假设预测结果。将实验结果记录下来。

（3）本实验的自变量和因变量分别是什么？用什么方法控制自变量？怎样观察和检测因变量？

（4）探究淀粉酶对淀粉和蔗糖水解作用的实验中，为什么选用斐林试剂，而不选用碘液？

（5）如何避免温度和pH等因素的影响？

小组讨论后，形成实验方案。进行陈述成果与交流，听取其他小组的质询，进行必要的答辩、反思与修改。

专题三：探究温度对酶活性的影响

探索的问题有：

（1）选择哪种酶做实验材料？能否选过氧化氢酶？为什么？

（2）根据假设预测结果。将实验结果记录下来。

（3）本实验的实验组如何设置？是否需要重复实验？

（4）选取几个温度？如何将温度分别调至预定温度？怎样排除其他因素的影响？

经过讨论，形成小组实验方案，设计好实验数据记录的表格。展示成果，分析实验结果：

（1）哪只试管酶活性高，如何得到？

（2）实验结果与预期结果是否一致？假设是否得到确认？

专题四：探索pH对酶活性的影响

探索的问题有：

（1）选择哪种酶进行试验？还要选取哪些材料？

（2）实验假设是什么？有何预期结果？

（3）如何将酶和底物调制到各种设定的pH？为什么要用相同pH的酶和

底物?

（4）pH对淀粉酶活性试验中，选择使用斐林试剂还是选择碘液检测?

（5）实验结论是什么？有没有其他实验材料可以替代?

（6）如何解读pH对酶活性实验的曲线图?

小组讨论后，形成实验方案。由小组选出成员向全班同学展示实验结果，其他组提出问题，小组成员回答。

每个专题，教师的角色为课堂的主导者、问题探究的推动者；学生的角色为课堂的主体、问题讨论的执行者。教师对每个专题给予合理的引导和提示，避免学生在一些无关问题上过多地纠缠。

（三）课堂测评与反馈

试题难度相对于课前要高，学生当堂完成，便于了解学习情况，进行自我评价，及时反馈与讲评。同时学生将自己答题与学习还没有解决的问题和困惑用文字表达出来，学生与教师当堂讨论，及时解决。

翻转课堂是一种创新型的教学模式，它颠覆了传统教学模式，转变了师生角色，实现了学生个性化学习，实现了多元化评价方式，提高了教学效率，是教育技术改革的重大突破。但对教师掌握视频制作技术和教师合作精神，以及对教学电子设备等提出了更高的要求。如何克服这些问题，让其更有效地融入教学当中，还需要教育工作者共同探索和实践。

利用微课，讲评生物作用

微课对我国中小学教育改革具有重要的推动作用，已成为时下教育技术的"新宠"。它可以针对某一知识点的讲解，通过例题的讲评与演示，主次突出，时间短、效率高，在讲解课后生物作业具有重要的作用。

一、课堂时间分配难题

心理学研究表明，课堂教学45分钟时间内，学生的生理和心理状态可分为起始时区、兴奋时区、调试时区、回归时区、终极时区5个时区（图1）。在起始时区，学生心理还没有调整到上课状态，教师需要将学生的注意力从课间休息状态转移到课堂学习上来；在兴奋时区，学生的思维进入最佳的学习状态，是学习的黄金阶段；在调试时区，学生的情绪低迷、思维迟缓，教师需要通过改变教学方法，帮助学生尽快恢复良好的学习状态；在回归时区，学生的思维又开始活跃，逐步恢复较好的学习状态；在终极时区，学生身心疲惫，注意力不易集中，思维处于抑制状态，需要教师进行适当的调控。可见，学生专注学习的时间在二、四时区。教师在课堂教学时要充分利用这两个时段，将教学的重点内容展示出来，及时训练和巩固，使学生更好地掌握教学的重点和难点。在课堂教学中，教师要依据5个时区学生的学习特点，合理安排各个教学环节的时间，提高课堂教学的效率。

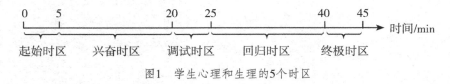

图1　学生心理和生理的5个时区

课堂教学过程一般分为5个环节：引入新课、新知探究、强化巩固、总结拓展、课堂检测。这5个环节的重要程度以及时间分配与5个时区学生学习的心理特点惊人地一致，只要在时间的长短上做适当的微调就可以。这样的教学过程安排十分科学，符合学生的认知心理。在实际教学中，还有一个不可缺少的环节，就是上节课的课后生物作业讲评环节。但是，无论是优课比赛、公开课，还是观摩课，一般都没有课后作业讲评环节，其原因是上节课的课后作业与本节课的教学关系不大，课后作业讲评会冲淡本节课的主题。更重要的是，课后作业讲评的时间也比较长。通过一个星期对高一、高二生物新授课教学中课后作业讲评时间的统计发现，每节课的课后作业讲评所需要的时间在6～15分钟，平均时间为8.7分钟，约占整个课堂教学时间的1/5。这么长的讲评时间，势必占用其他教学环节的时间，影响这些教学环节的教学效果，导致课堂教学效率低下。学生对所学知识没有深刻理解，技能没有训练到位，使得学生的课后作业正确率低，造成下节课的课后作业讲评时间更长。这样的恶性循环严重影响课堂的教学效率。针对这一问题，有的教师将几次课后作业集中起来进行讲评，虽然可以解决课堂教学时间分配不合理的问题，但是又会引起新的问题，学生的错误观点没能得到及时的纠正，知识和能力的缺陷没有得到弥补，往往会影响后续知识的学习。并且，由于课后作业时间跨度较长，学生对做错的题目已经没有印象了，错误原因和错误思维已经忘记，此时的错题对于学生来说就是一道新题，需要重新审题和思考，浪费了有限的课堂学习时间。如何解决课后作业讲评的问题，使课堂教学时间分配更合理，一直困扰着一线的教师。

二、利用微课，讲评生物难题

为了解决课后作业讲评挤占其他环节的教学时间的问题，我们想到用微课破解这一难题。学校领导对此十分支持，确定选两个班作为试点，给予人力和物力方面的支持，在教学软件和硬件方面都增加了投入，这也为学校即将建设的数字化校园和电子书包项目进行前期探索。

软件方面。学校与软件公司合作，开发了适应学校实际的教学平台，添置了专用服务器。该平台的作业板块具有作业分发、网上答题、答案提交、客观题自动批阅等功能。学生完成课后作业后，通过自己的账户登录平台，在课后作业页面生物学科部分的答案位置，输入选择题选项和计算题的最后结果，桌面会自动显示各题的正确答案和详细解答，每一小题都配有教师预先录制好的微课视频。学生根据自己作业的错误情况，有针对性地开展个性化学习，既可以仔细琢磨、详细解答，也可以选择微课倾听教师的讲解。现在发行量大的正规教辅资料既有纸质文本，也配有电子文本，教师根据本班学生的实际情况，有选择性地布置纸质课后作业，对答案的电子文档只要进行简单的编辑就可以上传，极大地减轻了教师的工作量。对课后作业讲评的微课，只需教师自己进行录制就可以了。

硬件方面。学校两年前投资建设了数字化微格教室，主要功能是教师教学技能培训，促进教师专业成长。数字化微格教室的录播系统很先进，有多个摄像头同时录制不同的场景，如录制电子白板显示的内容、学生的活动、教师的活动，还能自动跟踪教师、学生的活动，进行智能化录制和编辑。数字化微格教室是录制微课的理想场所。课后作业的讲评仅需录制教师讲评的声音和书写的文字与表达式，不需要录制教师讲课的场景和表情，所以用微格教室的录播系统和电子白板的录制功能就能满足课后作业讲评录制的要求。每次课后作业的讲评大约用20多分钟时间就能录制完成，然后只需将微课视频上传到教学平台就可以了。当然，如果需要进行实验操作，也可以全景录制。

三、实践后的反思

运用微课讲解课后生物作业有诸多优点：一是可以重复学习。学生如果一次看不懂或不理解，可以暂停或者重放，直到理解为止。二是满足个性化学习的需要。学生的学习存在着个体差异，课后作业出现的错误也是因人而异，学生可以选择自己做错题目的视频进行学习，避免了教师课堂集中讲评时，不能满足所有学生需求的弊端。因为教师讲评的习题是学生的共性问题，是大部分学生都做错了的题目，这样做对的那部分学生也被迫听讲，造成这部分学生学习时间的浪费，而少数学生做错的题目教师又不讲，做错这些题目的学生可能就没有机会弄懂错误的原因，造成这部分学生出现知识漏洞和技能缺陷。三是使课堂教学时间的分配更合理。课后作业的讲评任务在课后完成了，有效避免了课后作业讲评占用十分宝贵的课堂教学时间，教学过程各个环节的时间得到了保证，为构建高效课堂提供了时间的保证。四是及时反馈。学生将作业提交后，正确答案会自动呈现，学生能及时知道自己作业的正确率，对做错的题目也能及时弄懂。同时，平台自动统计学生作业情况，并将统计结果传输给任课教师，教师可以及时了解学情，第二节课时可以用很少的时间针对学生的薄弱环节进行强化讲解或训练。

运用微课辅助学生学习也有许多问题需要解决。例如，通过微课订正课后作业，需要网络和电脑，对一些学生家庭来说是一个不小的经济负担，学校也需要增加不少硬件投入，教师也要增加额外的工作量；学生的自控能力较差，如何控制学生上网时间；学生长时间使用电脑进行学习，对视力、心理等是否会造成不良的影响等。

信息技术的发展为微课提供了技术保障，将微课应用于教学才刚刚起步，还没有形成一套成熟的体系，它的优势远没有发挥出来，需要我们去开发与研究。

DIS技术在高中生物实验教学中的应用

数字化实验室（DIS）是指一般由传感器、数据采集器、计算机及相关数据处理软件等构成的测量、采集、处理设备和与之配套的相应的实验仪器装备组成的实验室。DIS是信息技术与传统实验课程整合的重要载体。基于传感器的计算机实时数据采集和基于计算机数据处理软件的计算机建模与图象分析等技术是开展中学物理探究教学的两大技术支撑，也是中学实验面向现代化、提升实验档次、加速实现中学教学向国际接轨的一条途径。笔者利用数字化实验室进行了有关实验的尝试，取得了较好的实验效果。

一、实验思路

探究"环境因素对光合作用强度的影响"是高中生物必修1中开展探究性活动的基本素材。人教版教材中提供的参考案例的实施和实验效果有一定的局限性，如叶圆片真空渗入法操作困难，向清水吹气不利于控制变量CO_2的浓度，实验过程连贯性不够，结果呈现滞后性等。于是在教学过程中，笔者引入传感器测量，与传统实验相辅相成。基于传感器的优势，把教材中对实验的定性描述提升到通过表格曲线进行定量分析，同时也培养了学生数据分析和处理的能力，为探究影响光合作用强度的因素提供了更多的实证数据。教师将学生分成两组，分别探究光照强度和光质对光合作用强度的影响。

二、课程准备

（一）实验材料

查阅资料发现，用菠菜、绿萝、吊兰、大叶黄杨均可作为光合作用相关实验的实验材料。但经过多次尝试，发现外来入侵植物水花生和绿篱植物珊瑚树叶效果较好，而且这两种植物都很常见，取材方便。例如，以水花生为实验材料，实验5min后水中气泡就非常明显。

（二）传感器

两组实验中，分别选用氧气传感器和溶解氧传感器测量氧气的变化量，并用光强传感器辅助检测光照强度，将其控制在一定范围内。

（三）光源

光合作用中的实验，很多版本的教材都使用的是白炽灯。但白炽灯在发光的同时会产生较高的热量，因此要设立隔水槽以消除温度升高对实验数据的影响。

（四）其他

保鲜膜、彩色玻璃纸、凡士林、宽透明胶带、数据采集器、托盘天平、单孔橡皮塞等。

三、实验实施

（一）光照强度对光合作用的影响

实验过程：

（1）在3个500ml的锥形瓶中均加入400ml的蒸馏水，再分别加入10g生长旺盛的珊瑚树叶。注意叶柄朝下，叶片朝不同方向，避免相互遮光。

（2）将每组的光强传感器和氧气浓度传感器与数据采集器、计算机相连，然后将氧气传感器的探头插入锥形瓶塞后分别伸入锥形瓶中，可以在瓶口涂少量凡士林或者裹几层保鲜膜，使密闭效果更好。需要注意的是氧气传感器探头很灵敏，操作过程中不能使瓶子的晃动让水溅到探头上影响示数。光强传感器放在锥形瓶旁边，注意将传感器的感光区域朝向光源。可以利用三套设备同时操作，也可以一套设备轮流做，但由于传感器灵敏度的差异，得到的数据之间可能存在一定误差。

（3）进入电脑V6.0系统，点击"通用软件"，系统自动识别所介入的传感器，并显示相应的数据。调节台灯的距离和强度，辅助光强传感器检测，控制三组光照强度分别在100lx、1000lx、10000lx左右。

（4）待光强数据稳定后通过"图线控制"设置合适的坐标轴间距，并设置计数间隔时间为2s，时长500s，点击"开始实验"，自动记录数据。

学生实验结果如图1所示。

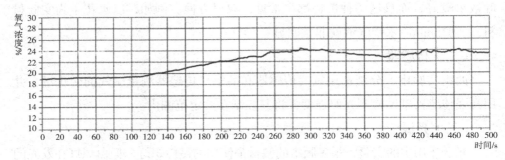

图1　实验结果

由曲线图可见，3条曲线前100s基本都保持平稳，可能是学生操作前传感器没有稳定就开始计数的原因，也有可能是量变积累不够。学生将曲线图经过分析处理得到表1。

表1　不同光照强度下氧气的含量变化

序号	光照强度 / lx	初始氧气浓度 / %	500s后	差值 / %
1	100	20.03	19.80	−0.23
2	1000	19.00	21.41	+2.41
3	10000	19.05	23.83	+4.78

由表1可见，相同时间内，光照强度越大，珊瑚树叶产生的氧气越多，光合作用越强。其中光照强度在100lx条件下，珊瑚树叶500s前后氧气浓度为负增长，可能是弱光下植物光合作用小于呼吸作用。

（二）光质对光合作用的影响

实验过程：

（1）将红色、绿色、蓝色的单层玻璃纸剪成合适大小，分别包裹住500ml的锥形瓶，用宽透明胶带粘住接口，注意紧密包裹不能漏光，且接口处尽量不要重叠。向3个锥形瓶中各加入200ml的蒸馏水，再向每瓶中加入水花生幼嫩部分5或6段，鲜重大约10g为宜。若植物过多，叶片遮挡，而呼吸作用总量增加，会影响实验效果。由于水花生叶片较小，不需要将叶片摘下，可以连带幼茎一起放入锥形瓶中。

（2）将每组的光强传感器和溶解氧浓度传感器与数据采集器、计算机相连，然后将溶解氧传感器的探头放入锥形瓶水中，并在瓶口裹几层保鲜膜达到密闭的效果。光强传感器放在锥形瓶旁边，注意传感器的感光区域朝向光源。

（3）进入电脑V6.0系统点击"通用软件"，系统自动识别所介入的传感器，并显示相应的数据。调节台灯的距离和强度，辅助光强传感器检测，控制三组光照强度均在1000lx左右。

（4）待光强数据稳定后通过"图线控制"设置坐标轴间距，并设置计数间隔时间为2s，时长500s，点击"开始实验"，自动记录数据。

由数据分析可见，相同时间内，在蓝光下瓶中溶解了较多的氧气，光合作用较强，其次是红光，最弱的是绿光。比较500s前后，在绿光下，瓶中的溶解氧含量下降，说明绿光下水花生光合作用较弱，小于呼吸作用。

四、反思与讨论

（一）瓶中的水量

经过反复实验，发现使用氧气传感器时，需要在瓶中加入较多的水，使瓶中空气减少。这样氧气量的变化较大，传感器的示数变化才更加明显。而在使用溶解氧传感器时，水量的影响则不及前者明显，但也不宜过少，以基本没过水花生叶片为宜。

（二）传感器

使用传感器前一定要先校正以消除误差，并让传感器稳定5min再开始测量。传感器本身的灵敏度是有差异的，数据分析中教师要引导学生关注本组数据的变化量，而不是实验起点和止点的绝对值。另外，每个数据采集器上都有4个通道，可以同时连接4个传感器。这意味着实验过程中还可以同时测定多个生理指标，减小实验误差，提高实验效率，还能确保实验结果的准确性。

（三）其他因素的探究

本次实验测量的为净光合作用强度值，也可以结合二氧化碳传感器和温度传感器，继续探究二氧化碳浓度、温度对光合作用强度，甚至对呼吸作用强度的影响，延伸实验的深度和广度。

教师需要根据教学内容，充分利用学校的教学资源，让信息技术与生物学科有效结合，不断思考和创新，才能提高学生学科实践能力。综上，传感器为生命科学实验的拓展和探究打开了一扇窗。

网络监控技术在生物教学中的应用

一、网络监控技术简介

网络监控技术是一款用于实时监控的APP，支持基于运动检测的自动录像。它可以把安卓设备变成用于实时观看的双向音频支持的无线网络监控技术，还可以使用电脑上的浏览器查看手机拍摄照片或视频。教师将此技术应用在课堂上可以实时反馈学生动态的学习过程或静态的学习结果，更好地促进学生学习过程的呈现与评价。

二、网络监控技术能实现课堂信息的快速反馈

美国心理学家加涅认为："学习的每一个动作，如果需要完成就需要反馈，即时反馈是促进学生学习的重要条件。"但在传统教学环境中，反馈存在一定的问题，教师不能及时、全面了解学生的学习情况，学生与学生之间也不能相互即时观摩、评价；在评价反馈信息方面存在一定的主观性、片面性，并存在一定的偏差和延迟。

教师运用网络监控技术对教学活动进行创造性设计，可以发挥信息技术辅助教学的特有功能，把信息技术和生物学教学的学科特点结合起来，使教学的表现形式形象化、多样化、视觉化，课堂反馈更加实时化、全面化。教师不再仅凭学生的表情判断学生对知识的掌握情况，反馈效果实实在在看得见。对作业、练习和测试的反馈迅速即时，反馈信息具体全面。教师、学生以及所有的参与者都能得到反馈，教师能面向全体学生，对多个学生提供反馈辅导。教师可以实时关注学生的学习过程，对学生学习的投入状态进行即时反馈、评价和矫正，使生物课堂生动、活泼，收到事半功倍的效果。

三、网络监控技术在生物课堂教学上的应用

（一）网络监控技术安装及使用说明

1. 网络监控技术的设置

首先，在手机上下载网络监控技术软件并安装。打开网络监控技术软件，可修改视频和照片的分辨率，分辨率越高投放到电脑上图片的尺寸就越大、越清晰，但是分辨率太高可能使传输有迟钝。将对焦模式选为激进式，用于捕获照片，这样可以快速清晰地对焦，保证画面的清晰度。

在主界面的下方点击"开启服务器"，就开始了网络监控技术的工作。这时候手机里就会呈现出网络监控技术所拍摄到的画面。接下来通过电脑访问画面。画面的下方会出现一串IP地址，需要用电脑来访问这个地址。

2. 手机热点的设置

首先，需要把手机和电脑进行连接，可利用手机热点和电脑之间进行联系，不需要开数据也不需要外网，只要手机和电脑之间进行联系：打开自己手机的个人热点，输入名字，可以在安全性里设置密码，也可以不设，保存，打开开关。这样手机就相当于一个无线路由器了。

3. 使用浏览器展示手机网络监控技术的画面

接着，在电脑端搜索手机无线网络，并且连上手机的WiFi。打开浏览器，在地址栏里输入网络监控技术下方显示的IP地址，点击回车。在画面中有视频和音频选项，在视频选项中选Flash，音频选项通常选默认关闭，也可以选择全屏模式。点击摄像头的图标，这样可以更大画面地显示网络监控技术所拍摄到的景象。

4. 在PPT中超链接显示手机网络监控技术的画面

先把对应的地址复制下来，然后在PPT里插入超链接，选择任意图标或文字，点击超链接，在地址栏里粘贴刚才复制的网址，在PPT播放状态时点击超链接就可以直接访问网络监控技术拍摄的画面了。

（二）网络监控技术在课堂上的应用

1. 小小摄像头，实现数码互动效果

传统课堂上，学生分组进行活动，其活动结果往往得不到即时反馈和评价。例如，分组实验中，如果某一组学生的实验非常成功，其他学生就会围过

来看，里三层外三层。但是只有前面的学生能看见，实验结果转瞬即逝，后面学生根本看不见！课堂秩序也乱作一片……有了网络监控技术，一切都大不同了！

打开手机上的网络监控技术，点开PPT上相应的链接，教室的多媒体屏幕上就可以投影出任意一组学生的实验过程或实验现象，学生在自己的座位上就能看清别组同学的实验过程了，还可以对他们的实验进行分析评价，或修改自己的实验。当然，一台电脑可以同时链接8部手机，如果有小组认为自己的实验也很成功，想把结果展示给大家看，打开自己的手机就可以切换屏幕画面，即时展示自己小组的实验过程或学习结果，就像一个数码互动系统一样。学生看到自己的成果被展示出来，得到了老师和同学的赞赏，提高了学习积极性。这种即时反馈比教师课上凭口头描述去分析学习结果的延时反馈更有效，而且这种快速反馈形成的成就感可以更好地促进学生学习活动的良性循环。

2. 小小摄像头，变身行走投影仪

教室里的实物投影仪可以说是乡村学校里比较高端的教学设备了，但它通常是固定在教室的讲台位置，不能移动。并且其投影效果还受到光线的很大影响。白天光线强投影效果差，光线弱投影效果就好。现在网络监控技术把这些问题都解决了。例如，教师想把某一组学生的学习活动单或者已经完成的小测试投影到屏幕上，该小组成员把手机对准自己的学习活动单，屏幕上就能很快投影出来，学生不用跑到讲台上来，在自己座位上就能给大家交流报告他的学习结果。所有课堂参与者都一目了然。投影还不受外界光线的影响，效果相当好。如果想比较其他同学的学习成果，只需要移动或切换手机就可以了。教师对学生或学生之间的评价可以即时进行，课堂反馈快速、高效。学生能分享他们的工作，观察评价他人的工作，就是一种交互式学习。这种反馈可以有效激发学生的学习动机，促使学生自觉集中注意力，全神贯注地投入到学习中去。

3. 小小摄像头，解决立体投影大问题

实物投影仪通常只能投出镜头所对准的平面物像，如做演示实验"观察叶片上的气孔"时，将叶片放在盛有热水的烧杯里，此装置放到实物投影仪上以后，屏幕上只能投出一个烧杯的上口，烧杯里白晃晃的一片，不一会儿水蒸气会蒙住投影仪的镜头，屏幕上更是一片白雾！做演示实验"验证绿叶在光下制造淀粉"实验时，实物投影仪的高度放不下水浴加热的装置。利用网络监控技术，教师可以用手机从各个角度将实验过程立体动态地投影出来，清晰又明了，既不怕水雾侵袭，还不受实物投影仪使用面积和高度的影响。这样大大突破了现有教学设备的局限性。做解剖等演示实验同样适用，教师可以多维度立体地展现解剖过程，学生看得真切、全面。

4. 小小摄像头，造就"数码"显微镜

网络监控技术在生物课堂上还有一个更妙的用法——它可以将普通光学显微镜视野里的内容像数码显微镜那样实时投影出来，这对农村中学来说，绝对不可思议！

以往农村中学在演示使用显微镜时，对光或观察到物像后，通常只能找一两个学生来看结果，其他学生只能想象对光是什么样子。而且学生稍微移动一下显微镜或有学生经过显微镜，学生看到的和你看到的可能就大相径庭。现在教师利用网络监控技术就可以轻松解决这个问题。当然最好有一个小支架，没有的话手持也可以。

将支架下端固定在显微镜的目镜上，上端固定手机，将手机的镜头对准显微镜目镜的中央，打开手机上的网络监控技术，同时打开教室多媒体的屏幕。当对好光时教室多媒体屏幕上就实时投影出一个圆形白亮的光屏，这样学生就都知道对光应该是什么样子了。当寻找物像时屏幕上逐渐显示出物像由模糊到清晰的全过程，相当于显微世界的实况直播，实现师生共享清晰的图片。通过切换手机，每位学生不但可看到自己所观察的图像，还可以看到老师和其他同学观察到的图像。教师可迅速且有效地对学生进行指导和帮助，反馈快速高效。

当教师用显微镜"观察小鱼尾鳍内的血液流动"时，指导学生看看哪里是动脉哪里是静脉哪里是毛细血管就方便多了，再也不受显微镜只能一人观看的局限了。

四、网络监控技术使用中的一些小诀窍

（1）如果上课的多媒体教室里没有WiFi，只需要USB随身WiFi就够了。这种USB即插即用，不受时间、地点限制，非常方便。

（2）手机拍到的画面（包括显微镜下的视野）是可以放大的，点击电脑右下角的缩放级别就能得到想要的效果了。

（3）如果想截取保存画面，手机按截屏就可以了。

（4）在拍实况的时候，手机移动时屏幕会有一点拖影，移动慢一点拖影就解决了。当然这还与手机的像素有一定关系。

（5）教师拿着手机切换画面时最好用手遮挡一下手机摄像头，因为它会将手机拍到的任何画面投放到屏幕上，避免分散学生注意力。

五、小结

现代信息技术正突飞猛进地发展，生物课堂也随着新的信息技术的应用而变得多姿多彩。运用网络监控技术大大弥补了乡村学校教学设备的不足，不仅解决了在使用显微镜时教师与学生不能同时看见显微镜视野的局面，而且还能将各个学习小组的学习状态进行现场直播，极大地激发学生学习的积极性和主动性，使得生物课堂更加热烈、精彩！

角色扮演在高中生物教学中的应用

角色扮演教学法是学习者在假设环境中按某一角色身份进行活动以达到学习目标的一种教学方法。根据教学要求设计一个逼真的工作情境，学生扮演情境中相应的角色，按照角色尝试处理各种事例。特点：①借助活动进行教学，气氛活跃，能引起学生强烈的兴趣；②要求学生遵从角色要求，将自己的思维、动作乃至仪表等整个身心置于角色中，目的在于帮助学生了解、熟悉职业性质及工作要求，从而能更快地适应未来的职业环境。在高中生物教学中，掌握角色扮演的方法，能取得较好的教学效果。

一、扮演辅助生物学动态模型构建的基本流程

（一）设计

设计扮演的过程也是教育目标"理解"水平的体现，一开始可以是教师帮助学生示范，如"氨基酸的脱水缩合"设计，先让学生扮演氨基酸，再让学生设想怎样展现"脱水"过程。等学生熟悉角色扮演后，可以自己写策划或剧本。教师的任务则是引导学生科学理解概念，防止重表演轻科学。

（二）排练

排练是学生分析、理解、合作、主持等综合能力体现的过程。学生需要表达自己的理解，创造性地对头脑中形成的概念进行加工。教师也要在排练过程中给予学生关键模型的调整和补充。例如，学生排练"兴奋在神经纤维上的传导"时，一直对兴奋传导之后电位差的恢复产生疑问，于是教师可引入离子泵模型对排练进行调整，同时也是对课堂给予补充。

（三）表演和观察

教师可鼓励学生小组以无声的方式进行表演。这样观察者更愿意揣摩和品

味表演者意图。对于观察者，在发现与自己建立的观念有冲突或突然产生更好设计灵感时，鼓励其做好记录准备交流。同时观察者也是学习者，将观察到的与自己大脑中的模型进行拟合，对已有模型进行修正或强化。

（四）评价

先让表演的小组自评，再进行他评。教师鼓励学生就以下几个维度进行评价，并试着进行等级量化：自评，包括创新提出、道具制作、主持领导、建议修改、后勤服务等；他人评价，可从表演过程科学性、流畅程度、创新亮点维度入手。

二、扮演生物学动态模型构建案例

（一）有丝分裂扮演案例

几位学生站在外圈手拉手成环抱状态表示核膜；举起手的两位女同学甲和乙表示染色体，另外两名女学生丙和丁从甲和乙后面站起来模拟染色体复制；甲和乙、丙和丁两对女生举起手背对背说出："我们是姐妹染色单体。"两边各一位表示中心体的学生用细线拉着甲乙丙丁四名女学生模拟纺锤体的形成；两对女生再自己抱紧自己身体半蹲模拟加粗过程；两对女生背对背面向两侧整齐排列模拟中期染色体排列在赤道板；在细线牵拉基础上两名女生分别分开模拟后期着丝点分离。

（二）光合作用扮演案例

几名穿绿色衣服的学生围在一起代表叶绿体中的叶绿素，双手伸向电灯（表情渴望）模拟吸收光能；一穿蓝色衣服且背上贴着"H_2O"的学生身体碰到"色素"后转身面朝观众并伸开双手展示出O_2和［H］模拟水的光解；另一名穿黄色衣服胸前和背上分别贴着"ADP"和"ATP"且手里拿着"Pi"的学生通过转身和手中"Pi"道具的隐藏和展示模拟ATP的合成和分解；再由一名学生将手里代表Cs的橡皮泥与接过的一块代表CO_2的橡皮泥揉在一起后又将其分成两块模拟Cs固定形成两分子C_3；拿着代表C_3橡皮泥的学生接过蓝色衣服学生手里的表示［H］的卡片并在黄色衣服学生碰触下，用部分橡皮泥粘在卡片［H］上模拟C_3还原并形成了产物（CH_2O）。

（三）遗传信息的翻译扮演案例

制作能容纳两个人且上下不封口的纸盒代表核糖体，再在讲台两边拉着一根系着"UGCCUAGAUG—CA"卡片的绳子代表一条显示出四个密码子的mRNA，再让学生扮演tRNA。首先，一个左肩、背中间和右肩分别贴着"A""C"和"G"且右手拿着一个带线气球（气球贴着"半"字表示半胱氨酸）的学生甲背对观众跨入盒子，尽可能将自己身上的"ACG"字母与线上"UGC"对齐，模拟携带半胱氨酸的tRNA进入位点1；其次，另一个左肩、背中间和右肩分别贴着"G""A"和"U"且右手拿着一个带线气球（气球贴着"亮"字表示亮氨酸）学生乙背对观众跨入盒子，尽可能将自己身上的"GAU"字母与线上"CUA"对齐，模拟携带亮氨酸的tRNA进入位点2；再次，学生乙伸手慢慢拿过甲手里的气球并与自己手里的气球系在一起，模拟半胱氨酸与亮氨酸形成肽键而转移到占据位点2的tRNA上；接着，学生甲跨出纸盒并移动从而模拟原占位点1的tRNA离开核糖体，占位点2的tRNA进入位点1，以此类推进行下去。

三、动态模型表演的二次创作

在第一轮复习时，学生还可在新课作品的基础上再创作。这样可一方面缓解枯燥的复习，另一方面学生在巩固强化过程中再次深入理解相关生命活动机理。

（一）有丝分裂扮演再创作

在形成纺锤丝时，本来扮演中心体的学生不发出星射线从而模拟有丝分裂后体细胞染色体增倍的过程，但意外的是表演学生却是通过挣脱星射线牵引达到模拟染色体异常增倍，其挣脱星射线牵引的过程引发同学们阵阵掌声和欢笑。这种错误扮演能显现出学生知识的漏洞，便于后续教学的改善。

（二）光合作用扮演再创作

关掉教室几盏灯模拟光照减弱；这样扮演ADP的学生碰触扮演色素同学时转身速度变慢从而模拟形成ATP的速度减慢，扮演H_2O的学生接触色素转身举起"O_2"和"［H］"速度变慢模拟水的光解过程受到抑制；扮演C_3还原过程的学生也就等着表演提供"ATP"以及提供"［H］"的学生，其转身速度变慢，这样扮演C_3还原的学生相继停留，从而模拟C_3还原过程受抑制，C_3暂时增加，（CH_2O）合成暂时受阻。通过此扮演能让学生更深刻地理解光合作用中光反应和暗反应在光强减弱下的变化情况。

（三）遗传信息的翻译扮演再创作

增加代表mRNA的绳子道具长度，让班上两个小组同时表演，模拟了多聚核糖体，在节约时间的同时增加学生参与度，还便于通过对两个小组进行对比评价。此外，教师可以让学生将"分泌蛋白的合成与运输"动态模型接着"翻译"之后进行，两个过程结合在一起扮演，便于概念之间融会贯通。

四、扮演对学生综合能力的培养

（一）扮演活动促进学生创新能力培养

学生扮演的目的是为了展示自己的设计和创意，通过自己的努力得到教师和同学的认可。他人的期望以及自信会不断激励学生进行创新。对于创新，学生可以从以下三个方面入手：

（1）巧妙地借助身边道具更加贴切地通过语言和动作模拟相应生命活动，也是最容易吸引观众眼球的方式。

（2）与其他类似的生命活动扮演作对比，作补充或比较性的扮演，如和卵原细胞减数分裂形成卵细胞或与有丝分裂作对比表演。例如，在第一次表演转录后，学生主动提出想尝试表演逆转录。

（3）鼓励学生在原有基础上进行拓展性表演，解释一些特异现象。例如，提出XXY个体形成的可能性假设，让学生通过模拟减数分裂异常情况发生进行解释。

（二）促使学生将科学与艺术融合应用

既然是扮演，就应有表演的成分，相应过程就应该演得栩栩如生，让人看着赏心悦目，扮演的效果应该流畅、贴切，就像是一件经过雕琢且科学性和艺术性浑然天成的作品呈现在观众眼前，如在扮演减数分裂时，学生还选择配上音乐。伴随音乐，学生随节奏移动步伐，双手灵动地摆动。这样的过程以科学化和艺术化的眼光审视生命活动，是一个学生精益求精，追求卓越与臻美的过程。美的课堂是学生共赏、期待、师生共同追求的课堂。

（三）培养学生在共同体中共事的能力

设计、排练、表演、评价、再创造、再表演而完成任务的过程不仅仅是简单交流与沟通。需要有人号召，使得组员之间达成共识；需要有担当者主持大局，安排任务，出谋划策；需要有人主动根据自己的特长分担任务；也需要共同体内相互指正批评。通过小组密切配合，如在扮演中可看到学生，从手拉手不流畅且害羞地表演氨基酸脱水缩合开始，到表演减数分裂时男生和女生通过互换外套大方地模拟"交叉互换"。排练过程中有意外惊喜，也有共同思考解决问题的苦恼。这样共同体凝聚力逐渐形成，学生体会共同协作完成任务的必要，体验共事的快乐和成就。

自制教具在高中生物教学中的应用

教学过程当中，教师经常通过讲授的方式或者配以动画、幻灯片来突破这些学生认知的难点。但是教学结果仍常是收效甚微，学生依然一知半解。究其原因，是因为学生没有实践体验。如果教师可以借助一定的教具让学生自己动手感受噬菌体侵染的大致过程，形成直观的刺激，就可以突破学生认知难点，克服教学障碍。基于此，笔者借助软磁性贴条和彩色磁片来制作磁性教具辅助教学，帮助学生建构"噬菌体侵染细菌"模型，达到较好教学效果。现介绍如下：

一、制作材料

软磁性贴条（0.5mm厚），A4彩色磁片（1mm厚），剪刀。

二、制作过程

（一）制作噬菌体模型（蓝色和红色两种）

（1）制作噬菌体的蛋白质外壳。分别取红色和蓝色的彩色磁片，先在上面画出噬菌体模型的外观图，再按照图形裁剪出红色和蓝色两种噬菌体的外壳模型（红色代表有放射性标记，蓝色代表没有放射性标记，以下同，与教科书中的颜色标记一致）。

（2）制作噬菌体的DNA。分别取红色和蓝色的彩色磁片，同样在磁板上画出DNA的双链模式图，然后分别裁剪出红色和蓝色的DNA分子模型。学生要注意DNA的两条链分开画、分开裁剪再拼接，这样把双链拆开还可用于模拟"噬菌体侵染过程中DNA复制"时半保留复制过程。

（3）拼装噬菌体。将裁剪好的噬菌体模型配件按照噬菌体的结构拼接成两种类型的噬菌体模型：①32P标记的噬菌体，由蓝色的蛋白质外壳和红色的DNA

组成；②35S标记的噬菌体，由红色的蛋白质外壳和蓝色的DNA组成。

（二）制作细菌模型（蓝色和红色两种）

取蓝色的彩色磁片，裁剪出长条形的磁贴代表没有放射性标记的大肠杆菌。

三、教具使用突破难点

（一）突破"用什么放射性同位素分别标记噬菌体的什么物质"的难点

教材中提及"用放射性同位素32P和35S分别标记噬菌体的蛋白质外壳和里面的核酸"。对此，学生经常会囫囵吞枣或者混淆放射性同位素的存在部位。教师使用自制磁贴教具，先告诉学生红色代表有放射性，蓝色代表没有放射性（这也和教材插图所示的颜色相符）。然后，将组装好的两种噬菌体模型①和②展示给学生看，提问：这两种噬菌体分别是哪里有放射性？学生很自然地会回答："噬菌体①的内部核酸有放射性；噬菌体②的蛋白质外壳有放射性。"接着，教师还可以继续引导学生思考：它们是怎么带上放射性的，需要用什么方法、什么元素？"学生意识到，需要用同位素标记法，而且要选择蛋白质和DNA特有的元素来分别标记，即32P和35S。这样，学生自然而然就明白了什么是同位素标记法、用什么标记、标记结果如何等问题了。

（二）突破"噬菌体侵染细菌的具体过程"的难点

噬菌体侵染细菌的过程分为"吸附——注入——复制合成——组装——释放"等步骤。学生对这些步骤十分陌生，如果只是一味地依靠教师讲解则枯燥乏味。教师可利用自制磁贴教具，使侵染过程清楚，一目了然，激发了学生的学习兴趣，也突破了过程难点。

（三）突破"侵染结果上清液和沉淀物放射性如何分布"的难点

噬菌体侵染细菌后，噬菌体的DNA侵入细菌体内，利用细菌的脱氧核苷酸作为原料进行大量复制并指导子代噬菌体蛋白质外壳的形成，而亲代噬菌体的蛋白质外壳留在外面。经过搅拌过程，亲代噬菌体的蛋白质外壳和被侵染的细菌分离，接着通过离心过程使之分层，观察放射性出现的位置，对比分析推理出遗传物质是DNA。针对这部分内容，虽然教材中有彩色插图辅助教学，但是实验涉及的步骤较多，学生很难一次性就完全理解其中的"搅拌""离心""放射性分布"等问题。教师在介绍搅拌作用时，可借助教具在黑板上手动操作，将原本吸附在细菌表面的蛋白质外壳的磁贴模型拿开代表分离，让学生直观感受，也可以让学生上台配合教师演示。至于离心过程，教师可以设置问题进一步激发学生思考："离心分层后，出现上清液和沉淀物，那什么物质比较轻会留在上清液中，什么物质比较重会保留在沉淀物中呢？"结合前面的讲解和磁贴的展示，学生可以比较轻松地回答出："蛋白质外壳留在上清液中，细菌存在沉淀物里。"接着，教师可以继续发问："沉淀物中的细菌是否还存在其他物质？"学生思考后回答："沉淀物中的细菌应该是被侵染的细菌，因此体内还有侵染进去的噬菌体的DNA及子代噬菌体。"随后，教师进一步提问："那放射性的分布情况应该是怎样的呢？"这样，通过教师一步步的引导，学生对上清液和沉淀物的放射性分布情况已经了然于心了，结果也就不言而喻了。

四、教具特点

（1）制作简单，造价便宜，直观美观，可拆卸可拼接，可经久使用。模型大小还可依据使用情况进行调整。

（2）教师可以一边讲解，一边在黑板上演示。教师可以先用噬菌体组件拼贴出噬菌体的结构模型来介绍噬菌体的结构特点，然后再按照侵染的过程，逐步演示在黑板上拼贴，使抽象的过程直观化、形象化。学生也可以参与进来，自己动手粘贴演示，整个过程有趣有用。

五、教具的其他使用价值

笔者制作的这款拼贴磁性教具除了可以突破"噬菌体侵染细菌的实验"的一些重难点之外，还可以用于教材第3章第3节"DNA的复制"的使用，可以利用教具进行DNA是半保留还是全保留复制的探究。学生通过自己动手拼接理解半保留复制的特点及结果，并进一步联系本节内容，深入探讨子代噬菌体的放射性情况。

新一轮课改与教师专业发展篇

试论教师专业发展规划与策略

美国组织行为学家道格拉斯·霍尔认为，专业发展是指一个人一生中所有与工作相联系的行为与活动以及相关的态度、价值观等连续性变化经历的过程；专业发展规划是指一个人与组织相结合，在对其专业发展的主客观条件进行测定、分析和总结的基础上，对自己的兴趣、爱好、能力和特点进行综合分析与权衡，并且能综合时代特点和自己的专业倾向，确定其最佳的专业发展目标，并为实现这一目标做出行之有效的安排的活动。从本质上说，教师专业发展是教师个体在专业上不断发展的历程，是教师不断接受新知识、增长专业能力的过程。教师要成为一个成熟的专业人员需要认真规划与反思，提高其专业水平，从而达到专业成熟的境界。

一、教师专业发展规划的基本原则

（一）目标性与系统性原则

由于现代社会结构与教育结构日益复杂化，需要专业教师具备多种职能与功能，教师专业发展规划首先应遵循目标性和系统性原则，这是必然的。教师专业发展的目标明确有利于教师专业能力的提高，教师可借助各种信息了解自身的能力与不足，评估当前状态与目标状态的差距，从而确定专业发展的起点，促进自身的专业发展。专业发展规划是多元化目标有机结合的系统，是一个复杂的目标系统，专业存在状态的不同使得教师对其专业的内涵与意义有不同的理解，也使得教师有不同的专业理想与专业行为选择，最终导致教师具有不同的发展水平。

（二）主体性与主动性原则

教师专业发展的特点要求教师积极参与专业发展活动，作为专业发展规划的主体主宰自己的专业发展。教师应积极参加与学校的教学目标相关的专业发展活动，将专业发展活动与学科教学内容联系起来，将自己的专业发展与学生的不同需要结合起来，客观地评价自身的专业发展水平。

（三）动态性与可调性原则

在不同的社会背景与不同的教改背景下，对教师专业能力的要求是动态变化的，在教师的整个专业发展中，动态性与可调性贯穿始终。教师的主体性终身学习，就是将自身作为发展的对象，其发展过程伴随着专业发展的发展而展开，在这个过程中，实时的监控与动态的调节机制对保证教师专业发展目标的实现与专业活动的绩效是必需的。

（四）多元化与多主体评价原则

对教师专业活动的成果评价是复杂和不确定的。在教学方面，要准确衡量教师在"学生质量的改进或提高"上的成果几乎不可能；科研成果虽然相对具体，但由于科研过程难以控制且科研成果很少有明确的衡量标准，所以也不好衡量。更重要的是，对教师的专业活动存在着来自教师自身的内部评价与来自社会的外部评价，对二者匹配程度的解释和理解直接影响到教师以后的专业活动。

二、教师专业发展规划的意义

一个人的专业发展是生命、生活的重要组成部分，选择了一份专业就是选择了一种社会角色，进而选择了一种生活方式。进行教师专业发展规划，对个人和学校都具有重要的意义。

（一）教师专业发展规划可以帮助教师确定专业发展目标

没有明确的目标，就很难取得相应的成果。目标代表了人们要做的事情，以一种漫不经心的方式对待自己的工作，就如同走进教室却不知道要做什么、要完成什么。目前教师专业发展的制度只有职称晋升，正常的话，一位教师至少要十年左右的时间就可以达到职称评定中的最高等级，如果他在三十岁时就达到最高职称，之后的三十年就可能因为没有发展的方向和目标而导致发展的停滞。所以，不管是走上工作岗位没多久的年轻教师，还是处于生命发展成熟期的教师，都需要自主发展的推动作用。

（二）教师专业发展规划可以促使教师采取行动和策略

规划可以对教师个体的发展起到很好的指导和监控作用。当教师个体对自己的专业发展有所设想，并能付诸具体的行动以完成这种设想，那么真正的成就感和工作的满足感也就随之而来了，而这种成就感又会推动教师去自主发展，从而达到良性循环的过程。

（三）教师专业发展规划可以评估教师的工作业绩

教师专业发展规划的一个重要功能是提供了教师自我评估的重要手段，教师可以根据自己的专业发展规划对目前的工作业绩进行评估，找出差距，并据此制定或调整自己的专业发展开发策略。所以专业发展规划必须是具体的，规划的实施结果是可以测量的。而且社会是不断发展变化和进步的，可以通过工作业绩的评估，提供及时的反馈信息。

（四）教师专业发展规划可以为学校提供一支稳定而高质量的教师队伍

长期以来，我们的教育为教师发现他们真正的专业价值做得甚少，各种竞争、检查、评比等工作压力让教师产生专业倦意，极大地抹煞了他们的自主发展意识和愿望。通过对教师进行专业发展规划，能达到学校人力资源需求与教师发展需求之间的平衡，使教师体验到成就感和自我实现感，从而创造一个高效率的工作环境和引人、育人、留人的工作氛围，这也是教师专业发展规划激励性的具体体现。

（五）教师专业发展规划能使学校人力资源得到有效开发

学校人力资源开发的重点是如何通过教师的自我认识和定位，开发其潜能、发挥其专长，实现其人生目标。教师专业发展规划是组织实施学校人力资源开发的有力工具，通过教师专业发展规划可以使教师的个人兴趣和特长受到学校的重视，教师的积极性得到提高，潜能得到合理的挖掘，从而有效地开发学校的人力资源。

（六）教师专业发展规划能有力地促进学校发展目标的达成

教师专业发展规划与管理的核心是将个人发展与组织发展相结合，这可以有效抑制学校与教师个体在目标整合上的偏差，并避免由此造成的教师工作的主动性、积极性等因素的丧失。最终目的是通过帮助教师的专业发展，实现学校的持续发展，达到学校发展目标，实现教师个体目标与学校发展目标的高度统一。

三、教师专业化发展的策略

（一）积极开展反思型的教研活动，提高对新课程教学的驾驭能力

1. 主动请他人听、评课堂教学

按照"邀请专家、同行听自己的课→请专家、同行评课→自己再上课→专家或同行再评课"的教学模式，加强对课堂教学行为的研究，可以促进自己由外控型教师专业发展向内控型教师专业发展。调查研究表明：实施新课程对新教师来说，他们虽经过学习可以理解新的教育思想，但在课堂教学中运用却不能得心应手。对此，借助专家或同行的评课可以帮助他们反思自己的教育行为及教育理念，取长补短，改进教学。同样，专家与同行的评课也能向他们展示教学理论的表现形式，给他们提供一种反思的示范。

2. 主动说课并及时听取评价意见

说课是教师在备课基础上，面对同行、领导或评委，口述具体课题的教学设想及其依据的一种教研活动。主动说课有以下优点：第一，机动灵活。不受时间、地点、教学设备的限制，两人或多人可随时随地进行；第二，短时高效。单纯说课所用时间较短，但内容却十分丰富，既包括教师对教材的理解掌握和分析处理，又包括教法设计；既要说清自己将怎么教，又要讲出为什么；第三，能提高教学理论水平。说课是理论性的分析，能充分体现教师的教学思想。教师只有主动开展反思型的教研活动，提高对新课程教学的驾驭能力，才能顺利实施新课程教学。

3. 采取微格教学法，注重自我反思

微格教学法是以现代教育学、心理学等理论为基础，利用声、像手段记录课堂教学情况，由专家与教师共同对课堂教学做出客观评价的教学方式。它能使执教者对自己的教学行为有清晰的认识，并最终能熟练掌握各种教学技能。实践表明，教师通过看自己的教学录像，反思教学的得与失，能对自己的不良行为、习惯起到较好的矫正作用。同时，利用教学声像素材，还可编辑制作典型的微格教学片，用于观摩、交流及研讨，实现教学资源共享，也十分有利于提高其他教师的专业素质。

（二）搭建教师专业发展平台，促使教师在过程中自主发展

学校管理者在引领教师实施专业发展规划的过程中，不仅要重视发展的结

果，更要注重发展的过程。应当考察阶段性的"过程发展"中的情感、态度和价值趋向，从而做出相应的引领策略，其中特别要重视创设教师专业发展的生态环境。提供自主发展的平台，开拓自主发展的空间，是让教师自主实现动态性发展的重要条件。学校提供教师专业自主发展的平台，为教师提供了平等的发展机会，就是为了引发教师的内在动力，走自主发展的道路。提供教师专业自主发展的平台有多种，以笔者之见，主要应创设好以下四块平台：

1. 理论学习平台

例如，组织联系教育教学实际的理论研讨、定期请专家讲学等，能迅速提高教师的理论水平和研究能力。在专家讲学的过程中，引导教师积极发表自己的见解，与专家就教育教学问题进行对话或深入探讨。专家开设的专题讲座内容大多是对当代教育思想、现代教学理念做联系实际的诠释，或对新课改中的具体问题做策略性指导。这些讲座起到了"专家引领"的作用，实质上是利用"理论引领"的先导性引导教师专业发展。

2. 教学交流平台

在当前，应当以新课改的实施为切入口，通过各种活动加强教师个体与同伴之间、教师个体与领导成员之间的交流与协作，共同讨论和解决新课改中出现的各种问题，从而达到引领教师发展和提高课改质量的目的。学校应当为教师提供充分展示才华的舞台，如按月举办"教师发展论坛"，让教师发表对某些教学现象的观点，或展示自己成功的教学案例、阐述教育教学研究心得；以学科教研组为研究基地开展多种研究活动，可以举行目标性的达标课、示范性的观摩课、专题性的研究课等，课后共同研讨其教学模式、教学方法、教学特色以及教学效度；开展教师沙龙活动，这是一种自由主题式的教育教学问题讨论会，能使更多的教师积极参与，大家真诚交流，敢于自由地发表见解，营造了学习与研究、互动与共享的和谐氛围。

3. 课题研究平台

这是以课题为统领开展的教学研究活动。在课题研究过程中，要学习科研理论，要围绕课题内容掌握相关的现代教学理念。特别是要理解课题研究急需的相关知识。通过课题的理论与实践的研究，可使教师更新教学观念、提升教学技能、丰富自身的教学思想。课题研究是使教师成为"研究型教师"的必由之路，所以参研教师要广泛，学校应根据教师个人专业发展规划中设定的目标，安排层次性的研究梯队。由于研究内容的实践性、研究方式的多样性、研究人员的普遍性，课题研究形成了教师专业自主发展的平台。搭建教师专业自主发展平台能使教师获得过程性发展的条件。以上三块平台的融合共生，可营造学校专业文化，孕育教师的专业精神。教师融入丰富多彩的专业文化之中，便能取得自身的自主发展。

4. 建立实践反思平台

教师专业发展的规划与实施，是一项复杂的动态的系统工程，因此，实践反思必须理顺关系、明确过程，并设定内容和形式。

（1）组建实践反思的"拓进团队"，可由教务处、教科室、教研组、备课组负责人及市级以上的学科带头人、骨干教师组成。"推直团队"的职能是考察各层级教师个人实施专业发展规划的情况，帮助查找存在的问题，协助确定改进策略。

（2）确定实践反思的过程性发展路线：目标—实践—反思—改进；再实践—反思—改进，进而创新发展。这是对各阶段发展目标实践效能及其过渡的实践反思。

（3）规范反思内容和反思方式。学校教育教学现象很多，反思不能包罗万象，无的放矢。

总之，不能脱离专业发展规划的实践，否则就会削弱对规划实践的反思力，不利于进行发展性评价，归根到底不利于教师专业发展。

反思立足课堂，促进教师专业发展

一、反思立足课堂教学

我们日常的教育教学工作中总会出现一些问题：教学结束后，感觉自己的课堂没有激情，学生反应木讷；自己精心设计的教学内容未能在预定的时间内完成；某个学生上课听讲不认真，影响了老师的情绪；等等。教师面临的既有共性问题，也有个性化问题，而这些问题都曾困扰着我们的课堂，困扰着我们对学生的思想教育。

为了让老师们能够很好地解决存在的问题，也为了进一步提高课堂效率，学校管理方应以一个学期为一个阶段，让老师们在学期末对自己平时的教育教学加以反思，为的是总结经验教训、解决实际问题。反思没有固定的模式，文字也可长可短，一两句话、教学心得、日常札记都可以，但一定要反思自己实际教学中碰到的问题，要有亲身感受，内容新鲜、具体。

反思是一个逐步走向深入的过程。最初的教育教学反思可能是教师的课后小结，或是三言两语的点滴体会，虽然都是对现实课堂问题的思考，但是不成体系，还不能很好地用教育教学理论指导自己的实践，在反思的广度与深度上也很欠缺。但随着反思活动的进一步开展，教师的反思能力有了极大的提高，主要表现在：教师从课堂问题出发，提出自己的困惑；从理论出发，寻找解决问题的策略方法；从培养学生的素养与能力出发，提出具体的规划与方案。教师将反思贯穿于教育教学的整个过程，有各个教学过程的反思，有各个教学阶段的反思，有教学细节反思，有教学专题反思，有对学生的个案反思，有对整个班集体建设的反思……总之，反思包罗万象而又重点突出，有效地更新了教育教学观念，改善了教育教学行为，提升了教育教学水平，同时把对自己教育教学现象的反思作为一种习惯保持下来，不断改进自己的教育教学工作。

二、反思改进课堂教学

教学反思是课前备课的深化和发展。它是教师对教学实践的再认识，以便从中探索教学规律，从而形成自己的教学风格。所以一节课即使设计得再精巧，但由于学生思维的深度与层次、课堂情况的多变，一堂课结束后，总会有成功和不成功的地方，为此教师要注意采集，及时分析并做好适时的小结。教师需要用简短明晰的文字记录课堂中教材处理的得当与否、问题解决的思路顺畅与否、学生思维的阻塞点和课堂产生的火花，等等，同时客观冷静地分析这些问题产生的原因，对下一阶段的教育教学工作做出适当调整。

教学反思的方式是多样的，如自我反省、教研组交流、校级系列专题反思等。在实际教育教学工作中要做到诊断学生、反思教师问题。通过这样的"问题诊断与反思"的过程，把教师个体或集体发现和提出的问题转化为教师全体共同关注与思考的问题，从而共同研究解决问题的策略，最终提高课堂教学效率。

三、反思促进教师发展

教学反思被认为是"教师专业发展和自我成长的核心因素"。在促进教师专业发展方面，始终坚持"三个中心"的指导思想，即"以教师为中心"，满足教师"自主发展、自我提高"的需要，引导教师找到适合自身发展的有效途径；"以实践为中心"，在行动中自主发展，通过"教学设计——课堂实践——课后反思"活动，提高教师专业素质；"以问题为中心"，以研究、解决教育教学中的现实问题为出发点。在工作中，教师主动学习和运用教育规律，树立科研意识，掌握科研方法，逐步成为研究型、学者型的教师，最终实现自我发展。

每学期末，学校要对教师的教育教学反思进行评比，开学初召开教育教学论坛，交流经验并表彰奖励。教学反思交流有助于教师从个体反思向群体反思、从肤浅反思向深度反思转变。在"实践——反思——再实践—再反思"的良性循环中，不断地调整自己的教育教学思路和方法，加快专业发展的步伐。

教师专业化发展探析

新一轮课改呼唤教师的专业成长，同时更赋予了教师一个重要的使命和责任——引领自身走专业化发展之路。而其中青年教师的专业成长更是受到高度的关注。但从目前的实际情况来看，教师的专业化，尤其是青年教师的专业化程度令人堪忧。笔者认为，作为一名职业教师必须坚持专业化发展，必须保持一种专业化发展的自觉性和态势。虽然很多教师意识到了这场教育改革的重要性，对自己提出了更高的要求，但却徘徊在专业成长的大门之外，不知如何提高自己、完善自己，不知如何走上这条路。其实这种困境是每位教师都经历过的，任何事物的发展都具有普遍性，教师专业化发展也应是螺旋式发展。

一、教师培训——专业化发展的必由路

思想决定行动，理念催生行为。随着新课改的深入，教育问题已由理念的冲击转变为操作层面的实施。但是，由于受传统教育思想、教育模式尤其是应试教育的影响，一些教师教育理念滞后、教学方法陈旧、教育手段单一等是不争的事实。如何实现新课程理念下的课堂结构、课堂模式、课堂教学方法的变革，进而提升为符合新课程改革需要的教学艺术，一方面需要教师加强对新课程的研究、探索、创新，需要教师自身善于读书学习，从报纸杂志上汲取新的教学理念和方法；另一方面需要专家的引领，直接、快速地汲取他人的先进教育教学理念，以此来实现自己的专业化发展。因此，参加各种高效的培训是促进教师专业化发展并迅速成长的必由之路。通过培训感受专家教育教学的精彩，体验新课改的脉搏律动，提升对课堂教学有效性的认识，洗礼自己的教育思想，把握现代课堂的精髓所在，从而提升自己的课堂教学艺术，并促进自己教学特色的定型和教学风格的提炼。积极参加各种形式的培训，可使自己对新

课程理论的深化、教研课题的研究、课程资源的开发、教学流程的设计等有更加科学的理解和把握;可使自己对名师成长的路径、全新的教育观念、新型的师生关系、现代人才观等有所感悟和体味,从而使自己获得充实和提升。

二、常态反思——专业化发展的强基石

反思是针对教育教学中生发出来的相关问题的理性思考与再度认知。它对帮助教师从更高的层面上认识教育、理解教学、优化育人行为、促进专业成长等,有着重要的促进作用。著名学者文森曾说过:自我反思是教师专业发展和自我成长的核心因素。只有懂得反思的教师才能成为一个优秀教师,否则,永远只是一个教书匠。有些教师教了十几年或几十年的书,仍然没有多大的长进,没有多大的提高,教学方法陈旧落后,教学理念传统机械,老经验、老模式一用就是十几年或几十年,影响几代人,教书一辈子,辛辛苦苦,浑浑噩噩,教学成绩平平,学生不喜欢,同事不恭维,学校不重用,自己也感觉不到教育教学的幸福感。究其原因,是这些教师不善于反思,不能正视自身存在的问题,不能改变落后的思想和落后的方法。教师专业化成长最重要的环节就是要不断地进行批判性反思,只有理性的认识才能科学地指导实践。反思是总结、是批判、是追求。只有勇于探索、不断进取的人才有可能以批判的眼光审视自己,寻找自身的缺失与遗憾。教师专业化成长的过程,实质上就是"教学——反思——再教学——再反思"的不断升华的过程。反思是教师发展最积极的因素,也是教师专业化成长的必然选择。

我们完全可以立足于平时的教育教学实践,对自己的教育教学进行体味、总结和再审视,多一些理性思考,批判地审视自己的教学行为、师生关系、班主任工作等,按照新的教育理念去思考问题,通过反思探索,解决教育教学中的问题。在平时的教育教学实践中,我们要不断对自己的"教"和学生的"学"进行观察、发现、追寻和感悟,要有问题意识和发展意识,要勤于反思,善于发现工作中的问题,记下自己的教育教学灵感,并把它用于指导自己以后的教育教学实践,使自己在反思中不断完善,不断提升。

反思有助于我们从幼稚走向成熟,由感性走向理性,从浅薄走向丰厚,从"教书匠"成为"教育家"。通过反思,教师就会不断升华自己的教育理念,在科学的教育理念指导下,不断自主调适教育教学行为,从而不断提高教育实

践能力，实现教育教学的创新和高效；通过反思，也有助于沉淀自己的教学特色，逐渐形成自己的教学风格。因此，我们要善于在教学中反思，在学习中反思，在科研中反思，在互助中反思；在反思中觉悟，在反思中提升，在反思中创新，在反思中发展。多思多益，常思常新。教师的反思不能只依靠外部的压力、他人的提醒，而要成为教师自然的行为、自觉的行动，使自我反思常态化，这样才能真正促进教师的专业化发展。

三、课题研究——专业化发展的梦工场

要实现教师的高端发展，仅仅陶醉于对课堂的满意是远远不够的，必须从科研的高度理性地审视自己的教育教学行为，寻找并发现教育教学规律，去除教育教学的随意性、盲目性。教师职业化要求教师必须思索教育、研究教育、探索教育规律。积极主动地从事课题研究是当代教师走专业化发展之路的重要途径，是教师自我发展、自我提升的基本方法。然而，提起课题研究，一些教师尤其是青年教师会认为，做课题那是专家、名师或领导的事，作为一线教师没有精力、能力和必要搞课题研究，能够上好课、管好班级就不错了，把课题研究看得很神秘。一些教师即使搞课题研究，那也只是形式上的东西，往往是"开题——轰轰烈烈；结题——忙忙碌碌；过程——冷冷清清"，没有真正树立强烈的课题研究意识。作为一名新时代的教师，必须把科研与教学有机结合起来，必须由"教书匠"向"科研型"教师转变，形成"在教研中搞教学，在教学中搞教研"的"教学—教研"一体化的良好局面。

课题研究并非深不可测。在平时的教育教学实践中，我们常常会遇到一些令我们不解或难以处理的问题、疑惑，这些问题和疑惑就是我们的研究对象。我们要善于从平常的教育教学实践中发现问题，选定有针对性、实用性的问题进行思考、探究、实践。研究即行动。课堂是教学改革的主阵地，是教师课题研究的肥沃土壤。在课堂上教师有了困惑，发现了问题，然后以研究者的姿态分析问题、思考问题、解决问题，在实践中不断改善教学行为，这样才能不断提高教育教学质量和教师自身的业务素质和能力。为此，课题研究必须立足课堂，围绕课堂教学进行深入细致的研究和改革。课题研究不能崇尚空谈，不能只走过场，不能偏离轨道，迷失方向。离开了课堂和学生实际进行的课题研究将是无本之木、无源之水，是没有任何价值和生命力的无稽之谈。

作为一线教师，每天都要投身教育教学实践中，因此，我们拥有最鲜活、最宝贵的教育教学资源和充足的研究时空和载体，课堂、班级就是我们的研究阵地。课题研究来源于课堂生活、教育教学中的问题，课题研究要回归自然，回归学情，要常态化，要有清水出芙蓉的效果。进行课题研究就是要结合自己的课堂教学实践、班级管理实践，对问题进行分析、思考和论证，将研究与教育教学实践结合起来，做到在教学中研究、在研究中教学，教学与研究水乳交融，逐步形成教师在研究状态下工作的职业方式。

课题驱动，行动研究不仅是教师自我发展、自我提高的重要渠道，更是教师职业化发展的需要。同时，它也是提高学校教育教学质量的助推器，是实现教师梦想的铸造厂。

四、博览群书——专业化发展的新引擎

书是流淌的血液、灵动的生命、知识的海洋、无尽的源泉、无穷的财富。神游天下，有助于我们松弛绷紧的神经，冷却燥热的情绪；遨游书海，有助于我们净化腐朽的思想；畅游书山，有助于我们擦亮心灵的那扇窗。他山之石，能使我们触类旁通，获得实实在在的精神力量。书，将会一次次使我们"受伤的心灵"得到抚慰，将会渐渐地使我们"缺钙的思想"变得坚强；书，将会一次次荡涤我们"污垢的思想"，使我们不再迷茫，不再神伤。

思想是行动的指南，读书是思想的源泉，不读书就没有思想的源头活水。一个有思想的教师才会在教育的天地里有所作为，到达理想的彼岸；一个有思想的学生才会在求学的道路上，事半功倍，获得更多的成功。教师工作是一种特殊的劳动，更是一种富有创造性的劳动，这一切都要求教师要勤读书，读好书。

读书能产生美丽，让教师永远与幸福相伴；读书能产生责任，使教师具有高尚纯洁的道德风范；读书能丰厚底蕴，促进教师的专业化成长；读书能促进教育的发展，使其具有深远的内涵；读书能使教育变得简单而拥有无穷魅力；读书能使教师具有一双慧眼，从幼稚走向成熟；读书能厚实学生的智力背景，使学习既放飞心灵又天真烂漫。

现代社会，科技发展日新月异，知识更新越来越快，只有多读书、勤读书、善读书，才能在将来的竞争中始终立于不败之地。把读书作为一种责任，是教师职业的基本要求，是教师专业化成长的必由之路。教师的责任是架起一

座连接过去和未来的桥梁，让每一个在这座桥梁上路过的人都被注入人类文明的血液，并带着这种血液去创造人类历史新的文明。教师只有不断地读书，汲取新的知识营养，才能担当起这一责任。把读书当成一种责任，是教学方式转变的前提和做一个"研究型"教师的必备条件；把读书看作一种责任，是营造书香校园的基础和构建"学习型社会"的关键；把读书视为一种责任，是"终身学习"的必然要求，是时代赋予教师的神圣使命。

五、形成风格——专业化发展的明信片

成为名师是教师的追求和梦想，但事实上能真正成为名师者廖若星辰。对于广大教师而言，可能比较容易做到的是先把自己发展成为有特色的教师，然后再向成为名师的目标进发。每个教师都有着自己的特长、特色和风格，千篇一律、照抄照搬、机械模仿会使教师失去自我，丧失教学的灵性、活力和生命力。所以，一名教师要想成为一位名师，首先应做一名有特色的教师，从实际出发保持自己的教学风格，如在语言表达上有自己的特色，在教学方法上有自己的特色，在情境创设上有自己的特色，在管理学生上有自己的特色等，做到"教出自己的个性来"。无数事实证明，一个人只有发挥自己的长处，才能取得成功。所以，建议教师们先审视一下自己，什么样的教学风格最适合自己。如果你语言诙谐，善于表达，最好向幽默风趣型的特色方向努力；如果你个性温雅，思维敏捷而深刻，可尽量往沉稳质朴型的特色方向发展；如果你讲课情绪饱满，充满激情，善于言情，就要向情感型教学风格迈进……使自己或沉稳、或风趣、或严谨、或奔放……这样，才可以达到相得益彰的效果。我们要走向专业成熟，走向专业成长，就要使自己的教学风格更鲜明。教学风格的形成标志着教师自我意识的觉醒，自我价值的准确定位及充分实现，是社会丰富性中独特自我的塑造和完善。

作为一名教师，确定自己的特色及方向是打造特色发展方向、形成自己教学风格的第一步。教学风格是在实践中形成的，也是在实践中完善的。一个教师教学风格的形成，需要经历一个探索追求的过程，教学风格的发展是教师个性不断自我优化的过程，教学风格的形成需要千锤百炼、精心雕琢。做一名有特色的教师需要在平时的教学实践中凝练自己独特的教学风格，形成自己的教学特色。这既需要经历公开课、观摩课、评优课的洗礼、磨砺，更需要成千

上万节常态课的积淀、锤炼。我们只有在平时的课堂教学中勇于尝试，大胆实践，不断反思和总结，才能铸就个人独特的教学风格。教学风格是教师专业化发展，乃至教育职业生命发展的重要问题，教学风格的形成，是教师在教学上趋于成熟的重要标志，教学风格往往能够体现一个教师独特的审美情趣、思想倾向、思维方式、行为习惯，乃至气质、性格、修养等众多的个性因素。成熟的教学风格是教师在教学实践中自然而然表现出来的一种稳定的教学风貌。确立和坚持自己的教学风格，不仅有利于教学水平的提高，教学实效性的增强，而且有利于加速专业化进程，对学生各种心理品质的发展也具有潜移默化的导向引领作用。每一位教师都是根据自己的知识经验、思想情感、个性特长，对前人积累的教学方法有选择地进行学习、借鉴、加工，内化为自己的东西，并在这个基础上有所发展、有所创新，从而打造出具有自己鲜明个性色彩的教学方法。特色教师介于名师与普通教师之间，具有很强的教育教学能力或某一方面的特长，属于教育教学的实力派，既是我们教师努力的方向，也是学生、学校对教师群体真正可以期许的一件事。只要我们每一位教师勤于读书，善于反思，不断总结，塑造自我，大胆实践，就一定会开辟出属于自己的那一片天地，收获更多的精彩和喜悦。

"教育是一项伟大的事业，一头挑着学生的今天，一头挑着国家的未来。"教师从事的职业是"太阳底下最光辉的事业"，教师是"人类灵魂的工程师"。走专业化成长之路是我们的必然选择，也是我们的责任。

基于微课的教师专业成长

微课是近年来教育技术领域中出现的新事物。自2004年美国萨尔曼·可汗（Salman Khan）给亲戚讲授的在线视频课程开始，这一教育技术迅速向全世界蔓延，正在翻转课堂，被认为正打开"未来教育"的曙光。它具有开放共享、资源丰富、主题突出、时间灵活、实践性强等特点。对于教师专业成长而言，微课能推动教师教学方式的改变，促进教学与现代技术的深度融合，是重要的学习资源和学习方式之一。

一、微课推动教师专业成长的意义

（一）促进教师专业意识的重塑

微课大大丰富了教师的主体体验，使教师获得专业成长。传统的培训是教师专业成长的途径之一，但是传统的培训存在许多问题，如不管参加培训教师的水平是否一样，一般都采取统一的模式，没有层次性、针对性。微课的出现，给传统的培训模式带来了挑战。目前，把微课用于教师培训，受到广大教师的欢迎。教师的教学水平与能力参差不齐，不同层次的教师有不同的培训需求，如果对他们开出统一的、系统的课程，就难以照顾差异。可当我们把一门课程碎片化，将知识化整为零，把每个知识点制作成微课，学员就可以根据自己的情况对有关知识点进行重点学习。这种有重点、有选择的学习，正是微课作为课堂教学的有益延伸与补充的体现。有了微课视频的针对性学习，教师在培训中遇到的问题就会迎刃而解，从而提高教师的自我效能感，满足教师的心理需求，丰富教师的主体体验。

（二）提高教师解决实际问题的能力

微课这种新的教学方式，使教师培训不再局限于传统课堂，它是教师学习的模拟实践场。这种直观性、针对性、实用性更强的学习方式能丰富教师的实践体验。广大教师可以充分借助这个平台观看同行的作品，分享同行的宝贵经验，吸收同行的教学精髓，还可以精选别人的成果为自己所用。但是教师要获得成长并不是把别人的成果原封不动地利用就可以。微课最突出的特点就是它的"微"特性，它所具有的动态性，使得教师可以不断地修改、扩展自己的教学。一旦经过了教师个体再次的切片加工、组合和开发，无形之中，别人的东西就会转化为自己的东西。而在这个过程中，教师不断地进行反思，运用自身已有的知识，采取各种策略对别人的东西进行加工、优化，一定程度上丰富了教师的实践性知识。

微课不仅为广大教师搭建了一个平台，也为教师与学生之间搭建了一个交流的平台。学生借助教师提供的微课视频进行学习，一旦在学习的过程中遇到问题，既可以在线与教师探讨，也可以通过网络留言告知教师。教师再根据实际情况采取具体的行动。教师在解决学生的困惑，或者反思自己的教学，完善微课视频的过程中，自身解决实际问题的能力也在不断地提高。

（三）强化教学与科研的整合

教师专业成长的渠道很多，如进修研习、听讲座等，但这些耗时的短期培训收益不大，就促使我们寻找一种更为经济、有效且长期的方式。校本教研是一种融学习、教学和研究于一体的学校活动和教师行为。以微课为载体进行的校本研究是强化教学与科研整合的一个很好途径。

教师要持续提高教学水平，就需要不断地深入研究，把教师在教学过程中遇到的小问题、小课题进行深入的、立足于校本的研究。诚然，作为一线的教师并不像一些专业研究人员那样具备丰富且高深的理论修养，他们做的只能是一种"草根式"的研究，而以微课为载体进行的校本研究就是促进教师专业成长的"草根式"研究方式之一。这种研究方式相对于理论研究而言更加彻底，因为广大教师长期在一线教学，对教学中的问题体会得更加深刻，了解得更加透彻，更有发言权。而且教师反复对教学活动或者课堂行为进行不断的反思与探究，并将教师在这个过程中的收获以微课视频录制的方式展现出来。这样，微课既为教师的日常教学服务，提高教师的教学技能，教师又通过制作微课视频展示教师教学反思等将科研结合了起来，一定程度上微课强化了教学与科研的整合。

二、利用微课推动教师专业发展的优势

微课以短小精悍为特点，只需观看几分钟视频，就可大量获得一些有用的专业发展知识。那么微课推动教师专业发展有哪些主要优势呢？

（一）平民化研究，富矿式回报

利用微课推动教师专业发展，教师不需要太多的信息技术，教师只要会输入微课平台网站名，然后点击所需要的视频就可学习。整个过程"多快好省"，十分平民化，只要拥有接入互联网的设备，甚至可以足不出户就能获得更多的学习、交流、沟通（微课配有评价功能）和提升的机会。

（二）不受时空和人员限制

利用微课推动教师专业发展，教师无须坐在一起，无须轮流发言，只需短短的5分钟就可以吸收他人最先进的教学经验；不受场合约束，不需太多的表达，教师观看视频更加自由，教师可以灵活安排时间、地点。这种不受时空和人员限制的教研模式，更加人性化，能提高教师专业成长的实效性。

（三）思考更充分，反思更有效

教师学习微课视频是自由的，视频播放可快可慢，可顺播亦可倒播，可仔细推敲，也可摘抄有价值的笔记，可充分地思考，也可将比较成熟的想法在视频下面的评价窗口与他人交流，使得问题的探讨、研究更加深入。由于对微课的评价是匿名的，教师无须掩饰自己的言行，只需在键盘上敲几个字，鼠标点一下，就对该课件做了评价，这样的评价可能更公平。特别是在多人评价下，评价高的微课一般都是精品，评价低的自然没市场。这样的"真"教研、"实"教研才能实现有效的专业引领，教师的能力才能真正得到提高。

（四）交流研讨范围广

利用微课推动教师专业发展，不受年级组、教研组、备课组以及区域因素等的限制，教师可以点击微课资源库中的任何一个课资源，发表自己的意见与见解，参与交流研讨，同时也可以有专家的点评，可以相互借鉴教学的方法与经验。这种大范围的交流研讨，将会使教师专业发展更加富有成效。

（五）实现教师个性化专业发展

微课的录制本身就是一种个性化教师发展形式。由于每个教师的教学经历、教学经验和教学能力不同，教师录制的微课所具有的个性也不同。年轻教

师制作课件能力较强，录制的微课多注重技术含量；中年教师具有较强的课件制作能力和经验，经常能录制出一些符合各方需求的优质微课；老年教师由于课件制作能力相对较差，但注重经验，录制的微课虽形式简单，但对教学很具有参考价值，须辩证看待，也值得研究。

三、微课推动教师专业成长的策略

（一）教学思维的转变

教师专业成长贯穿于教师的学习、教学和研究等环节，微课对教师专业成长的推动不仅体现在教师的学习上，还体现在教师的日常教学中。传统的教学方式是一种面对面的教学，学生到学校上新课，回到家里做作业，师生之间缺乏沟通。课堂上采用的是齐步走的策略，课堂教学实际上只照顾到了三分之一的学生，因材施教则更难。微课引领的翻转课堂一改传统的教学组织形式，学生的学习场所不再固定在教室，只要有网络或者移动设备，在家里、在车站等任何一个地方，只要想学习，都可以随时学习。而且学生有更多机会主动参与到教学中来，学生在观看微课视频时，一旦遇到问题，就可以马上在线与教师或者同学互动学习，及时获得解答。而教师在与学生互动的过程中，也了解到学生在哪里遇到了困难，再对微课视频不断地进行修改、扩展，实现动态性更新。利用微课进行学习，学生可以先在线学习，再到课堂上与教师面对面学习，二者结合起来就变成了混合学习。这样学生的学习方式就呈现多样性。美国的一份调查报告显示，在面对面教学、在线学习以及混合学习三种教学模式中，混合学习是最高效的，面对面教学是最低效的。总之，这种教学组织形式的变革是以"学生"为主的，它让教师教得更加轻松，学生学得更愉快、更高效。

（二）网络社群的搭建

利用微课促进教师的专业成长需要搭建一个实践社群，为教师对话、交流、合作提供一个平台，而合理、有效地建设和整合资源库是重要的保障。

1.网络平台的组建

随着微课运用于教学以及教师专业成长中优势的日渐凸显，微课也通过建立一些组织群体，如微课QQ群、微信群等，进行互动与交往。微课网络平台是以网络虚拟环境为基础，方便群体之间交流、学习，实现个体专业成长的学习组织。在这个组织中，每一个人都是为了自身的发展，自发地走到了一起。他们又建立了彼此之间的信任，为了更好地共享隐性知识，毕竟一个人的经验是有限的，往往需要合作，借助同伴的经验和集体的智慧来解决问题，进而把隐性的知识转化为显性的知识。在网络平台互动中，一方面，当教师个人遇到问题，随时可以在这个群体里提出来，其他成员就会针对问题给予各种各样的建议，教师再从中整合大家的意见，及时解决问题。另一方面，教师个人可以寻找到志同道合、志趣相投、互补互助的学习伙伴，一起共享优质教学资源，交流教学方法、学科前沿和热点问题等，从而更好地促进自身的专业成长。

2. 微课资源库的建设

建设丰富的微课资源库，是利用微课推动教师专业成长的前提。学习资源贫乏是长期以来困扰教师专业成长的客观因素。而微课的出现使得这个问题的解决有了转机。建设丰富的微课资源库，首先要保证微课网络平台的开放性，允许并鼓励广大教师积极参与，开发并制作优质微课视频上传到微课平台上；其次，学校和相关学术团体应组织微课评选等活动，采取适当的方式对教师进行表扬、奖励，激发教师持续参与微课视频制作的积极性，从而使微课发展形成长期有效的机制；最后，加强微课资源库的管理，使其规范化、专业化。虽然教师制作上传的微课视频许多都是单一、杂乱的，但是不难发现，一些教师制作的微课视频同属一个主题。对微课视频进行有效的整合与管理之后，众多类似的视频就会聚集在一起，形成一个个系列的专题，存放在微课共享平台上，更好地实现优质教学资源的共享。

（三）信息技术素养的提升

教师凭借微课促进自身的专业成长，不可避免就要提高教师运用信息技术的水平，提升教师的信息技术素养。微课主要是针对某个知识点而展开的，如重点、难点、疑点等。但教师要制作拍摄一个高质量、高品质的微课视频，以往对教学每一步的精心设计，教授知识后的深刻反思等，在微课设计与制作的过程中一样不能"偷工减料"，反而因为它独特的"微"特性，每一步的设计更需要精益求精、独特新颖，才能够彰显微课的独特性。因此，要求广大教师熟悉微课这一新型网络课程，掌握其设计及制作的技能和技巧，则显得尤为重要。

（四）"微研究"的开展

"科研引领、自我反思"是促进教师专业成长的有效途径。教师在日常的教学中，每天都会遇到一些小问题，倘若教师能够抓住这些有价值的小问题、小课题以及小策略，反思自己的教学并进行深度的"微研究"，对教师专业成长将会有极大帮助。"微研究"是"发现小问题——梳理问题——寻找策略——解决问题""研究——实践——反思——再研究——再实践——再反思"的循序渐进、螺旋上升的过程。在这个过程中，教师的研究水平不断提高，能力也在不断提升。"微研究"始终要表达出来，这样才能从经验层面提升到理论层面，但作为"草根式"研究，以研究报告或者论文的方式来表达难度较大，此时采用微课来表达教师的"微研究"却是一种较好的方式。

四、微课推动教师专业发展存在的问题

微课作为时下中国最为炙热的教育名词，在热的同时也需冷的思考，我们应当清醒认识到，当今没有哪种技术最圆满，能解决所有的教学问题，其出现的问题值得关注和研究。

（一）管理与维护困难

不管是对微课平台还是教师，微课的管理和维护都有困难。微课平台很难花太多的人力和物力去逐个观看每个微课，参差不齐的微课将微课平台装得满满的，以至于下载和观看微课都受到限制，分类和维护起来也非常困难。另外，教师刚开始制作微课积极性高，但迫于教学压力，后面制作微课的积极性逐步降低，制作上传的微课越来越少，真正将优质微课上传到平台的不多。

（二）微课研究有待提高

微课研究现状处于一个待开发状态，相关的研究明显滞后，不管是利用微课促进学科教学的模式研究，还是利用微课推动教师专业发展的研究，相关的论文发表十分稀少，这与微课"火热"的现状显然不对称。

总之，微课为教师专业发展搭建了自主平台，它是教师专业发展的重要工具和手段。如何让微课促进教师专业发展，还需要广大的教育工作者共同努力，共同挖掘它的功能，最大限度地发挥它的价值。

磨课是高效课堂的必要途径

磨课是对教学设计的再思考，将课后反思的过程置前，减少课堂的冗余，还学生自由的时间和空间。笔者从以下6个角度谈如何进行磨课，构建高效简约的生物课堂。

一、去粗取精，磨出简明扼要的教学目标

现在，有的教师对课程目标与课时教学目标存在理解错误，将二者混为一谈。其实生物课程目标着眼于宏观，具有一定的概括性，而教学目标是与每个章节知识紧密相连的，教学目标拟定应简明而透彻，具有可操作性和可测性，切忌过多、过大、过空。磨课的第一步为磨教学目标，即对行为动词的界定与教学目标的叙写进行重新审视。如果目标不够具体，课堂教学就无从考量达成度的问题，也就无法界定高效课堂的生成。三维目标是生物课程目标的整体设计思路，而不是教学目标的维度，一节课的教学目标，应当以生物知识、技能为载体，在教学过程中开展生物思想、方法的教学，渗透情感、态度和价值观的教育。教学中，有些教师只凭经验和考试要求进行教学，认为讲完规定的教材内容就达成了教学目标；有些教师备课时只是抄教参或上网下载，目标虚化，教学随意性大。

布鲁姆指出，有效的学习始于准确地知道达到的目标是什么。由此可见，把握教学目标是实现有效教学的前提与关键，支配着教学的全过程，规定着教与学的方向。教师在指向性更明、操作性更强的教学目标指引下，引导学生走向知识、探究知识、培养能力、增强感悟，真正实现"用教材教"。通过磨课磨出简明扼要、易于达成、便于反馈的教学目标，让学生明晰自己的学习任务，较好地调整自己的学习心理指向，较快地进入学习角色姿态之中。

二、去枝存干，磨出简约充实的教学内容

教师课堂教学要以学为主、以教为辅，真正实现生物课堂的生本化，一节课不仅要看教师教了多少，而是要考量教师教会了学生多少，所以选择恰当的教学内容，特别是抓住一节课的本质内容，就会显得既充实又简约。俗话说："提领而顿，百毛皆顺"，对生物教学内容要有所取舍，舍即是"磨"，"磨"去学生在预习中已掌握的或与本节无关紧要的内容等，对教材内容要裁剪重组，磨出简约的教学内容。教学内容的选择要精心比较，教学情境问题的设计要反复推敲，所选择的实例要有思考的价值，能够反映生物的本质规律，贴近学生认知水平，符合学生的最近发展区，不要随意拓展或延伸。情境创设要"简约"，要真实、积极，要为教学服务，不要无病呻吟。教学重点、难点的确定要细心斟酌，这样才能在备课中体现详略，从而将主要精力花在关键点处，使教学重点更加突出，难点更易突破，通过两次甚至多次磨课，磨出简约充实的教学内容，"主线"明晰，课堂教学动感和韵律显现，使得教学设计更能为教学目标服务。

笔者在进行"现代生物进化理论"教学时，感到概念较多、内容抽象，学生难以掌握，如果教师照本宣科，上课效益就不高，学生接受不了。通过磨课，笔者认为可以按照一条主线将课程展开："一个单位""三个环节"。"一个单位"指现代生物进化的基本单位是种群，"三个环节"指"一原二方三必要"，即生物进化环节的原材料是突变和基因重组，进化的方向是自然选择决定，隔离是物种形成的必要条件。通过将课堂内容简约化，吸引了学生浓厚的兴趣，顺利地达到了教学目标。

三、裁剪取舍，磨出简化朴实的教学环节

高效的生物课堂一定要有一个简明、流畅、过渡自然的教学环节，学生在教师的引导下，感受到知识的顺其自然。一个优秀的教师总是会在教学中顺势而下，教学环节显得水到渠成，而不是生硬唐突。笔者在教学实际中发现：教学环节复杂、结构繁杂的不良现象越来越多地充斥着如今的生物课堂，使原本简单而快乐的生物学习，却因教学环节"天衣无缝、环环相扣、层层递进"的烦琐，变得迫使学生"疲于追赶、疲于应付"，变得"茫然不知所措、忙碌而

无所作为"，以致学生的精彩的发言和智慧的火花无法在课堂中生成，烦琐的生物课堂无法形成清晰的、扎实的，易于理解、循序渐进的课堂，因此，磨教学环节就是减少多余环节，留给学生有效思维的空间和时间。

在教学"孟德尔的豌豆杂交实验（一）"一课时，有的教师对实验"性状分离比的模拟"一环节不够重视，认为它对本节课的理解没有帮助。其实这一模拟实验是本节课的"睛"，按照假说演绎的方法将本课讲授后只是画好了"龙"而已，如果能安排学生参与该实验，则能取到画龙点睛的效果。为此，笔者设计了三个环节，一是感知分离现象，激发欲望；二是探究分离现象的形成过程，得出基因分离定律的实质；三是探究分离的影响因素，设计拓展实验，让学生自行得出结论。整节课围绕分离现象一条主线，思路简洁明朗、任务精当明晰，层层推进，环环相扣，教学流畅、轻松、高效。

环节的预设不在于多，而在于精、在于简、在于厚实和朴实，通过"磨"的过程，磨出简化朴实的教学环节，往往具有"四两拨千斤"之功效。

四、合理运用，磨出简便灵活的教学方法

陶行知指出："凡做一事，要用最简单、最省力、最省钱、最省时的法子，去收最大的效果。"教无定法但贵在得法，努力追寻最简便、最有效的教学方法，一节课到底用什么方法，要根据授课内容和学情而定，最适合学生的、适合教学目标、适合教学内容的、能促进学生需要和发展的教学方法，就是好方法。在教学手段选择上应该返璞归真，从简朴有效的原则出发，恰当选用多媒体、实物投影仪等教辅工具，力求简便、实用、有效，通过"磨"的过程，磨去带有作秀和表演色彩的"启发式""满堂问""满堂论"等教学形式，让生物课堂回归常态，还生物教学以自然本色，让学生亲自参与到生物知识的再发现过程中去，真正体验到获得新知和能力的乐趣，亲身经历"为有源头活水来"的情感体验。

"通过神经系统的调节"中"兴奋在神经纤维上的传导"是高中生物教学的难点，教师引导学生思考静息电位和动作电位的原因，分析局部电流的形成和兴奋部位膜内外电位差的变化，但是这样的课堂经常出现冷场，学生不能很好地理解。教师缺乏对学生固有知识的了解，缺乏对学生把握知识规律、形成认识思路和方法的启发和引导，忽视了采用什么教法引导学生思考。此处不妨

弱化分析，让学生亲手用电刺激青蛙的坐骨神经进行实验，或者看这一视频，然后讲解，将兴奋的传导类比成弹钢琴，这样的效果会更好。

五、化繁为简，磨出简洁流畅的教学语言

言简意赅、简要流畅的生物课堂教学语言，给学生以明亮清澈的透明感，让学生感到心旷神怡，因此教师在进行课堂教学时，必须事先通过磨课，反复推敲教学语言，磨去提问语、启发语、点评语、讲解语、过渡语中的"杂质"，尽可能地使得自己的教学语言精练、经济、简洁和有效，应该做到：导入语言简洁明了，引人入胜；问题语言导向明确，问在知识的关键处、问在学生思维的断链处；点拨语言精当、富有启发性；过渡语言自然流畅；评价语言简练真实、扼要坦诚。通过"磨"的过程，磨出富有激情的简洁、精练的教学语言，像一串珍珠使生物课堂流光溢彩，让学生领略教师的睿智和语言风采，从而诱导学生主动、有效地学习生物，把学生带入瑰丽的生物知识殿堂。

六、精挑优选，磨出简练有效的课堂练习

通过课堂练习加深学生对本节内容的深刻理解，但不应简单地以熟求巧，布置大批简单重复的习题；也不应急于求成，对于过于综合、离学生实际水平较高的题目要大胆舍弃。单纯强调多练是不行的，只有练得准、练得巧、练得及时、练在"刀口"上，效果才会更好，应根据教学具体情况和学生实际认知水平精心设计课堂练习的范围、要求和时机，跳进题海精选课堂练习内容，确保课堂练习具有针对性、层次性和系统性，从而达到举一反三、事半功倍的课堂练习训练效果。

总之，如果我们的生物课堂都能磨课，生成的课堂就能高效、清新、自然、纯净且本色，磨尽铅华，返璞归真，删繁就简，生物课堂教学才能简约而高效。

磨课：诊治备课组教研"低效病"的一剂良方

备课组是一个年级最小的学科教研单位，是提高教学质量和教师专业发展的重要组织。然而备课组活动的时效性不容乐观，主要原因是学校重在对备课组活动形式的关注，缺少对活动内容和过程的引领，使得备课组教研流于形式、浮于表面。在教学实践中，我们深刻地认识到：围绕教学内容，通过备课组教师共同开展制订计划、实施教学、检查效果和改进提高的磨课活动，对提高教学质量和水平十分有效，是诊治备课组教研"低效病"的一剂良方。

一、磨课的形式

结合学校实际，创设四种磨课形式：

"一课三轮上"：磨课组确定教学内容→集体备课→第一名教师实施教学→研讨反思、修订→第二名教师实施教学→再反思修订→第三名教师再实施（选择教学水平相当的三名教师上课）。"一课三轮上"是为了更新教学理念，改变传统的教学方式和学习方式，打造生成性、互动性、探究性的课堂。研究时聚焦于课堂教学中存在的问题，着眼于这节课如何改进，改后效果怎样。研究的主题：如何整体把握三维目标？如何实现课堂教学中的"三个转变"（由重教向重学转变、由重结果向重过程转变、由重传授向重探究转变）？

"三人上一课"：确定同一教学内容→选派三名骨干教师（年龄不同或教学风格不同）分别组队研讨备课→三人同时进行教学展示→评价反思。"三人上一课"是为了激发教师钻研教材、创新设计的激情，让教师展示不同的教学风格。这种磨课形式实际上是同课异构，研究时聚焦课堂教学的成功之处，着眼于教学行为背后的理念及参与者从中学到了什么。研究的主题：一堂好课的标准是什么？教师教学行为背后的理念是什么？

"一人一课"：备课组集体收集资料→主备人撰写教学设计→主备人试教→组内研讨反思→修订并提出个性化设计。这种磨课形式基于新课改背景下学校实施的"资源化+个性化"备课改革，为了增强集体备课的实效性，开展了"集体备课进课堂"的活动，即"由主备人试教，同组教师观察研讨"的"一人一课"。研究的主题：集体备课如何做到有效？

"一课三上"：教师个体教学设计→实施教学→组内研讨反思修订→再实施教学→专家指导、教者反思修订→再实施教学。这种磨课形式着眼教师教学能力的打造与磨炼，每次区级以上示范课、公开课、竞赛课都由学校组成磨课组对上课教师跟踪听课，进行研讨。

二、磨课的价值

（一）促进教师个体发展，更促进教师群体发展

上课是教师的个体行为，而磨课却是教师的群体行为，必须依靠集体的智慧来解决教师身上的教学问题。而这些问题既是教学改革中的"拦路虎"，也是教师发展的"生长点"，教师在问题研究中才能领悟教学理念，改变教学行为，提升专业素养。实践证明：磨课是促进教师发展最直接、最有效的手段。

（二）深化课堂教学改革，也促进学校整体改革

一次磨课最少需要一个星期，然后通过再一次的教学实践来验证提出的改进是否正确有效。可见，磨课着眼于课堂教学的有效性。在磨课中我们认识到"激发学生学习兴趣，适合学生学习的发展，满足学生学习的需要"的课堂才是有效的，教师的教学行为必须以切合学生实际为逻辑起点，以促进学生发展为终点。同时，各磨课组在磨课活动中提出共性的问题：多媒体辅助教学的实效性、预设与生成的关系等，都是新课改中的热点问题，学校特邀校外专家参与学校磨课活动，推动教学的整体改革。

三、磨课的策略

（一）创设"对话"氛围

磨课的过程就是围绕课堂对话的过程。保罗·弗莱雷认为："没有了对话，就没有了交流，没有了交流，就没有了真正的教育。"对话的目的在于探

讨和揭示，揭示参与者教学行为背后的教育理想追求以及个人的教育动机；对话的基础是相互敞开，彼此承认，以防止"自我中心主义"，克服过分的防御和抵制。首先，尊重参与者相互平等的主体地位。磨课时必须明确参与者之间的关系不是进行评价的"评判者"和被动等待评判的"接受者"的关系，而是彼此平等、共同围绕课堂展开教学对话、商讨教学办法的伙伴关系，防止做课者为取悦观众，失去自我，"观众"则吹毛求疵。其次，对话意味着不同意见的参与。磨课时不同意见的存在往往有助于随时纠正团队思考的偏差和错误，只有鼓励参与者发表自己独立的观点和意见，才能在对话过程中激发智慧、凝聚共识。因此，磨课组织者（特别是领导、专家）在磨课过程中构成平等的关系，对话的态度具有引导和决定作用。可以说，组织者的态度和作风决定了磨课的整体氛围和取向。组织者必须认识到自己的局限性，避免主观臆断，明白其责任不在于拿出一个权威的意见，而应是创设"对话"的氛围，引导参与者发现和讨论更多的教学可能和实现条件。

（二）围绕研究主题

对话总是围绕共同关心的主题展开深入交流，没有共同关注焦点的交流只是一种信息沟通，没有深入对话，就难以有效研究。磨课的团队是一个共同体，这个共同体需要一个"伟大事物"（帕尔默语）来凝聚，磨课就是参与者围绕这个"伟大事物"的互动和共舞，在互动和共舞中获得成长和进步的过程——这个"伟大事物"就是磨课的主题。如果磨课时主题不集中，讨论不深入，参与者只是从自己的角度对感兴趣的话题泛泛而谈，那么对做课教师又有什么帮助呢？参与者到底可以收获多少呢？问题即主题，困难即主题，主题主要来源于教学实践中的问题和困难。磨课的主题可以预先确定，也可以在磨课过程中生成其他有讨论价值的主题。

（三）聚焦课堂事件和现象

在磨课活动中，课是什么？它是研究教学、改进教学的载体，是做课者和观课者共同对话交流的平台。磨课主张充分发挥其促进教师专业发展和教学改进的功能，以发展性为取向，而不是以"鉴定评判"为取向。这样，磨课不是得出"好课"或"坏课"的结论，而是围绕课堂上的事件和现象，探讨原因，展开教学想象力，研究发展变化的可能性和实现条件。磨课过程提倡参与者首先提供自己在课堂上观察到的课堂事件和现象，"在课堂上，我发现……

""在课堂上，我注意到……"然后再围绕这些事件和现象展开对话和讨论，商量可能的教学出路和办法。这样，磨课的重点聚焦于课堂上的事件和现象，从而引导参与者认识教育故事、理解教育行为、探寻教育假设、探讨新的教学可能、提出新的教学办法。

磨课的重点是解决教师教学中真实存在的、需要解决的问题，因而能有效地唤醒教师的问题意识，激发教师的主体精神，提高教师参与的积极性。同时，磨课也能增强备课组的凝聚力，改变过去那种把听课当作任务完成的工作局面，构建了教学管理的长效机制，达到提高教师的教研水平、促进教师的专业成长的目的。

让磨题助推教师成长

在中小学开展的教研活动中，大家熟悉的是优质课比赛、磨课等活动，而在教师中开展磨题活动则是近几年出现的教研活动方式。它是教师专业成长的必经之路，具有重要的内涵与价值。

一、磨题的内涵与价值

磨题是教师特意地对某题进行琢磨分析，得出生物知识结构，获得解题技能规律，总结命题意图，为学生快速理解本题或本类试题进行预设。这对教师的专业发展的提升和减轻学生学业负担都具有重要的价值。

（一）磨题促使教师专业发展，提升教学能力

在学生心目中，老师的"厉害"不仅是表现在会教书，而且很会做题，很会讲解试题，并能当堂对该类试题进行归纳总结。这种技能是教师自身专业发展的要求，也是教师自身修炼的重要途径。

教师磨题的价值：第一能具备良好的解题技能，深刻理解课本知识，增强生物学素养；第二能从解题的过程中换位思考，从学生的角度去思考本类试题的障碍之处，教会学生把握该类试题的关键点，总结规律，即所谓的磨"教题"，使教师能够掌握教的能力；第三是提升自身的命题能力，教师不仅要求自己能够做题、讲题，而且能够命题，命题不仅是教师提升专业发展的绿色通道，而且是教师专业发展的"高级"通道。它要求教师学会命制原创试题、改编试题，学会说题、论证试题，调控好试题的难度、信度和效度，进行科学命题。

（二）磨题催生课堂高效，减轻学生负担，提高学习效率

应试教育倡导题海战术，它认为，只有学生多做题，老师多讲题，学生的成绩才能够提高，这样的教学才有效。结果导致教师懒于磨题、懒于研题；

学生为了完成教师布置的大量作业，苦于做题，重复做题，做偏题、怪题，最终还得不到应有的回报，学习的积极性受到极大的打击，也催生了学生厌学、弃学等问题。要让学生走出"命题海"的泥潭，唯独让教师先走"命题海"战术，进行磨题。也只有磨题，才能让学生从做题的负担中解放出来，提高学生的学习效率，学生才能多去反思、多去做有利于学习的事情，达到学生全面发展和终身发展的目标。

（三）磨题可以给教师搭建一个互动的交流平台

如同磨课一样，磨题也可以为教师搭建一个互动交流的平台，给每位教师一个充分展示自我和成长的舞台。磨课要以年级和学科为单位，虽然人数不多，但熟知本学段的教学学情，人人都能展示自己的见解，讨论或交流气氛才会更热烈。每位教师都应该本着学习的心态，不论资排辈，虚心与他人交流，这样教师关系才能融洽，专业水平才能提高。

二、磨题策略摭谈

（一）磨理念

就教学知识点而言，新、老课程本身没有多大的变化，但在课程理念上发生了显著改变。新课程理念强调：提高生物学科素养，面向全体学生，倡导探究性学习，注重与现实生活的联系。因此，教师磨题要做到将课程理念融入试卷训练的过程中，正确地把握试题与课程的目标、内容、结构和评价的关系，用先进的理念指导学生解题。

（二）磨解题

教师磨解题要做到：一是熟练解答教材上的复习题及变式，因为它们是各种考试的"题源"，如果在新授课过程中对它们进行归纳和分类，将达到事半功倍的效果；二是熟悉学生对教辅资料中知识点的障碍点，并对这些障碍点有较好的解答策略和方法，做到点拨的效果。特别是对那些高考题中的经典试题，教师更要仔细研磨，归纳出它们的解答技巧、命题规律、考试趋势。

（三）磨教法

教学中，有很多教师做题很厉害，但是教学成绩很一般。究其原因可能是这些教师对自己的教法缺少反思，即缺乏所谓的磨教法。教师要私下多与学生交流，叫他们谈谈自己错解的思路和困难。根据试题的难易程度、解题方法和错误类型等方面进行整理，站在学生的角度加以分析，寻求有效的指导方法。最后，当试题讲解完后，一定要养成教后反思的习惯。

（四）磨命题

磨命题是教师依据课程标准、考试大纲和考试说明的要求编出试题，对学生的学业水平做出科学的教学评价。一个好的教师，其命题水平也较高。教师命题能力的高低是评价一个教师教学水平的高级要求。教师磨命题要注意三点：一是要熟悉课程标准的知识点、考试大纲和考试说明的要求，杜绝命制超纲试题；二是掌握命题技巧和方法，不断推敲试题的表述，不断进行修改，要把握好试题的难度、信度、效度和区分度，坚决不命有争议的试题；三是学会选题、改题和组题，切忌全部照抄现成试题。高考资源网、学科资源网和其他网站及博客上，有大量的新题，教师不妨多选几套试卷，首先加以选择，选择一些新颖度高、高频考点的试题，然后分别进行加工和修改，做到试题简洁、无错误。

三、磨题的方法

（一）试题变式——注意试题形式的转换度

例1.（2007山东理综卷第8题）以测定的CO_2吸收量与释放量为指标，研究温度对某绿色植物光合作用与呼吸作用的影响，结果如图1所示。下列分析正确的是（　　　　）

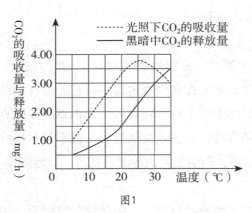

图1

A. 光照相同时间，35℃时光合作用制造的有机物的量与30℃时相等

B. 光照相同时间，在20℃条件下植物积累的有机物的量最多

C. 温度高于25℃时，光合作用制造的有机物的量开始减少

D. 两曲线的交点表示光合作用制造的与呼吸作用消耗的有机物的量相等

参考答案： A

例2. 以CO_2的吸收量与释放量为指标，研究温度对某植物光合作用与呼吸作用的影响（其余实验条件均适宜），结果见表1所列。下列对该表数据分析正确的是（　　　　）

表1

温度（℃）	5	10	15	20	25	30	35
光照下吸收CO_2（mg / h）	1.00	1.75	2.50	3.25	3.75	3.50	3.00
黑暗下释放CO_2（mg / h）	0.50	0.75	1.00	1.50	2.25	3.00	3.50

A. 昼夜不停地光照，温度在35℃时该植物不能生长

B. 昼夜不停地光照，该植物生长的最适宜温度是30℃

C. 在恒温条件下，每天光照、黑暗各12小时，20℃时该植物积累的有机物最多

D. 每天光照、黑暗各12小时，在35℃、5℃的昼夜温差下，该植物积累的有机物最多

参考答案： C

例1以图形信息、例2以图表的形式都考查了总光合作用、净光合作用和呼吸作用的知识。首先，需要对总光合作用和净光合作用进行辨析。试题中表述总光合作用的词语有："制造的有机物""合成的有机物""叶绿体固定的CO_2量""光合作用所需要的CO_2量"，表述净光合作用的词语有："CO_2吸收量""植物干重增加量"和"O_2释放量"。其次，根据总光合作用强度=净光合作用强度+呼吸作用强度，分别进行计算。因此，例1的虚线表示净光合作用强度，实线表示呼吸作用强度；例2图表中的"光照下吸收CO_2（mg / h）"表示净光合作用强度，"黑暗下释放CO_2（mg / h）"表示呼吸作用强度，分别进行分析。教师通过对这类题的转换，将不同形式的试题转化为同一类问题加以解决。这样，既能取得较好的教学效果又能巩固基本知识、触类旁通，达到"窥一斑而见全豹"之效。

（二）理清层次——注意试题设置的难易度

例3， 一对联会的同源染色体的着丝点数、染色单体数和多核苷酸链数分别是（　　）

A. 2、4和4　　　B. 2、8和4　　　C. 4、4和4　　　D. 2、4和8

参考答案： D

例4，（2009江苏生物卷第15题）对性腺组织细胞进行荧光标记，等位基因A、a都被标记为黄色，等位基因B、b都被标记为绿色，在荧光显微镜下观察处于四分体时期的细胞。下列有关推测合理的是（　　）

A. 若这2对基因在1对同源染色体上，则有1个四分体中出现2个黄色、2个绿色荧光点

B. 若这2对基因在1对同源染色体上，则有1个四分体中出现4个黄色、4个绿色荧光点

C. 若这2对基因在2对同源染色体上，则有1个四分体中出现2个黄色、2个绿色荧光点

D. 若这2对基因在2对同源染色体上，则有1个四分体中出现4个黄色、4个绿色荧光点

参考答案： B

例5，（2006北京理综卷第4题）用^{35}P标记了玉米体细胞（含20条染色体）的DNA分子双链，再将这些细胞转入不含^{35}P的培养基中培养，在第二次细胞分裂的中期、后期，一个细胞中的染色体总条数和被^{35}P标记的染色体条数分别是（　　）

A. 中期20和20、后期40和20　　　B. 中期20和10、后期40和20

C. 中期20和20、后期40和10　　　D. 中期20和10、后期40和10

参考答案： A

本组试题，例3考查染色体、姐妹染色单体和脱氧核苷酸链的相关知识，例4考查了DNA复制、等位基因和四分体的关系，例5考查了有丝分裂过程和脱氧核苷酸链的关系。这三个试题难度越来越高，分别以前一道试题知识为基础。通过磨题，我们认为，例4、例5这类试题的关键是画出各个试题的简笔画，用图画出各自的答案。

（三）一题多解——注意试题解法的多角度

例6，计算Aa自交n次，子代AA、Aa、aa的概率。

计算法：Aa每次自交，子代Aa的概率是上次Aa的1/2。n次自交后，子代Aa的概率为$(1/2)^n$。子代概率AA=aa= $[1-(1/2)^n]1/2=1/2-1/2n+1$。

类比法：将Aa自交类比成分割一块长方形木块，第一次分成1/4（AA）、1/2（Aa）、1/4（aa）三部分，如图2所示，第二次在中间的1/2部分分成1/4（AA）、1/2（Aa）、1/4（aa），按照此思路可直观地理解子代Aa的概率为$(1/2)^n$，AA=aa=$1/2-1/2^{n+1}$。

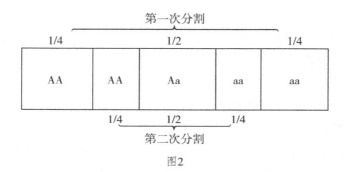

图2

公式法：根据计算法所得到的公式，自交n次，子代概率AA=aa=$1/2-1/2^{n+1}$，Aa=$1/2^n$。

由于人的教育经历是多元的，人的形象思维、抽象思维也有差异，教师要改变单一的教法，善于挖掘，通过磨一题求多解，不仅能培养学生正确的思维方式，而且有利于培养学生的探索精神和创新能力。

（四）把握难点——注意试题难度的控制度

例7，将神经细胞置于低Na^+海水中，测量该细胞的静息电位和动作电位，可观察到（　　　）

A. 静息电位值减小　　　　B. 静息电位值增大

C. 动作电位峰值升高　　　D. 动作电位峰值降低

参考答案： D

例8，（**2009山东卷第8题**）下图3表示枪乌贼离体神经纤维在Na^+浓度不同的两种海水中受刺激后的膜电位变化情况。下列描述错误的是（　　　）

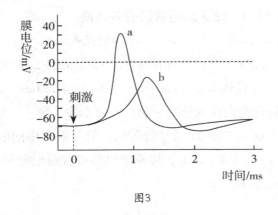

图3

A. 曲线a代表正常海水中膜电位的变化

B. 两种海水中神经纤维的静息电位相同

C. 低Na⁺海水中神经纤维静息时，膜内Na⁺浓度高于膜外

D. 正常海水中神经纤维受刺激时，膜外Na⁺浓度高于膜内

参考答案： C

把握动作电位和静息电位的难点在于：动作电位的产生主要与膜内外Na⁺浓度差有关，与K⁺关系不大；静息电位的产生与膜内外K⁺浓度有关，与Na⁺关系不大，所以，动作电位又称Na⁺电位，静息电位也称K⁺电位。例7以文字形式考查了静息电位和动作电位的产生原理，例8以图文的形式，不仅考查了例7的全部考点，而且考查了学生获取信息和理解的能力，但后者要求更高。

好"师"应多磨，好题亦多磨。磨题是生物教师的职责，也是提升教师专业发展的重要手段和策略，是每一位老师终身的必修课和校本研修方式，在"磨题"中生成教育智慧、享受教育生活快乐！

集体备课：问题与精细管理策略

教师集体备课是以教研组或备课组为单位，组织教师开展集体研读大纲和教材、分析学情、制订学科教学计划、分解备课任务、审定备课提纲、反馈教学实践信息等系列活动，是提高备课质量的重要备课形式。它可集思广益，将个人才智转化为集体优势，共同提高教学质量。时下各地集体备课在很大程度上流于形式，使真正能促进高效课堂的集体备课变成了"热热闹闹走过场"。提高集体备课的实效，精细管理是一条重要的途径。

一、加强集体备课活动计划、目标制订的管理

问题1：今天集体备课安排在放学后，全校教师先对上次的活动进行简短点评，然后分备课组活动。可活动刚要开始时，马上就有老师表示要照顾一下刚从幼儿园放学回来的孩子。还有一位老师正和学生家长进行交流。左等右等总算等到了4位老师，结果有位老师突然接到电话要出去一趟。由于时间关系，决定马上开始。就在备课组长示意主备老师开始发言时，一位老师的电话响了，是家里来问孩子什么时候送回家的事……如此集体备课，老师们难免会"身在曹营心在汉"。最后仓促之间，只好在不了了之中结束活动。——摘自一位备课组长"集体备课活动日记"

精细管理策略1："凡事预则立，不预则废"，集体备课活动是学校开展的常态教学研究活动之一，必须列入学校的管理计划中去。没有合理的计划，没有时间保障下的集体备课，效果肯定好不到哪儿去。一般来说，在学期初，由学校教科室牵头，教导处等科室制订学校工作计划时，应将其合理纳入教学工作时序安排中，以防止学校计划外的工作任务干扰正常的备课活动。每个备课组确定一名中层以上干部参与活动并作为管理责任人。计划由学校在学期初分发给备课组，备课组在此基础上讨论本学期备课任务，分析教材重难点内容，

确定教学时序安排，并重点落实分解本学期集体备课的时间、地点、目标、任务以及具体人员分工等。每周集体备课的时间由教导处根据各年级备课组成员的课务情况统一协调。集体备课集中议课的时间须直接安排到×月×日、星期×、上（下）午，乃至具体的时间段，以确保所有的教师和相关校领导都能参加有关的集体备课活动。任务分解到位后，送交行政蹲点领导和教科室存档，以便学期考核。

二、加强集体备课活动过程的管理

问题2："集"而不"论"。集体备课活动现场要么热闹非凡，聚而聊天，没有实质性的教学讨论内容，要么冷场，没有评价，没有思维的碰撞，只是备课组长一言堂，一人说众人记，在一定程度上还是没有跳出应付检查的怪圈。

精细管理策略2："一个苹果，两个思想"。集体备课活动是众人在教学过程中智慧的碰撞，是博取众人之长。因此，集体备课需要落实在每个过程的管理中。

第一，准备活动。

（1）主备人根据活动计划，超前备课，认真研读课标和教材，根据本班实际和个人教学特点，提前设计好课堂教学预案，并形成书面文稿或电子文稿（包括学生预习提示、课堂教学目标与各环节的实施要点、教学用具准备、多媒体课件设计与设想及其同步练习材料等）。每个设计必须要有相应的四分之一的留白区域。

（2）备课组集中研讨前2～3天，主备人须将教学预案分发给其他成员和有关领导。其他人员须提前研读、思考，在原稿上或留白处补充、圈画评点并形成自己的优化建议以便在集中议课时共同交流与研讨。

第二，集中研讨。教科室每周政治业务学习时对上次集体备课中存在的不足之处，以讲座辅导等形式进行专业引领指导。分组活动以三个环节为抓手。

（1）说：集中研讨时主备人按课时以说课方式进行中心发言，从学习目标的确定、重难点把握、板书设计、作业等多个层面进行具体解读，也可提出个人备课中出现的问题和困惑。

（2）评：主备人交流后，其他教师可以不拘形式，各抒己见。可就一点有感而发，可就整体设计发表见解，相互辩论。把集体备课作为促进教师专业成长的重要平台，要求所有教师在参加集体备课活动时必须积极发言并做好相应活动记录，及时记载他人发言要点和自己的新感悟。

（3）改：主备人或把关教师在听取其他教师合理建议的基础上，要在集中议课后一天内进行再次备课，然后将经修改后的完整教学设计分发给有关老师和相关领导，作为各班开展课堂教学的主要参考。（集中议课后经二次备课形成的教学设计须在标题下面注明"××学校×年级××学科备课组主备人：×××"字样。）

三、加强集体备课二次备课及评价的管理

问题3：2003年秋季我校开始推行集体备课，初始阶段教师们参与积极性很高。长期下来，部分教师疲沓，再加上评价方式的单一，导致部分教师不愿意同其他教师进行经验分享，到后来教师之间根本没有讨论或讨论得很少。为完成任务、应付检查，大家只是将从网上直接下载的教学设计拿到组内共享，或者将教材内容简化和精缩。"唯（教）材是举"，只囿于年复一年、单调乏味地死抠教材，导致教师专业化水平无法提高。

精细管理策略3：集体备课目的除了共享优质资源外，更重要的一条是通过集体智慧促进个人的专业化成长。因此，教学的实践和反思成为集体备课的重要一环。教师要在集体备课的基础上结合自身和本班学生实际，对议课后统一形成的教学设计实施二次备课，适当调整。根据教学目标和具体学情，优化教学设计，并在教学实践后对实际效果进行及时的评价和反思。

反思意见和三次修改后的设计成为下一轮集体备课的第一个环节。这是教师自我反思与专业成长的开始。因此教后反思必须要落到实处，及时考核。另外，为了避免个人主义，学校还需加强考核评价，定期检查与随机抽查相结合，检查活动记载、教学设计与听课相结合。

评价注重实用性，淡化"应检性"。集体备课活动记载、教学设计的检查只能确保是否进行了集体备课，而备课的效果则应该通过课堂效果进行评价。如果课堂教学效果好，备课就一定下了功夫；课没上好，教学设计再优秀也是一纸空文。这样能引导教师摆脱浮躁、应付、走过场的心理，心悦诚服地花心思去真备课、备真课。

评价途径应多种多样，对于优秀备课个人或者优秀备课组予以充分肯定可以促进教师的集体备课热情，精彩到位的地方用红笔圈出，对富有创意的设计给予支持和推广，在评优评先时优先考虑；对于做法不太好的要给予批评和帮助。

易错生物学概念的自主纠错研究

重复错误是指生物教学中，教师针对某个知识点讲过多次、训练过多次，学生在考试与练习中依然出现错误的现象。对于这一现象，教师埋怨，难以理解；学生委屈，不能避免。重复错误现象在一定程度上已经影响到中下层学生学习的情感态度，影响到教学质量的普遍提高。问题究竟出在哪里？路在何方？为此，笔者针对这一现象进行分析，旨在为解决这一教学问题提供初步建议。

一、重复错误现象的成因

通过与学生们广泛交谈和备课组同事间的交流，我们发现，出现重复错误的原因主要在两方面：一是在于教师，主要是教师强调不足，讲解不到位；二是在于学生，主要包括：

（1）知识点没理解，课后未消化。

（2）习惯没养成，答题不规范。

（3）审题不严谨，思考不充分。

（4）题意没理解，解题没思路。

其中，出在学生的问题是主要的，是重点关注的对象。

（一）教师强调不足，讲解不到位

优秀教师不仅在于他具有优秀的教学理念，更在于他具有丰富的教学经验。他能够在每节课的重点、难点和疑难点的处理上只言片语、恰到好处，学生学得轻松，教学效果事半功倍。这类教师善于总结，深受学生的喜欢，学生成绩普遍较好，出现重复错误现象极少。而出现重复错误现象较多的，则可能是那些课堂教学强调不足，讲解不到位的科任老师。他们或者教龄不长，经验不足，或者备课不充分，磨题不到位，或者职业倦怠，缺乏进取心。下面是一次备课组听课时某一"老"教师在新授课试题讲评时的一段处理。

例1. 以测定的CO_2吸收量与释放量为指标，研究温度对某绿色植物光合作用与呼吸作用的影响，结果如图1所示。下列分析正确的是（　　　）

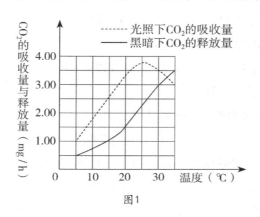

图1

A. 光照相同时间，35℃时光合作用制造的有机物的量与30℃时相等

B. 光照相同时间，在20℃条件下植物积累的有机物的量最多

C. 温度高于25℃时，光合作用制造的有机物的量开始减少

D. 两曲线的交点表示光合作用制造的与呼吸作用消耗的有机物的量相等

参考答案： A

教师："由图可知，虚线表示净光合作用量，实线表示呼吸作用量。在光照相同时间，35℃时光合作用制造的有机物的量等于实线的y值与虚线的y值之和，与30℃时相等，故答案选A。光照相同时间，植物积累的有机物的量看虚线的y值，25℃最大，积累有机物最多，B项错。光合作用制造的有机物的量是虚线和实线y值相加，25℃与35℃相等，C项错。两线的交点表示净光合作用量等于呼吸作用量，D项错。"

学生在下面做笔记，迷茫不语。

课后，备课组评课活动中，在肯定该教师讲解"全面"的同时，有教师指出："为什么虚线表示净光合作用量，实线表示呼吸作用量？为什么不向学生解释判断依据，而只是'由图可知'简单带过。"确实，该类题之所以学生重复出现错误，经常是因为不能辨别净光合作用与实际光合作用。教师如下处理该试题，效果也许会更好。

教师："虚线是实际光合作用量还是净光合作用量？"

学生："净光合作用量。"

教师："为什么？"

学生可能回答各种答案。

教师总结："题干已经说明，测定CO_2吸收量与释放量为观察指标，CO_2吸收量与释放量反映的是净光合作用量。"

通过以上几个问答，学生能够很好地理解净光合作用与总光合作用的区别，达到"四两拨千斤"的效果。

（二）知识点没理解，课后未消化

教学中，有这么一些学生，他们学习很刻苦，整天忙于做作业，认为只有多做题才能见识广，能够应付各种考试，才能提高学习成绩。但事与愿违，他们的成绩与努力不成比例，学习处于中等或中下，当看到其他成绩好的同学轻轻松松地学习时，学习积极性受到极大的打击。究其原因，我们发现，这与他们的学习方式有很大关系。他们听课没有很好地去理解，不能够抓住知识点的实质，只满足于一知半解，然后就忙于做题，做题成为他们学习的核心内容。此外，这样的学生都有一个共性，就是他们性格比较固执，认为自己的学习方法没有问题，不听教师劝告，坚持自己的学习方式。因此，只要试题稍微变化，他们就难以应付，出现重复错误的现象。

（三）习惯没养成，答题不规范

教学中，也有这样一些学生，他们对基本知识掌握还可以，但每次考试分数不高。分析试卷，平时教师多次讲解的相关试题，他们就有可能做错。问其原因，他会说自己会做，就是不知道怎么扣分了。通过分析其试卷，这类学生出现重复错误与其习惯没养成、答题不规范、缺乏答题技巧有很大关系。他们对自己重复错误的知识点不去归纳，放任自流。当再次碰到的时候，又过于自信，提起笔来直接书写答案，不会在草稿上先分析，再作答。因此容易犯一些低级错误，导致失分。如"线粒体"写成"细粒体"，"细胞膜"写成"Cell膜"，"促甲状腺激素释放激素"写成"促甲状腺释放激素"，"C_5化合物"写成"碳五化合物"。又如当CO_2浓度下降时，回答C_5化合物含量增加的原因时，这类学生只回答"C_5化合物的消耗速率减少"，而将"C_5化合物的生成速率几乎不变"给省略掉。他们之所以会认为平时会做，但是在考试时就不知道怎么扣分的原因在于：平时课后的练习没有教师的批改，答题不规范自己也不知道，而一到考试，老师会非常严格地改卷，问题就出来了。所以，强调习惯养成，答题规范是这类学生增分的"利器"。

（四）审题不严谨，思考不充分

教学中，有些试题会设置"陷阱"，学生如果审题不严谨，思考不充分，极容易造成重复错误的发生。这类情况多发生在一些带有信息题的知识点，特别是遗传题。例如，以下这类遗传题，就有这类学生容易犯的错误。

例2：某家族的系谱图如图2所示，Ⅱ-2为患者。那么Ⅱ-1为该病携带者的概率是_____。

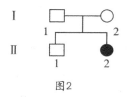

图2

初学者可能会算出Ⅱ-1为携带者的概率是1/2，但是通过教师讲评，能够接受Ⅱ-1没有患病，应将患病概率的1/4去除掉的道理，很容易得到2/3的答案。但是重复错误者，他们审题就不会很仔细，会一而再地得到1/2这个答案。

（五）题意没理解，解题没思路

教学中，学生题意没理解，解题没思路也是出现重复错误的一个主要原因。这类学生多为学习成绩较差，学习没有主动性，基础知识点掌握模糊，各个概念容易混淆，任凭教师如何讲解，不该错的题目还是要错。由于基础不好，他们学习缺少信心和耐心，也就不能理解试题的意思，做起题来也没有思路。为了"学习"，他们还是能够完成考试的，但答案大多也是错误的，给老师造成一种重复错误的假象。碰到这样的情况，教师讲解是无效的，回归课本、回归基础知识才是出路。

二、重复错误现象的纠错策略

（一）加强磨课与磨题的备课组活动是关键

步入中年后，一些教师已经评到了高级职称，没有多大的动力，出现了职业倦怠，这是一个社会问题。从教师专业发展看，应该加强磨课与磨题的备课组活动。备课组活动可以确定内容，选择一些主要课程进行重点磨课，如选择细胞呼吸、光合作用、遗传的基本定律、染色体变异、神经调节等内容，每位教师分别先上课，然后全组教师评课。这一方式有利于各年龄段的教师对主干知识的处理，可以使"倦怠"的教师在集体的力量下提高业务水平。此外在备课组活动中加强磨题也是一种良好途径。备课组成员可以选择一些经典题，如高考题，在备课组活动中进行说题、议题和评题活动。当课堂上讲解这些试题时，就可以使课堂高效、不折腾。

（二）引导学生养成良好的学习习惯非常必要

良好的答题习惯是一个积累的过程，需要教师长期的引导。教师应该将规范答题纳入教学活动的主要内容，强调规范答题也是增分的主要途径。另外，教师从自己教学进行反思，规范自己的解题习惯，不将自己的随意行为传递给学生。像学生书写Cell膜等情况，大多是教师教学中就出现过的。

针对一些重复错误的知识点，教师也可以引导学生做好纠错工作。例如，叫学生拿出一个本子，专门积累自己学习过程中出现重复错误的一些试题，然后写上自己的体会。通过抄题、议题后，学生基本上对这类试题也就消化了。如果今后再去复习，效果会更好。

（三）自主学习，回归课本抓基础

现在高考已经抛弃了以往那种精英教育模式，逐步形成了一种注重基础、突出能力考查的平民教育模式。其中，基础题为试卷的主体，能力题只是为了不同层次高校的选拔而设定的少部分"难题"。因此，拿下基础题，回归课本抓基础是避免出现重复错误的有效手段，也是这类学生尝试突破能力题的重要途径。

自主学习也是抓好基础、避免出现重复错误的主要方式。它应该是在教师的引导下，学生有目的的自主，能够有效地加深学生对知识的理解与巩固，对一些重复错误的知识点进行归纳、总结，减少因盲目听从导致理解不深刻的错误发生，而不是一种封闭的学习方法。此外，学生通过自主学习提出问题，与同学和教师进行交流，也是培养学生良好的思维品质的重要方法。

（四）因材施教，逐一突破

高三复习是一个以复习课为主，学生归纳总结的过程。学生的基础不同，理解能力也不同，要让学生在易错点上少犯错误，或者不犯错误，就应该因材施教。教师可以根据学生的学情特点，有针对性地进行辅导。例如，一些学生对"遗传的基本定律"一节内容和试题比较陌生，甚至害怕。这时候，教师就可以找到那些学生，通过交流找到问题的根源，及时将问题逐一"降解"，减少学生重复错误现象的发生。

生物教学中，学生出现重复错误现象，从积极的角度看，也是一件好事。一方面，教师可以从自身的教学实际进行反思，及时获取反馈信息，少点埋怨，多点理性思考，找到有效的解决方法；另一方面，也要引导学生进行反思，找出自己出现重复错误的原因，及时地破解，少犯相同错误，化错误为突破口，将错误变成自己的学习资源与动力，以更好地解决这一教育现象的发生。

中小学教师教学反思的现状与对策

　　教学反思是指教师对自己教学前、教学中或教学后的经验或行为加以审视、分析、批判和调整，并改进自己的教学，以期达到更好的教学效果，进而促进自身专业成长的过程。其根本目的在于完善教学设计、改进教学行为、提高课堂教学效益，以及提升教学能力，促进专业发展有利于教学经验的积淀与升华，也有利于教育教学理论的"生成"。因此，国内外教育学家将教学反思视为专业成长的重要途径，美国心理学家波斯纳认为："成长=经验+反思。"叶澜教授指出："一个教师写一辈子教案难以成为名师，但如果写三年反思则有可能成为名师。"

一、教学反思的现状

（一）缺乏良好的教学反思氛围

　　一线教师的教学任务偏重，一切围绕课堂教学和学生分数转，教师之间的竞争大于合作。学校对教师的考评形式单一，并不重视教师的专业发展，没有在学校内部形成良好的教学反思文化，也未能形成有效的教学反思机制。

（二）缺乏有效的教学理论的指导

　　很多教师也知道应该进行教学反思，但不知如何进行有效的教学反思，缺乏行之有效的教学反思理论的指导，基于经验的、就事论事的、为"反思"而"反思"的现象较为普遍。"教学理论学习和修养的不足，制约了教师教学反思能力的提高。"

（三）缺乏基本的教学反思意识与教学反思活动

　　很多教师主动进行教学反思的意识比较淡薄，并有相当一部分教师缺乏基本的教学反思活动，更不用说产生教学行为改进的效果了。"实践中越来越多的教师出现教学反思倦怠，具体表现为反思心理疲倦、不愿反思、对待学校的反思要求持消极应付态度等。"

（四）缺乏有效的教学反思

具体表现为教学反思行为与教学反思方式的表面化、单一化、随意化与程式化。不少教师会在教学设计的"教后反思"或教学反思日记中轻描淡写地写上几句空话与套话以应付差事，甚至在教学活动之前就已经预先写好所谓的"教后反思"。

（五）缺乏系统而有理论深度的教学反思

教师在教学反思过程中关注较多的是某个（些）教学环节或教学片段，或教学中的纰漏，或教学中的"灵光一现"，等等。缺乏对整个教学过程完整而深入的反思，在教学反思中对教学过程中学生学习的达成情况、教学目标的落实情况等不够重视，对教师自身的教育经验、教育理念等方面的反思较少。教学反思也很少涉及教学改革的合理性与有效性、课程设置的科学性与适切性等较为宏观的方面。反思的表面化、片段化现象严重，在反思过程中缺乏对理论的深度挖掘。

（六）缺乏长期与持久的教学反思

教学反思经常是虎头蛇尾、半途而废，虽然一些教师也能认识到开展教学反思的重要意义，热情也很高，但是持续不了多久，热情就减退了，教学反思也就不了了之了。出现这一现象的原因主要有：缺少教学反思的时间，缺少专家的引领，教学反思缺乏实效。很多时候教学反思只是走过场，形式主义盛行，严重影响了教学反思的效果。

二、提高教师教学反思能力的对策

要改变教学反思现状、提高教师的教学反思能力，可以从以下几个方面着手：

（一）进一步转变观念，提高教师自觉反思的意识

中小学教师需要进一步转变观念，进一步强化教师专业必须不断成长、不断发展的意识，真正认识到积极的教学反思活动是教师成长和提高的有效手段之一。

（二）变强制性反思为鼓励性反思

教学反思不应该是制度性要求与硬性任务，而应该成为教师自觉自愿的教

学研究行为。"学校应重新考虑对教师反思的具体要求，改强制为鼓励。"学校在确定教师教学反思的具体要求时要有一定的灵活性，充分体现教师在教学反思过程中的主导地位与主体作用，同时，"教育行政部门在制定对教师教学反思要求方面应充分考虑教师的真实感受，机制方面要有利于教师建立反思的心理意向"。

（三）创造有利于教师自觉反思的学校文化

目前，一线教师的教学任务偏重，一切围绕课堂教学和学生分数转，教师之间的竞争大于合作。很多教师在教学中基本上处于一种"单打独斗"的状态，难以形成教师专业成长的"团体动力"。不同教师的教育经验更多地表现为一种孤立的、离散的存在，既缺乏必要的整合与提升，也难以进行有效的交流与传播。对教学过程中存在的具体问题的解决也常常依赖于个人的努力，因此其解决过程也蒙上了一层浓厚的个人色彩。另外，很多学校对教师的考评形式十分单一，并不重视教师的专业发展，没有在学校内部形成良好的教学反思文化，也没有形成有效的教学反思机制。"这要求学校去营造有利于教师反思的氛围，创建学校反思文化。如学校应考虑如何为教师减轻负担，建立一定的激励机制，切实开展好教研组活动，定期开展反思经验交流会。学校还要注意塑造学校教师学习文化，让教师群体成为学习型组织。"

（四）给予教师一定的教学反思方法指导

通过专家引领、有丰富教学反思经验的教师的"现身说法"、教学反思理论学习、教学反思经验交流以及日常的教学交流等方式促使广大教师掌握基本的教学反思方法。由于"中小学教师缺乏相应的专业知识基础和教学反思的经验，这就需要专业研究人员不仅要进行教学反思的理论研究，还要深入学校、课堂进行教学反思的实践研究，对教师的教学反思提出一些建设性的指导和反馈意见"。

（五）从具体的教学问题着手进行反思

反思产生于以往教学过程中遭遇的"问题"或"无知境界"，教学反思的基本目的在于解决教学过程中存在的问题，并通过持续不断的教学反思和教学行为跟进促使"教师学会教学"。要将教学反思引导到对教学中存在的具体问题的反思上，"教师要多从微观层面和局部视角去分析日常教育教学过程，发现问题，从而进行反思"。从具体的教学问题切入进行教学反思既易于入手，也易见成效，易于激发教师的反思兴趣与反思热情。另外，教学反思又不能仅仅止步于反思教学中存在的一个个具体问题，而应该在适当的时机，提出更高的反思要求，不断拓展教学反思的内容。

（六）反思后要有行动跟进

"教学反思不是为回顾而回顾，而是要在回顾中发现问题和不足，进而修正行动方案，进入新的行动尝试。只有反思后进行行动跟进，教师才能获得真正的改变和成长。"教师专业成长=实践经验+教学反思+行动跟进，"成长、经验、反思、行动跟进"构成教师专业成长的循环小周期。

（七）积极探索灵活多样的教学反思方式

教学反思不能完全局限于写反思日记或教后反思等几种具体方式，还应积极探索灵活多样的教学反思方式。学校要创造真正有利于教师反思活动的机制和氛围，促使教师养成经常反思的意识与习惯，引导他们把主动进行教学反思作为一种进行教学交流与教学研究的常态行为，而不是局限于每周都提交一份反思日记，或每天都写空洞无物的所谓教后反思。例如，针对某一教学内容，同组教师彼此交流自己的看法或处理方式，或者授课结束后同组的教师针对教学困惑或教学感悟等进行轻松自由的交流，或者交流一下教学中存在的较为普遍的问题及其各自的处理方式，等等，都可能会对彼此的教学认识等产生意想不到的启发作用。

（八）引导教师不断扩展反思的内容

"目前教师的反思内容具有一定的局限性且视角单一，主要集中在教学方面，而其他方面的反思如教育观念的反思、学生问题的反思、专业发展的反思、个人成长的反思等较少被作为反思的内容，而这些对教师自身的成长和发展都十分的重要和必要。学校应该引导教师扩展反思的内容。"在教学反思中，既要重视对教学过程中的局部问题、微观问题、具体问题进行反思，也要重视对教育改革、教学理念、学生问题、自身专业发展等宏观问题进行反思。安富海（2010）从较为宏观的角度研究了教学反思内容的6种不同指向，即课堂教学指向、学生发展指向、教师发展指向、教育改革指向、教育教学的影响因素指向、人际关系指向。这对我们拓展教学反思的视角、扩展教学反思的内容等具有一定的启发与引导作用。

在科学的教育教学理论的指导下，基于教学实践活动的持续的教学反思，以及教学行动的不断跟进，是教师专业成长的重要源泉与根本动力。因此，教学反思应该成为每位教师的自觉追求与主动选择，并在教学实践的基础上不断拓展，深化教学反思的内容与教学反思的方式。